# 世界の宗教

岸本英夫 編
Hideo Kishimoto

原書房

## 序にかえて

　昭和36年8月のことだった。岸本英夫先生から電報がきた。電話で連絡するように，との文意である。電話での先生のお話は，こんど新しい本を書く，ついては執筆助手のひとりとして参加してほしい，いずれ会合をひらくが，内諾を得ておきたい，ということであった。

　その第1回会合は，9月20日，神楽坂通りを横に入った日本出版クラブ会館の一室でひらかれた。集まったものは，先生のほかに，高木きよ子，柳川啓一，田丸徳善，松本滋，松本晧一，平井直房，脇本平也の7人の執筆助手と，大明堂店主神戸文三郎，祐三父子とであった。

　席上「世界の宗教　大明堂書店発行・昭和37年末刊行」と題する10ページあまりのパンフレットがくばられた。「『世界の宗教』の構成」「叙述の狙い」からはじまって，「予算」「日程」にいたるまで，10項目からなる本書のブルー・プリントであった。まことに先生らしい，綿密詳細な執筆刊行計画案であった。

　そのなかから「著作の組織と方法」という1項目を引いてみると，つぎのとおりである。

1，7人の執筆助手を選び，その援助によって著作する。
2，執筆助手の性格
　a）宗教史専攻よりも，むしろ宗教学の体系的研究を専門とし，特定の宗教史的分野に興味をもつ比較的に若い学者。
　b）『宗教学』の理論を十分に咀嚼し，少なくともこの書の執筆に関する限り，『宗教学』の理論的立場に立つことを承諾し得る人。この点を確立することによって，本書は，方法論的に一貫性を保つことができる。

先生は，前著『宗教学』の姉妹編として『世界の宗教』を著作するおつもりだった。そのために，7人の助手を集めて，できるだけ多くの研究集会をもつ。そのあいだに，執筆助手は，各自担当の分野を原稿の形で書きあげる。これを基礎資料としながら，あらためて，先生が全編著述の筆をとる，という計画であった。

　当初，計画は予定どおり進められた。はじめに，謄写版刷りで28ページの「世界の宗教　文献目録」もつくった。順番に，おのおのが担当分野の執筆計画を発表して，忌憚のない批判も交換しあった。研究集会のたびごとに，疑問や批判や応答で，仮借ない議論が白熱した。こと学問上の議論に関するかぎり，先生ももはや先生ではなくなる。むしろわれわれ仲間のひとりとなって，無遠慮な弟子どもと真剣にとり組んで下さる。それがわれわれに対する先生の常であった。『世界の宗教』の場合も，例外ではなかった。

　みんなが歴史の専門家ではないだけに，議題が，前著『宗教学』の理論面に集中することも多かった。『宗教学』に対しては，先生みずからがその序文にすでに述べているように，いろいろあきたらぬ不満を感じておられた。各方面からの批判をも汲んで，先生の頭のなかでは，その後の新しい考えかたが展開されていた。大なたをふるっての改訂版をもくろんで，ノートもかなりたまっていた。そうした先生の理論的立場を再検討し，助手一同にも徹底させることが，研究集会の一つの目的でもあった。この立場を一貫させることによって，従来のいわゆる世界宗教史とは違った特色を出す。そこに先生の狙いがあった。

　先生は，当時，東大図書館長の激職にあった。その上，癌との格闘はつづいていた。ない暇をむりやり算段しなければならない先生であった。1時間程度の遅刻は，珍らしくなかった。すまなさそうな顔をして，ニヤリとしながら集会室に入ってくる先生を，われわれもまたニヤリとして迎え

た。あるときは，左のこめかみあたりにはりつけた真白な繃帯が，いたいたしくわれわれの眼を射たこともあった。何回目かの皮膚癌手術の直後であった。そのときも先生は，ニヤリとしながら入ってこられた。

　先生のニヤリは，そんなときでも，何か実にたのしそうだった。ビールを一杯かたむけてから話が始まると，先生の眼は，眼鏡の奥でキラリ，キラリと輝いた。激務の疲れも病の痛みも，まったくどこかへけしとんだように見えた。会合には，主として中村屋をつかった。激論後の帰途，中村屋から新宿駅への途上で，先生は，こんな意味のことばを洩らされたことがあった。——ぼくはいま，落着いて勉強できるひまがない。それだけに，この会はとてもたのしい。図書館学から宗教学へやっと戻れたような気がする——。例によって，ことばのどこかにユーモラスなひびきはあった。その背後には，この仕事に対する先生のなみなみならぬ意気込みのほどがうかがわれた。

　しかしながら，助手陣の執筆は遅遅として捗らなかった。たのしい研究集会ではあった。しかしそこで，助手たちはさまざまな問題を頭につめこまれる結果になった。そのためかえって，具体的な資料をとり扱う場合，どう処理してよいか途方にくれることが，少なくなかった。そのうえ，先生をはじめ，柳川啓一，松本滋，平井直房などの，相前後しての外遊もあった。余儀なく集会は中断して，空白の期間がつづいたこともあった。いつの間にか，最初の刊行予定の期日は，とっくに過ぎていた。

　それでも先生はあせらなかった。事情が許せば会合を招集して，根気よくわれわれを励まして下さった。できた分だけの草稿を持ちよって回覧しあうことが，何度かくりかえされた。38年の8月には，みんなの草稿を机上に積んで，ほほう，これだけになりましたか，大したもんだ，とわれわれを恐縮させる一幕もあった。全体で予定枚数の半分をようやくこえる程度であった。

## IV

　その年の11月，先生は，ついに病の床に臥す身となった。東大病院に入院しても，病状は，悪化の一途をたどった。こんどは，もはや回復もおぼつかない，という状況にたちいたった。そう聞かされて，助手一同の心をかんだのは，なぜもっと早く原稿を書きあげなかったのか，という悔いであった。自責の念にかられながら，善後策を講じようと，本郷の喫茶店ルオーに集まった。結論はすぐにでた。先生のこの仕事は，なんらかの形で完成させねばならない，挫折させてはならぬ，ということであった。ルオーを出た足で，われわれは東大病院へ向かった。先生へ輸血のお役に立てそうだ，という期待があった。しかし，期待はむなしく，病室の戸口に着いたときは，先生の御臨終の直前であった。昭和39年1月25日午後7時25分のことである。

　先生がなくなられたいまは，岸本英夫著は永遠に不可能だ。しかし，先生の御遺志は，形をかえてでもつらぬきたい。『世界の宗教』は，執筆助手が，まことに不十分ながら先生にかわって分担執筆しなければならぬ。ここまで仕事をすすめてきたのは先生だ。いまわれわれを分担執筆に駆りたてているのも先生だ。だから，分担執筆による『世界の宗教』一編ができあがったら，この一編をつくり出したものは，先生をおいてほかの誰でもない。その本は，当然，岸本英夫編とよんでよいはずだ。いや，そうよぶべきだ。

　こういった話しあいの結果，遺されたわれわれは，岸本英夫編『世界の宗教』の分担執筆にとりかかった。第一章の「総説」と第七章の「インド人の宗教」とは，草稿も先生御自身が担当する予定であった。先生にかわって，「総説」は高木きよ子が起草することになった。のこされた論文やノートをもとにして，できるだけ忠実に先生の最近の学説を再現する。これによって『宗教学』以後の理論的展開をたとえ少しでも紹介できれば，

というのがわれわれの念願であった。「インド人の宗教」は，松本晧一が受持つことになった。専攻がもっとも近く，自分の担当分をほぼ書きおえて余力をのこしていたからである。

　分担のふえた二人は，ことにたいへんだった。ほかのものも，助手から執筆者へと立場が変わってみると，筆は前よりも一層おそくなった。責任の重さと力の足りなさが，しみじみと思い知らされた。これまでにどうやら書きあげていた草稿も，そのままでは使えなかった。先生ならどう書かれるだろう，と絶えず自問自答しながら，書きあらため書きあらためしていった。先生の1周忌までには出版したいという予定も，かなりおくれてしまった。

　ともかくも，われわれは力をつくした。その貧しさは十二分に自覚している。これだけしかできませんでした，と心のなかで先生に詫びながら，曲りなりにも岸本英夫編『世界の宗教』ができあがったことで，一同ほっとしている。各執筆者の分担は，つぎのとおりである。

　　高木きよ子　第一章総説，第八章仏教，および年表
　　柳川　啓一　第二章先史・未開社会の宗教，第三章古代宗教
　　田丸　徳善　第四章ユダヤ人の宗教，第五章キリスト教，および索引
　　松本　　滋　第六章イスラム
　　松本　晧一　第七章インド人の宗教，第九章中国人の宗教
　　平井　直房　第十章日本人の宗教Ⅰ
　　脇本　平也　第十一章日本人の宗教Ⅱ

　計画が始まってから，まる4年近くになる。その間に，先生はなくなられた。大明堂店主神戸文三郎氏もまた，昭和37年10月22日になくなられた。あとをついだ神戸祐三氏は，われわれと心を一つにして，辛抱づよくこの仕事をすすめて下さった。採算を度外視した同氏の御尽力がなかった

ならば，この計画は烏有に帰していたであろう。記して深甚なる感謝の意を表したい。

　なお，同氏は，印刷の段階に入って，ひとつの懸念をもらされた。すでに故人となった岸本英夫の名前を本書の編者として掲げることは，読者に対して羊頭狗肉のそしりをまぬがれないのではないか，という点である。発行者としてまことに良心的な，もっともな御心配だと思う。しかしながら，本書成立の過程をふりかえってみると，先生編で不思議はない，むしろ当然だ，というのが，われわれ弟子どもの偽らぬ気持である。「序にかえて」が長くなったのは，この点について大方の御諒察をえたいという思いもあったからである。ただし，ことわるまでもないが，本書の内容に関しては，執筆者にすべての責任がある。御叱正，御批判をこいねがう次第である。

　　　昭和40年4月1日

　　　　　　執筆者一同にかわって　　　　　脇　本　平　也　記

\*　本書の初版は，1965年6月大明堂より発行された。

# 目　　次

第 一 章　総　　説 …………………………………… 1

第 二 章　先史・未開社会の宗教

　　1　先 史 時 代 ……………………………14
　　2　未開宗教研究の意義 …………………15
　　3　未開宗教の特徴 ………………………16
　　4　崇拝の対象 ……………………………18
　　5　儀礼と神話 ……………………………21
　　6　信仰の諸相 ……………………………23
　　7　未開宗教の変容 ………………………24

第 三 章　古 代 宗 教

　　1　総　　説 ………………………………26
　　2　古代西アジアの宗教 …………………27
　　3　ペルシャの宗教 ………………………30
　　4　ギリシャ・ローマの宗教 ……………31
　　5　古代ヨーロッパの宗教 ………………35
　　6　アメリカ大陸の古代宗教 ……………36

第四章　ユダヤ人の宗教

　　1　その歴史的位置と特質……………………39
　　2　起　　　源………………………………42
　　3　パレスチナにおける展開(Ⅰ)………………45
　　4　パレスチナにおける展開(Ⅱ)………………49
　　5　ディアスポラのユダヤ教—中世まで—……53
　　6　近世のユダヤ教……………………………58

第五章　キリスト教

　　1　起源—イエスとキリスト信仰の成立………63
　　2　古代教会の形成と展開……………………70
　　3　中世のキリスト教…………………………80
　　4　近世のキリスト教…………………………89

第六章　イスラム

　　1　概　　　観………………………………98
　　2　イスラム以前のアラビア…………………99
　　3　マホメットの教え………………………102
　　4　初期の信者達……………………………106
　　5　ヘ　ジ　ラ………………………………109
　　6　一つの共同体……………………………112
　　7　カ　リ　フ………………………………115

## 第七章　インド人の宗教

1　インドの自然……………………………………………… 119
2　社会と文化………………………………………………… 120
3　インド人の宗教…………………………………………… 122

## 第八章　仏　　　教

1　仏教のおこるに至った事情……………………………… 135
2　シャカの一生とその教説………………………………… 137
3　原始仏教から部派仏教へ………………………………… 148
4　大乗仏教の興隆と仏教哲学……………………………… 155
5　密教のおこりとインドにおける仏教の衰亡…………… 161
6　諸国への伝播……………………………………………… 165
7　仏教の特質………………………………………………… 168

## 第九章　中国人の宗教

1　中国の風土と文化………………………………………… 171
2　漢民族の宗教……………………………………………… 175
3　チベット人の宗教………………………………………… 194
4　中国社会の近代化と宗教………………………………… 197

## 第十章　日本人の宗教 Ⅰ

1　日本列島の自然と人文……………………………… 201
2　古代日本の文化と宗教……………………………… 204
3　古神道の展開と神祇制度の確立…………………… 210
4　神道理論の展開……………………………………… 213
5　現代神道……………………………………………… 228

## 第十一章　日本人の宗教 Ⅱ

1　大陸宗教の受容……………………………………… 235
2　仏教の諸潮流………………………………………… 244
3　諸宗教の役割………………………………………… 254
4　現代の状況…………………………………………… 266

主要文献目録……………………………………………… 270

索　　引

　人名索引……………………………………………… 278
　事項索引……………………………………………… 282

年　　表

# 第一章　総　　説

**世界の諸宗教**　世界の文化の中には，宗教とよばれている現象がある。それは，古今，東西にわたり，世界のいたるところにみられる現象である。およそ人類のあるところには，かならず，宗教とよばれる現象があるといっても，過言ではないであろう。

宗教は，このように，人類のもつ文化[1]とともに生じ，その中に生きて来た。それは，さまざまの形態を有し，いろいろのはたらきをするが，いずれも人間社会と密接なつながりをもっている。人間の社会生活，個人生活の中で，特定の役割をはたしている。その役割を中心としてとらえてみると，おのずから，そこに，宗教とよぶべきものの姿が浮彫りにされてくるであろう。文化の中の諸現象のうち，何を宗教とよぶか，それが，宗教という現象を研究するにあたって，まず，とりあげられねばならない問題である。

**宗教の定義**　どのような文化現象をさして宗教とよぶか，いいかえれば，宗教とは何であるかは，従来，多くの学者たちによって，さまざまの角度から考察され，検討されてきた。その考えかたは，多種多様にわたっている[2]。

---

1) 本書での文化現象の概念は，R. P. リントンや T. パースンズの線にそうものである。
R. Linton : The Cultural Background of Personality, 1945, T. Parsons : The Social System, 1952 等参照。
2) J. Leuba : A Psychological Study of Religion, 1912 および文部省宗務課編『宗教の定義をめぐる諸問題』1961 に宗教の定義が多数あげられている。

まず，神観念を中心として宗教をとらえ，「宗教とは，神と人との関係である」という角度からこれを定義したものがある。有神論的な体系をもつキリスト教を中心とする西洋文化の中で多くおこなわれてきたのは，この型に属する定義である。

しかし，諸宗教の中には，神をたてない形態のものもある。東洋文化の中に生まれた仏教は，その一つの例である。神をたてない宗教がある以上，神観念を中心としてのみ宗教を定義することは，宗教の定義としては不充分であろう。

この定義に対して，宗教の特質を，人間の情緒的経験の上に見出そうとする定義もある。人間の宗教体験に，しばしば伴って現われる「神々しさ」「清らかさ」「畏敬の情」「神聖感」などをとらえて，この角度から宗教を定義するものである。このような情緒は，たしかに，宗教体験に付随してあらわれることが多い。しかし，かならずしも，常に，宗教体験に伴うとは限らない。これらは，むしろ，ある程度，洗煉された宗教体験においておこる場合が多く，一般の通俗的な宗教体験や宗教行動には，それほど特徴的にあらわれないことが多い。したがって，以上のような感情はすべての宗教に共通したものということはできない。それは，むしろ，宗教現象における第二次的な役割をはたすものといってよいであろう。

以上の二つの種類の定義に対して，第3のものは，人間生活を中心として宗教をとらえようとするものである。宗教は，人間によって担われている。それは，この人間の生活活動の中で，どのような役割をはたしている

---

3) ティーレ (C. P. Tiele) その他，この種の定義は多い。同上書参照。
4) 仏教以外にも，未開文化にみられるプレアニミズムや，ジョン・デューイ (John Dewey) の宗教的ヒューマニズムもこの類型に入る。
岸本英夫『宗教学』1961 p. 15 参照。
5) R. オットー，宇野円空博士はこの線にそって宗教を定義している。
Rudolf Otto: Das Heilige, 1917, 宇野円空『宗教学』1931

か，そこに視点をおいて宗教をとらえる。この立場は，現代になって，急速に展開した心理学，社会学，文化人類学などが，人間，社会，文化について，人間の行動を中心として，ダイナミックにとらえて観察しようとしているのと軌を一にする。従来の宗教の定義に多くみられたような「神」中心の考えかたをすてて，人間に焦点を合わせた立場である[6]。

本書でも，その立場にたって宗教現象をとらえる。すなわち，宗教を一つの文化現象としてみる。そして，それが，人間生活の中で，どのようなはたらきをしているか，どのような役割を努めているか，そういう角度から，宗教をとりあつかう。そのために，次の定義を，そのまま用いて，宗教を規定したい[8]。

宗教とは，人間生活の究極的な意義を明らかにし，人間の問題の究極的な解決にかかわりをもつと，人々によって信じられているいとなみを中心とした文化現象である。

宗教には，そのいとなみとの関連において，神観念や神聖性を伴う場合が多い。

**文化現象としての宗教**　　宗教現象は，一つの文化現象である。人間の生活活動をその基盤にもっている。文化現象としての宗教現象は，その中に，一般的な文化現象の構造を備えている。この点を，T. パースンズらの考えかたを参照しながら，それを少し拡大して考えてみると，文化現象は，四つの基本的要素の組み合わせによっているとみることができよう[9]。「自然」「人間」「社会」「文化」という四つの要素である。これらの四つの要素は，それぞれ，人間の生活活動の異なった場を，特徴的な様相にお

---

6) Gordon Allport : The Individual and His Religion, 1950 ほか参照。
7) 以上の，宗教の定義の諸形態については，岸本英夫『宗教学』pp. 13～16 参照。
8) 同上書 p. 17 による。
9) 岸本英夫監訳『宗教学入門』1962　pp. 4～6

いて示している。しかし，おのおのの場は，互に交錯している。文化の場，社会の場という，個別の場にも，必ず，他の要素を総合的に含んでいる。四つの場は，それぞれ，四つの要素の相関関係によって形成されているのである。

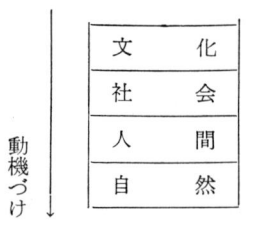

この四つの要素は，いずれの場合にも，動力（動機づけ）と指向性（方向づけ）をもっている。この相関関係が，つねに働いている。一般に，自然の場では，動力が多くはたらき，文化の場においては指向性がはたらくと考えられる。宗教は，文化現象として，文化の場を中心に展開しているが，その中には，つねに，基本的な四つの要素を含んでいる。したがって，文化現象としての宗教は，社会，人間，自然，にはたらきかけて，これを規制するとともに，自然，人間，社会によって規制される面もある。宗教現象をとらえる場合には，この両面からみなければならないのである。宗教学の諸研究分野は，おのずから，この四つの要素をもととする分野となっている。

**宗教的価値体** 文化現象としての宗教は，社会の場においては，宗教的な価値をもつ現象としてあらわれる。宗教的価値は，人間の生活活動を通じてつくり出される。人間が環境的社会の中でおこなう宗教的行動によってつくり出されるのである。そうしてつくり出された宗教的価値が，個人以外の社会的文化的現象に伝えられる。その結果，宗教的価値をもった

---

10) T. Parsons: Towards a General Theory of Action, 1956. R. ベラもパースンズの考えかたを基礎にして宗教をとりあつかっている。

R. Bellah: Tokugawa Religion, 1957 （堀・池田訳『日本近代化と宗教倫理』）序文参照。

11) 岸本英夫　前掲書序文参照。

12) 岸本英夫『宗教学』pp. 101〜106

さまざまの社会的宗教現象が現われる。

社会的宗教現象としての宗教的価値体には，一般の文化現象が一時的に宗教的価値をおびて宗教的文化現象となるものもある。また，常に，宗教的価値をたくわえていて，それに接触する人間に，宗教的なはたらきかけをする形態のものもある。これら二つの宗教的価値体は，いずれも，社会的宗教現象として，それぞれ重要な役割を果たしている。しかし，宗教的価値そのものをつくり出すはたらきをするものではない。

これに対して，宗教的価値をつくり出すはたらきをするものは，先にものべた通り，社会の場における個々の人間である。また，宗教的人間の集まりである宗教体も宗教的価値をつくり出すはたらきをする。[13]

宗教体は，同じような信仰体制を共有するという意識をもつ人々によって構成されている宗教的価値体である。しかし，宗教体は，それ自身の機構が宗教的価値をつくり出すのではない。宗教的価値は宗教体の中の個々の人間の宗教行動を通じてつくられるのである。したがって，宗教体は，そのにない手である個人の生活活動を看却しては，宗教的価値をつくり出すという意味を見失なってしまうのである。以上のように，宗教的価値は個人の生活活動によって，つくり出されるものであるから，ここでしばらく，個人における宗教現象について考察してみることにする。

**信仰体制**　宗教体の価値をつくり出すのは，個々の人間である。その人間の人格構造は，大別すれば，「おこない」と「かまえ」の二つによって形成されている。[14] 人間の宗教的生活活動についてみれば，「おこない」は，実際に，具体的な現実生活の上にあらわれるさまざまの宗教行動である。しかし，これらの宗教行動は，つきつめてゆくと，人間人格構造の内部に形成されている宗教的な価値体制によってささえられ，方向づけられ

---

13) 同上書 pp. 34〜41
14) 同上書 pp. 34〜36 参照。

ている。常識的に信仰とよばれているものがこれである。信仰は，このような，人間の心の中の宗教的「かまえ」である。単に「かまえ」であるのみならず，さらに分析すると，これは，重層的な構造をもっている。人間の心の比較的浅いところにあって，具体的な宗教行動の原型になるようなものもある。心の奥にあって，信仰の骨組みの役割を果たす部分もあるしさらに，心の奥深く蔵されていて，この骨組に基礎的な知識構造を与えている部分もある。これらによって，人間の宗教的生活活動の内部に，信仰体制が形成されているのである。[15]

このような信仰体制は，奥の深いものである。同じく信仰をもっているものでも，そのもちかたは，人によって異なる，同じ宗教体の中にいる人でも，個人によって，信仰体制のありかたはことなってくる。と同じく，これと反対のこともいえる。ある特定の宗教体のもつ性格的特徴が個人に作用して，宗教体によって，信仰のありかたが異なることがある。この場合は，宗教体のもつそれぞれの信仰体制が，個人にはたらきかけるのである。これは，各々の宗教体のもつ信仰体制である。人間の問題の解決のしかたとして，それぞれの宗教体が用意している構造である。そして，これが，それぞれの宗教体のきめ手として，この宗教体に属する個人にはたらきかけるのである。信仰体制はこのように，個人の心の中に「かまえ」として形成されていると同じく，宗教体の中にも，その宗教体のもつ特長的な要素として蔵されているのである。

**信仰体制の形態**[16]　　信仰体制は，その内容をとらえてみると，次のような異なる形態をもっている。

---

15) 岸本英夫『宗教学』では，信仰体制を二つにわけ，心の表面近いものを「宗教的態度」，奥深い部分にあるものを「宗教的価値体制」とよんでいる。しかし，その後，訂正され，未発表に終わったが最新のものとしては「宗教的行動原型」「宗教的態度」「基礎信仰構造」の三類型として考察されていた。

16) 以下信仰体制の形態については，同上書 pp. 37～41 参照。

宗教は，人間の問題の究極的解決をめざし，人間生活の究極的意義をあきらかにすることを，その目的とする。諸宗教の目ざす目的の中には，人間の問題の解決にあたって，その問題となる場面を提供した環境を打開することを中心とする形態のものがある。多くの場合，この形態のものは，超自然的な力をたのみ，奇蹟をねがい，すくいを求める。文化の発達していない地域の宗教をはじめとして，高度に洗煉された文化をもつ人々の宗教の中にもこの形態を基本にしているものがかなり多い。この形態を請願態とよぶ。

　このような形態に対して，ある一つの理想にめざめ，その理想を目標として，一途にそれを追求する形態のものがある。これを希求態とよぶ。この信仰体制では，当面の問題解決は，理想を目ざして努力することの中に求められる。当事者の心のかまえは，新しい宗教的価値によって再編成され，その結果，解決を求める問題の意味内容が異なってくる。自分の周囲の環境の打開よりも，自分の心のもちかたをかえる方向に，むかうものである。

　さらに，人間の問題の解決が，日常の問題をはなれて，深い境地で把握するようになる形態のものがある。自分と，宗教的対象を一致させ融合させることによって，そこに限りないよろこびをえる。宇宙の本体ともいうべきものに，個である自分をまったく投入させ，究極的なやすらぎを見出す。この形態では，自我，自意識をすてさることによって，問題の解決をはかり，そこに，究極的な意義を見出す。今までにない特殊な体験領域が展開するのである。これを融合態とよぶ。[17]

　以上の三つの形態のもつ信仰体制は，さらに深く，究極的な体験領域につながってくる。その場合には，人間の問題の解決は，日常の問題をまったくはなれて，より高い境地で把握される。例えば，死の問題で思いなや

---

17) 同上書には融合態は入っていない。この概念は，同書出版後の展開である。

む人が，生死をこえた一層高い生命の価値を体得して，肉体の生と死はそのままでありながら，それをこえた永遠の生命を新しく把握することができたような境地である。この場合には，それまで経験しなかったような究極的価値体験ともいうべきものが，直観的に把握されるのである。これは，究極的には，自分が自分の目的を達成したという意識すら消えてしまった純粋の体験の境地である。この形態を諦住態とよぶ。

この四つの信仰体制は，実際の場面では，単純な形であらわれない。当事者である人間の条件が常に反映している。したがって，どの信仰体制でとらえていいかわからぬ場合が多い。おのおの信仰体制は，それぞれ四つの要素をあわせ含んでいるとみるべきであろう。そのあらわれかたは，それらの要素のいずれが強いかによって，あるいは請願態的色彩をおび，また希求態的様相を呈する。それぞれは要素としては，他のものを含みながら，その強さの度合によって，個人の信仰体制を性格づけるのである（第1図参照）。とくに，諦住態は，究極的価値体制として，請願態にも希求態にも，融合態にもはたらいている。[18] そのいずれもが，諦住態的要素を内に蔵し，究極的には，諦住態的色彩をおびるのである。

信仰体制は，個人においては，心の中のかまえである。と同時に，宗教体においては，その宗教体の信仰構造の特質となるものである。各宗教体系のもつ信仰の形態である。これは，人間の問題の解決や，人生の意義をあきらかにするという宗教の目的のために，各宗教体が用意しているものである。いわゆるきめ手である。したがって，以下の各章では，それぞれの宗教体系の特質として，信仰体制の考察が，こころみられることになろう。

---

18) 同上書 p. 41 における信仰体制の進展の段階が請願態から希求態，諦住態へとすすむという考えかたは，その後未発表ながら訂正された。

第1図　信仰体制の類型

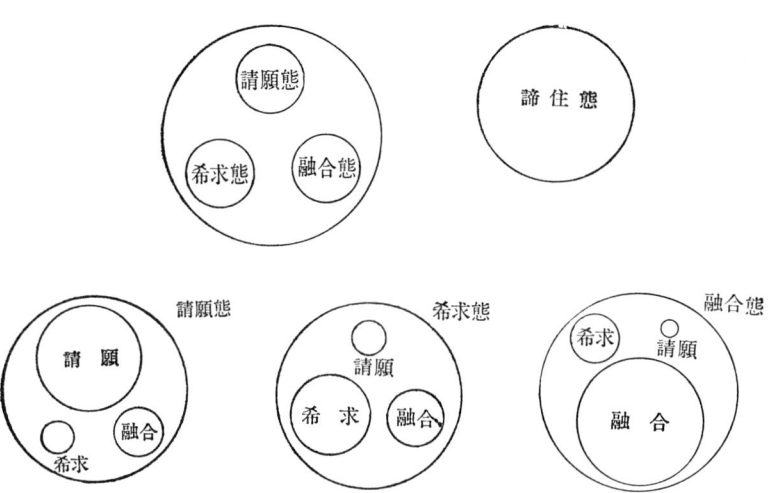

**宗教流派**[19]　さて，宗教的価値をつくり出すはたらきをする人間のあつまりを，広く，宗教体とよんだのであるが，宗教体は，二つのものを包含している。その一つは，同じような信仰体制をもち，これを共有するという意識をもつ人々によって構成されている組織された集まりである宗教集団である。宗教集団には「寺院」というようなある一つの集会の場と，それに加入している人々の集まりとからなる単位宗教集団と，単位宗教集団を集合包括して，多数の信徒を包含する複合宗教集団がある。教団などは複合宗教集団である。一方，これらの組織された宗教集団をさらに包括して，一つの潮流をなして，文化の中に存在する宗教体がある。この流れは，さまざまの形態と方向とを有している。このような宗教的潮流をなす

---

19) 宗教流派については，同上書 pp.107～112 参照。

宗教体を，宗教流派とよぶ。仏教，キリスト教，イスラムというような宗教は，みな，宗教流派の一つである。本書でいう，世界の諸宗教は，それぞれの宗教流派を示すものである。

宗教流派は，さまざまの形態をもっている。そして，これに対して，従来，いくつかの分類が試みられてきた。それはおのずから，宗教流派の形態的考察を示すものでもある。

まず第1は，宗教の発生的事情に観点をおく分類である。この場合は，自然発生的に現われて成長してきた自然宗教と，特定の創唱者の教えとその人格を中心にして，できあがった創唱宗教の二つに分類することが行なわれている。自然宗教は，ある民族を中心として展開しているから，地縁関係や血縁関係が，信奉者をむすびつける強い力となり，流派形成の求心力となっている。本書の中の神道，ユダヤ教，未開人の宗教，インド人の宗教，中国人の宗教などは，この分類に属する。創唱宗教は，これに対して，創唱者の人格を理想化して，その理想化された人格を通した教えを，それぞれの信仰体制の中で共有しているというところに特徴がある。キリスト教，仏教，イスラムは，この分類におさめられる。

第2の分類は，宗教の伝播のしかたを規準としたものである。この場合には，宗教を部族宗教，民族宗教，世界宗教の類型に分類する。宗教のひろがりかたが，特定の部族に限られているか，あるいは特定の民族や国家に限られていて，それをこえては，広がらないものであるか，あるいはまた，人種，民族，国籍，性別，階級をこえて，およそ人間のいるところであればどこへでも広がってゆくことができる性格のものであるかが，この分類の基準になっている。未開文化に行なわれる宗教には，部族的宗教が多く，インド教やユダヤ教等は民族宗教である。仏教，キリスト教，イスラムは，典型的に世界宗教である。世界宗教は，人間の問題の解決の基準を，根本的に人間のギリギリの点においているところにその特色がある。

すなわち，人間であれば誰しもが問題の解決にあずかりうるような構造をもっているのである。したがって，社会的な障壁や民族的境界をのりこえて，ひろく，世界のいたるところに広がってゆくことができるのである。

以上のほかに，宗教流派を，もっと内容的性格にふれた面からとらえる分類もある。なかでも，伝統的に，もっともひろく用いられてきたのは，多神教，一神教，汎神教という分類である。しかし，この分類は，さきに，定義のところでもふれた通り，神観念を根底においている。したがって，これをもっと徹底させて，神をたてる宗教，神をたてない宗教という二つに分類する方が，より本質的であるといえよう。これと同じような観点にたつものに，ハイラー等のおこなった，預言者的宗教，神秘主義的宗教という考察もある。[20]

以上のように，宗教流派は，その形態上，さまざまの角度からとらえることができる。これをその形態に含まれる宗教的価値を中心として分析してみると，基礎的には三つの形態にわけることができよう（第2図参照）。

基本型Iは，宗教的価値をもつ存在と人間とが，同じ次元にある形態のものである。アニミズム信仰や，日本の神道におけるような宗教的価値のありかたである。これに対して，基本型IIは，宗教的価値をもつ存在が，人間および人間世界を超越して存在する。両者の間には，はっきりとした区別がある。キリスト教，イスラムにみられるような人と神との関係がこれを示している。基本型IIIは，宗教的価値をもつ存在は，とくに，神というような，特殊な人間をこえたものではない。人間が，そのままで，個別的に宗教的価値をおびた存在となる。普遍的な宗教的価値は，この人間世界にあり，その中で，特殊な体験的境地をもった者のみが，個別的な宗教的価値を有するものとなる。原始仏教の思想や禅においての体得された境地は，これに属する。

---

20) Friedrich Heiler: Das Gebet, 1918 参照。

第2図　宗教的価値機構の類型

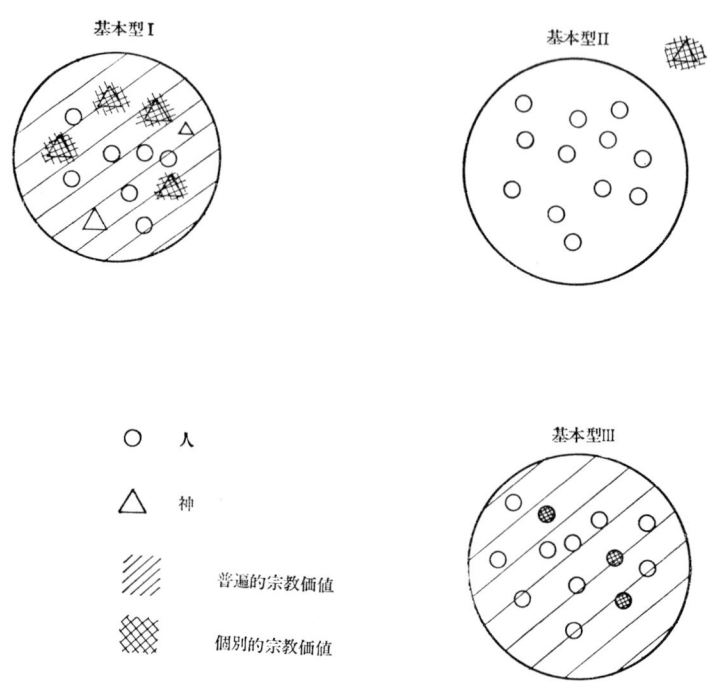

　この類型は，もとより，基本型を示すものであって，実際のあらわれかたとしては，単一なものでない場合が多い。さまざまの要素が複合している。そして，それらが，各宗教流派のもつ思想体系となっている。どの形態の宗教的価値をもっているかということが，各宗教流派の特色として考察されてるくのである。

　**本書でのとりあつかい**　　本書では，宗教流派を，大きく以下の三つに分類した。

　　1.　未開，古代宗教

〔例〕
神　道

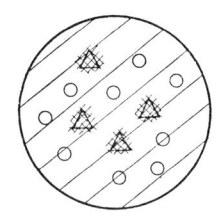

プロテスタント

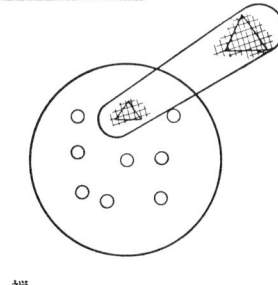

禅

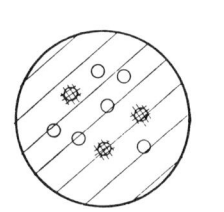

2. 民族宗教
3. 世界宗教

先史・未開社会の宗教および古代宗教では，現存する未開人の宗教，および，古代エジプト，ギリシャ，ローマなどの，ほとんど現在は滅びてしまった宗教をとりあげる。

民族宗教では，ユダヤ民族によって担われてきたユダヤ教，インド人の宗教，中国人の宗教，日本人の宗教をとりあげる。そして，世界宗教として，キリスト教，イスラム，仏教の三つの通例世界3大宗教について考察する。

それぞれの宗教は，その歴史的展開に重点をおきながら，とくに，文化の担い手である人間と，宗教体のもつきめ手の問題を中心としてとらえる。そして，考察にあたっては，どこまでも，ダイナミックな立場にたっておこなうことを目指すものである。その意味で，以下の各章は，歴史的宗教の宗教学的研究ともいうべきものであって，宗教史的研究とことなるものである。したがって，諸宗教について，それが現在に生きる意味を問い，それに至るまでに，それぞれの宗教が，それぞれの時代に，どのような意味と役割をもってきたかというところに，焦点を合わせてゆくものである。　　　　（高木きよ子）

# 第二章　先史・未開社会の宗教

  1　先史時代
  2　未開宗教研究の意義
  3　未開宗教の特徴
  4　崇拝の対象
  5　儀礼と神話
  6　信仰の諸相
  7　未開宗教の変容

## 1　先　史　時　代

**旧石器時代**　考古学によってかろうじて探りうるような時代に，果たして宗教が，いつから，いかにしてあったかを見出すことは，きわめて不可能に近いことである。動物が宗教をもたず，人間は，現存するどんな未開民族にも宗教を欠くものがないとすれば，宗教が発達してゆく経過があるが，恐らくこれは永遠の謎にとどまるであろう。

 推測の上で，宗教的観念の存在を認め得るのは，10万年から2万5千年前頃までの間に住んでいた人類，ネアンデルタール人（Neanderthaler）のものである。かれらは死者の埋葬にあたって，供物をそなえたらしいこと（人間の骨の近くに動物の骨）などから，アニミズム的な死者の霊魂観があったのではないかと考えられる。旧石器時代の後期のクロマニオン人（Cromagnon）になると，推測の材料はもっと豊富になって来る。埋葬の

方法は複雑になって来て，骨に彩色を施し，墓場の位置も一定して来る。そしてクロマニオン人をもっとも有名にする洞穴の絵がある。これらのきれいに彩色された動物の絵は，原始芸術としても貴重であるが，わざわざ暗い，人の眼につかない洞穴の奥に描かれている。これは狩猟を行なっていたかれらが，獲物の多いことを願った呪術の儀式のために使われたのだろうという想像がなりたつ。また，極端に特徴を誇張した女性像は，女神であろうし，また生産力を象徴しているものらしい。

**新石器時代** 新石器時代にはいると，疑いもない宗教的遺跡のあとが，いよいよ増加して来る。ヨーロッパでは，巨石文化 (Megalithic Culture) といわれるほど，大きな石を並べた遺跡（ドルメンと呼ばれる）などがあらわれる。アジアでは，女神像がひろく分布している。石器の中には，「神体」として，崇拝されたに違いない大事に保存されたものも発見される。これがどんな観念に支えられ，いかにして使われたか，現存の未開民族の慣習から判断できるものは少ないし，歴史時代の宗教にも連続しない。こうした断絶を前提において，現在の未開民族の調査から得る未開宗教と，過去の文献から推論する古代社会の宗教に，われわれの視野を移して行こう。

## 2 未開宗教研究の意義

われわれの持つ未開人像については，いろいろの変遷がある。未開民族をかりに文字を持たない民族というように規定しよう。採集・狩猟・原始的農耕という単純な経済生活に従事して，ときには，わずらわしい文明の束縛をはなれ，本能のままに生きる自然人として理想化され，また，無知で残虐で，愚かな迷信にとらわれている野蛮人として，劣等視された。し

かし学者がみずから現地におもむき，科学的調査が進められるにつれて，かれらが実に複雑な社会機構をもつことがわかり，またその「迷信」にも深い意味があることが理解されてきた。

　宗教の研究の上で，未開人の宗教の研究が，異常なまでに重要視されるのは理由がある。未開民族を英語の表現では，原始民族（primitive people）というように，人間の遠い祖先の生活に近い形を保存していると学者達が考えたからであった。未開民族の文化は，原始文化の残存であり，生きている化石であると見なされた。宗教の起原という魅力ある問題も，未開民族の信仰儀礼の研究によって，実証的に明らかになるという前提があった。こうして，さまざまの宗教起源説が唱えられたが，しかしその後，現存する未開民族の生活を，歴史的にさかのぼり原始生活としてながめることは，厳重な留保をつけなければならぬことがわかってきた。そこで，学界においては，宗教起源論は衰退し，大ざっぱに未開人の宗教の特徴をのべるよりは，それぞれの未開人の宗教の記述を作ることに研究の傾向が変わって行った。

## 3　未開宗教の特徴

　原始宗教，あるいは未開宗教の標題をもった書物は数多い。それらは共通した一連の特徴があるという仮定の上に立っているからである。しかしまたこれを疑問とする人もある。未開人の宗教の中には，はなはだしく異なった個性をもつものもあるからである。ある未開人の宗教は，まつりを行なうことをもっとも重要視する。呪術の恐怖が支配している未開社会もある。個人的な修行が大きな要素となっているのもある。たとえばベネディクト[1]（Ruth Benedict）が，三つの部族の宗教を対比している。しかも未

葬儀の踊り

開宗教とひとまとめにしていうことができるとすれば，何らかの共通の特徴もあるということが前提とされている。少なくも歴史的には後に発生した「高等」宗教と比較してみると，差異があらわれる。未開宗教は，開祖をもたず，文字に表現された聖典をもたず，また世界宗教に特有の，未信者に伝道する性格がなく，教理の上の排他性もない。さらにこうした消極的な表現でなく，その特徴をつかもうとすれば，次のようにもいえるだろう。[2] 宗教と経済・政治・道徳・家族等の社会制度とははっきり分化していないことが多い。宗教的儀礼と経済的交換が同時であったり，政治の指導者と宗教の指導者が同じ人であるとか，親族組織がそのまま宗教組織に

---

1) Ruth Benedict: The Patterns of Culture, 1936（尾高京子訳『文化の諸形式』1951）の中でアポロ型とディオニュソス型の信仰の比較をしている。
2) Robert Bellah: The Religious Evolution (American Journal of Sociology, June, 1964) に宗教の原始的段階の特徴をまとめている。

なっている等の例である。教会とか教団と今日われわれが呼ぶ信仰のための独自の組織が，はっきりした形では存在しない。性・年令・血縁・地縁にもとづく組織のなかに埋没している。宗教思想の側からみれば，さまざまの思索が加えられた体系化した教義をもたないので，伝承は同じ社会でも区々であり，また変化しやすい。

## 4 崇 拝 の 対 象

**起源論**　宗教についてたずねるばあい，もっとも常識的には，その信仰の対象が何であるかを問うであろう。未開民族の信仰についても，この探求からまず始められた。デュルケム（E. Durkheim）が，先行する宗教学説の批判をなしたとき，霊魂崇拝，自然崇拝をそれぞれとりあげたが，これらは，前者は人間に，後者は自然に素材を求めたものであった。デュルケム自身は，崇拝対象の源を社会にありとみなして，有名な「社会は神である」という定式を出したが，かれの発想の背後には，自然・人間・社会という図式が考えられていた。しかし問題は，未開人が，何を材料として神観念を打ち建てたかということよりも，どういう宗教的思考法によって，外界をながめたかということがより根本的である。宗教思想の基底にある枠とすれば，かつては宗教の起源の問題としてはなばなしく取り上げられ，また宗教進化論の衰退にともなって，理論的考察が目立たなくなったアニミズムと，アニミズムにかわる宗教起源学説として一時流行したマナの観念が，二つの方向を示しているように思われる[3]。

**アニミズム**　科学の立場からは，心理学においても，解剖学において

---

3) ただ，未開社会の調査例を集大成した材料 (Human Aerial File) を使って，統計的に宗教の起源を推測しようという試みもある。
　　Swanson: The Birth of Gods, 1961

も，人間の身体の中のどこにも，実体として，霊魂を認めることはできないが，未開宗教だけでなく，ほとんどの宗教において，人間あるいは他の生物さらには無生物をも（たとえば石が成長するとか）生かしている生命原理ともいうべきものを，霊魂の名のもとに認める。この考えかたをタイラー（E. B. Tylor）は，ラテン語のアニマ（霊魂）からとったアニミズム（animism）という言葉で示した。アニミズム的観念の起原について，かれは巧妙な説明をほどこしている。すなわち，睡眠中に自分がどこかへ出かける夢を見たとすると，第2の自分が自由に身体をはなれて活動すると解釈した。また他人の死に際して，死体が変形していくのは，かれを生かしていたものが肉体を脱出したためであると考えた。そこに霊魂観念の起源があるとする。この説明については，あまりに知的な，原始の哲学者を想定しているというので，批判されたが，夢と死が，少なくも霊魂観念を強化するものであることは，事実によってうらづけることができる。

　未開宗教では，霊魂は，具体的な何らかの実体と同一視されることが多い。例えば，血，息，影，内臓の一部等。あるいは，人の形をした存在とも考えられる。幽霊はこの考えかたの残存である。しかし霊魂は，目に見えないもの，生命の原理というように抽象化される傾向もある。ただ，その表象がさまざまであっても，アニミズム的世界観に共通なものは，身体・物体に内在するとともに，そこからはなれて独立存在することができ，しかも，意志，感情，知覚をそなえて，人間に働きかけることができると考えられる。つまり人格的（personal）な存在である。人々は霊魂にうったえて，その恵みをうけ，また，その怒りをやわらげようとつとめる。霊魂が，それが宿ったものから完全に独立した存在となり，個性をそなえるようになったときには，これを未開宗教の神とよんでよいのである。未開宗教における神と霊魂の区別は，しばしば研究者からみた区分であり，人間の呼びかけに反応する超人間的な存在を想定する考えかたを，すべて，

アニミズム的な考えといってよい。

**マ ナ** マナという言葉は、メラネシア、ポリネシア土人の言葉から来ているが、一般的用語として使われ、いろいろなものに存在することができ、そのものに異常な働きをおこさせる力をいう。マナを持つ人間は、より賢く、槍にマナがついていれば、よく刺すことができる。類似の超自然的な力の観念は各地で見出すことができる。マナの観念を、電気とか、物質エネルギーのような抽象的な考えたかにのみ限るのは、あるいはいい過ぎであるかもしれないが、未開人の宗教儀礼、とくに呪術的行動には、マナの獲得という原理でみると、理解しやすいものが多い。

マナのもつもう一つの機能は、人間の幸不幸を説明する原理となることができる。アニミズム的世界観においては、人間の幸、不幸は、目にみえない人格的存在が人間に及ぼす作用による。マナ的世界観においては、ある人が成功するとすれば、その人がマナを持っているからであり、人々の間の成功の度合いの違いも、「彼はツイている」という俗語の言い廻わしと同じように、この超自然的な力のせいで説明される。マナは、非個性的で、他に転移できるので流動的であり、それ自身の意志をもたないという意味で非人格的（impersonal）である。このようなマナが、人々の運命を支配しているとすれば、これは宇宙の法則、道という抽象的な思考にまでつながっている。

アニミズムとマナの観念のどちらがより古いかということは、論証不可能である。同じ社会にともに存在しているのが、通常である。宗教的象徴を、人格的個性的存在と考えるか、非人格的・非個性的・普遍的な力と考えるかという明確な分化ができるのは、発達した宗教の問題に属する。

## 5 儀礼と神話

　未開人の宗教的行動は，発達した宗教において，修行とか日常生活の倫理が強調されるのにくらべ，圧倒的に儀礼中心である。また，後には，教理，神学として体系化されるものが，神話という形で表わされている。

　**タブー**　儀礼を分類して，消極的儀礼と積極的儀礼とする。消極的儀礼は，禁忌あるいは，ポリネシアの言葉から来たタブー (taboo) とよばれる。特定の行為を禁止し，しかも違反のばあい，超自然的な（経験的・科学的にはつながりのない）処罰が予想されている。ポリネシアの王のふれるものはことごとくタブーとなり，一般人には危険なので，日常の動作にいたるまで，万全の注意をはらわねばならなかった厄介な規則にもなるが，生産・出産・死亡等のばあい，当事者に多くのタブーが存在することは，タブーが，それらの事柄が，きわめて重要な社会的意義を持っていることをきわ立たせる機能をもっていると考えられる。

　**儀礼**　積極的儀礼とは，宗教的象徴と関係した，定められた行動の型にしたがって，多くは集団で，何らかの効果を期待し，あるいは，記念の意味を含む行動である。儀礼は，宗教全体にわたるもので，特に未開宗教に特有のものではないが，儀礼が宗教生活の中心部分をしめる点に，未開宗教の特徴がある。教理の理解，あるいは，宗教的境地に沈潜するよりは，宗教的感情を踊り出させる (dance out)。儀礼には，雨期と乾期，夏と冬，新年などの季節の変動によって行なわれる季節儀礼がある。また，狩猟，農耕等の経済生活の過程にともなって行なわれる生産儀礼がある。また，誕生から死亡までの人間の成長と終末の各段階にともなう儀礼がある。これは過渡の儀礼 (rite de passage) である。儀礼のもつ意味は，表

面的には，食物の増産とかの目的をもっているが，潜在的には，社会の成員が，ふだんの仕事をはなれて，一つの行事に集中することによって，社会の連帯感を強めるものであるとされている。したがって社会の成員への仲間入り，つまり成人式 (initiation) は，多くの未開民族の間で盛大であり，青年達はきわめてきびしい試練を経なければならない（下図参照）。儀礼はまた，政治的権力を再確認する機会でもあり，物資の交換や，莫大な消費の行なわれる時でもある。祭がほとんど唯一の宗教行動の機会であることは，文化の発達した社会での民俗的宗教の中にも残っている。

成人式の試練

**神話** 未開人の儀式と神話の関係には，いろいろな説があった。神話先行論によれば，神々，あるいは祖先についての神聖な伝承があって，それにもとづいて儀礼が行なわれる。儀礼先行論によれば，儀礼のさまざまな動作から，それを根拠づける話が作り出される。しかし，この議論は，いささか鶏と卵の関係に似て，どちらか一方ときめてかかるわけにいかないということになっている。かつては，神話は，未開人の奔放な，あるいは不合理な想像力から出た，不統一な物語と解釈され，儀礼にくらべて研究がおくれていた。しかし，神々と人間の交渉，宇宙における人間の位置，善と悪の問題など，その物語が，今の社会制度，人間の行動に精神的意味を与えるものであり，祭は，神話の世界が再現する時期として重要となって来る。[4]

## 6 信仰の諸相

　未開宗教に特有の信仰としてしばしば論じられるもののいくつかをつぎにあげる。

　**呪　術**　呪術と宗教の異同は，初期の未開宗教の研究においては，諸説のならび立ったものであった。呪術と宗教との区別を，神的存在の介入のあるなしに求め，また，強制的と懇願的，個人的と公共的と対比しようとした。また，呪術と宗教のどちらが先にあったかということも，論争のもととなった。結局は，呪術・宗教的（magico-religious）といわざるを得ないように，両方の要素が混在しており，のちに，宗教と呪術が分化し，後者を卑しめる意味で迷信と呼ぶような，呪術からの解放の行なわれたあとでとる立場から，未開宗教の現象を機械的にきることができないのである。

　科学的には誤りである因果関係を期待することを呪術の本質とすれば，フレーザー（Frazer）のように，接触呪術と類感呪術に分けることができようし，マナ観念を根底に考えれば，超自然的な力を転移する技術とも説明できる。あるいはそのような一種の「合理的」計算の上に立ったものでなく，情緒の投射ともみなすことができる。

　呪術のはたらく重要な局面は，健康に関したもので，病気治癒の呪術である。経済生活に関しては，呪術に依頼して何の努力もしないということ

---

4) 未開人の心理における神話の意味を追求した研究は，マリノウスキー（Bronislaw Malinowski），レヴィ・ブリュール（Lévy-Bruhl）などあるが，最近ではスタンナー（Stanner）のものが，もっともすぐれている。かれは "The Dreaming" という論文で，オーストラリア土人にとって，夢の時期と呼ばれる神話時代のもつ重要性を指摘している。

はあり得ないので，科学——未開人のレベルにおける——との共存関係があるが，病気については，いわゆる民間療法と混在しながら，呪術の働くもっとも強い領域となる。したがって，呪術師（medicine man）の占める地位は重要である。

もう一つの面は，他人を害するためのもので，魔術（witchcraft）としての呪術である。誰かこの面での特殊な能力をもつと信ぜられる人間から，魔法をかけられることを強く警戒する。中世の魔女狩りにいたるまで，このような信仰は強く残っている。

**他界観** この世と死後の世界との間に根本的な差別をつけ，ことに，死後の世界に優越した価値をおくのが，後の世界宗教のある時期での一般的特徴である。この点で，未開宗教においては，この世の連続の世界であり，死後，祖先として崇拝を受け，再び地上に人間として生まれて来るという信仰，あるいは，この世での社会的地位が，そのまま死後の世界にも延長されるという観念など，この世とはっきり断絶した来世観のないということが，注目されることになる。一方，特殊の能力をもって，神々の世界との交通を，はかることができる人々は，シャマン（shaman）と呼ばれ，シベリア諸民族のみならず，世界各地の未開宗教に普遍的にみとめられる。

# 7 未開宗教の変容

純粋に，他の文化の影響を受けず，昔からの宗教的伝統を保持している例は，実際にはきわめて少ない。西アフリカ，中央アフリカの広大な地域を除けば，東アジア，南北アメリカなどの孤立した地域に残存するのみであり，他は，キリスト教，イスラム，インド教，仏教，儒教の直接的・間接的

な伝道によって，未開宗教は，これらと習合した形で残存しているにすぎない。しかし，未開宗教が，外来文化の侵入に反撥して，インディアンのゴースト・ダンス（Ghost Dance）のような，狂熱的な運動となることもあり，現在の反植民地運動のイデオロギーの中にも息づいている。また，未開宗教は，生産の確保，病気の治療など，きわめて現実的な欲求に根ざしたものであるだけに，宗教的には低い次元のものとみなされがちであるが，信仰の復興運動にみるごとく，原始的な活力が，再び求められることもしばしばある。　　　　　　　　　　　　　　　　　（柳川啓一）

# 第三章 古代宗教

1　総　説
2　古代西アジアの宗教
3　ペルシャの宗教
4　ギリシャ・ローマの宗教
5　古代ヨーロッパの宗教
6　アメリカ大陸の古代宗教

## 1　総　説

　古代宗教とは，失われ，忘れられた宗教である。あるいは，外側からの圧力によって「殺された宗教」といってよいだろう。以下の各節の終わりには，いつも各々の宗教が消滅した年代を，墓碑のように書かねばならぬだろう。近代に入って，考古学的研究による遺跡，遺物の発掘と，古代文献の探究——文字の解読からはじめねばならぬものも多かった——から得た基礎資料とともに，未開民族の宗教の研究も参照としながら，破壊された宗教が次第に復原できるようになった。

　標題は古代となっているが，年代は必ずしも，いわゆる古代だけではない。インカ帝国の古代宗教は，1534年に，スペインによって征服されるまで続いていたのである。これをもふくめて古代宗教とよぶのは，単に消滅したという消極的な理由だけではない。前章の未開宗教と比較すれば，神々の性格はいよいよ明確になり，また神々の系統，上下関係も整って考えられている。神と人間をむすびつける形式も発達し，供犠（sacrifice）と

いう祭祀の法式が完備する。神の意志にかなうように犠牲を供える儀礼であり，もっとも極端なものは，人間を犠牲とする。社会階級の分化がはっきりして来て，政治的・軍事的に有力な階級が，宗教的にもすぐれたものと考えられ，かれらは，神々の子孫であることを誇る。国王が同時に神であるという信仰にまで至ることもある。祭祀が重要な国家行事となるので，僧侶・神官階級が生まれるが，政治権力者に従属していて独立した力はもたず，「カイサルのものはカイサルに，神のものは神に」という，地上の国と神の国のはっきりした分離は見られない。職業団体のような僧侶の集団は生まれるが，俗人をふくめた教団の形成は，密儀宗教のような萌芽の状態でしかみられない。（ただしこの章におさめたペルシャから出たゾロアスター教，マニ教は世界宗教としての性格をもっている。）

## 2　古代西アジアの宗教

**エジプト**　エジプトが自然からうけた恩恵は，ナイル河だけでなく，砂漠と海にかこまれた環境であった。紀元前3000年頃の統一王国の成立以来，紀元前6世紀ペルシャに征服されるまで，ごく短い期間をのぞけば，独立を保つことができた。

　宗教もまた自足的な展開をとげることができたが，いくつもの職能によって分化した神々の組織をもち，中でも太陽神の崇拝は一貫したものであった。太陽神も一つにとどまらないが，とくにレ(Re)が目立って崇拝された。エジプトの神格に特有の，動物神・地域神と複合する傾向から，鷹と同一視され，また一地域の太陽神アトゥムと習合して，アトゥム－レとなった。ピラミッド時代（B.C.2600～2200）以来，王（ファラオー）は，「レの子供」（日の御子）と呼ばれた。太陽神が，国家的色彩の強いものとす

れば、オシリス（Osiris）は、一般の間に広く信仰された。兄セト（Seth）の奸計によって殺され、妹であり妻であるイシス（Isis）と子ホルス（Horus）の努力によって生き返り、地下の国へ行って死者の審判にあたるようになったというのが、オシリスの神話である。

エジプト人は死後の運命について非常に心配した。古代エジプトから誰でも連想するミイラとピラミッドはこれと関係している。死体を保存し或いは死者の像をつくり、墓所を生前と同じく調度をしつらえるのは、魂の死後の生存を確実にする手段であったろう。また、死者の身体に来世での審判が無事に終わるように呪文を書いた布を巻いた。これが『死者の書』と呼ばれる。

神像に頭が動物、身体が人間という例がよくあるのは、動物神から人間神への移行を示すというよりは、異なった神々が結びつきやすいというエジプトの宗教の特徴のあらわれである。ある学者は、死体の保存も動物の崇拝もエジプト人の「変化しないもの」に愛着する傾向から出ると説明している。

ペルシャ、マケドニア、ローマの侵入を受けながら、クレオパトラ（Cleopatra, B. C. 69〜30）のころは、いぜん古い信仰が続いていた。2世紀になってキリスト教が伝わり、テオドシウス1世の命により、391年神殿が閉鎖され、古代エジプトの宗教の歴史は終わった。

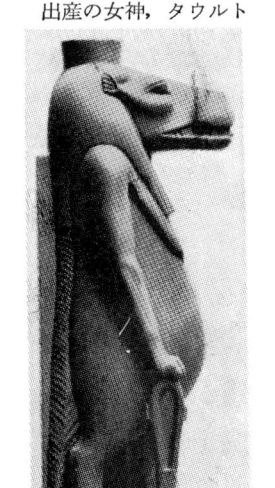

出産の女神、タウルト

頭は河馬、背と尾はわに、腹は人間、たてがみはライオン

**メソポタミア**　ティグリス、エウフラテスの両河にはさまれた半月形の平原は、古来、めまぐるしい支配者の交替が行なわれた。村落・都市の

並立，シュメールによる統一（B.C. 4000頃），セム系のバビロニア，アッシリアその後ペルシャと変転している。しかし宗教は，ペルシャまでは，シュメール以来基本的には変わりない。ある都市が有力となるとともにその都市の守護神も高い地位にのぼった。こうしてあるときは，天の神アヌ（Anu），風の神エンリル（Enlil），地と水の神エア（Ea）の三神が，またあるときは，太陽神シャマシュ（Shamash），月神シン（Sin），大地の女神イシュタル（Ishtar）がきわ立っていた。

このうちもっとも広く崇拝を受け，エジプトなど西方の地域にも影響を及ぼしたものは，イシュタルの信仰である。この女神は地の神であり，また金星とも同一視された。愛人タンムズの死を悲しんで死者の国に降り，その間地上の植物は枯れ，人々が悲しんだという神話からみれば，植物神としての性格も明らかである。これと対抗する有力な神は，マルドゥク（Marduk）で，バビロニア王ハンムラビ（Hammurabi, B.C.2067～2025）が都したバビロンの守護神であるために広く崇拝された。エアの子供となり，いろいろな神の性格を吸収し，創造神話において，闇と混沌の神ティアマト（Tiamat）と戦った神も，エンリルであったのが，のちマルドゥクとなった。この神話は，毎年新年の儀式として戦闘劇が演じられ，王自らがマルドゥクに扮して，闇の神の象徴である羊を焼いた。

ウルクの町の支配者である英雄ギルガメッシュ（Girgamesh）の冒険の神話は，神が人間の罪を怒って洪水によって人間を滅ぼしたという部分をふくみ，その他，旧約聖書の説話と対照できるものがある。また，僧侶階級が発達し，寺院の中の煉瓦を積んだ人工の山ジグラート（Ziggurat, バベルの塔），あるいは占星術が体系化されたことも著名である。

## 3 ペルシャの宗教

**ペルシャ** 紀元前2000年ペルシャに侵入し定住したアーリア人は，ヴェーダ時代のインド人の宗教とほぼ共通のものをもっていた。太陽，月等の自然神の信仰と犠牲，火，ハオマ（ある植物からとった液で，人を興奮させる作用がある）を使用するととのった儀式があった。紀元前660年，あるいは1000年に出たゾロアスター（Zoroaster，又はツァラトゥストラ Zarathustra）は，この民族宗教に対して改革を唱えた。かれは神によって使わされた予言者であると自覚し，アフラマツダ（Ahuraは主，Mazdaは，賢いもの，光を意味する）を唯一の神とする信仰を教えた。アフラマツダは，悪霊アングラマンユとたたかっている。人々は善神の側に立って勤勉な生活を送り，よい教えを広めることをすすめた。かれの教説は，後代（3世紀ペルシャで，9世紀にインドで）に編集されたゾロアスター教の聖典アヴェスタ（Avesta）の中のガータ（Gatha）という部分に収められている。ゾロアスター教は，ペルシャ帝国の国教となって繁栄し，その神官の総称マギは，マジック（呪術）の語源となるほど有名となるが，内容はかなり変わり，自然神の復活，特に太陽神ミトラ（Mithra）の信仰など古い民族宗教との妥協もみえ，また善神と悪神の闘争を永久のものとみる徹底した二元論ともなっている。その後ササン朝ペルシャによって復活され国家宗教としての体制をととのえたが，7世紀，ペルシャがサラセン帝国によって滅ぼされるとともにイスラム教に圧迫され，ペルシャにごくわずか残ったものはガバール（Gabar）とよばれ，また，一部の信徒は，インドにのがれ，封鎖的な共同体を作って信仰を維持し今日に至っている。かれらはパーシ（Parsi，ペルシャから来た名）と称せられ，実業界に活躍し富裕な者が

多いが，火の崇拝，沈黙の塔ダクマの鳥葬の風習をもっている。

**マニ教**　マニ（Mani, 215～276）は南バビロニアに生まれ20代の初期に神の啓示を受け，のちササン朝ペルシャのシャプール1世（Shapur I, 241～273）の厚遇を受けた。シャプール1世は，ゾロアスター教を国教に編成した人だが他宗教にも寛容であった。王の死後迫害され，牢獄で死んだ。マニが処刑され，皮をはがれてさらされたという話は，他の宗派からの悪意をもった作り話であるといわれる。かれの説くところは，善と悪，光と闇，精神と物質の二元論にもとづき，魂の肉体からの解放のために修行が必要であることをすすめた。マニは，ゾロアスター，仏陀だけでなく，イエスの残した仕事を完成する預言者とみられていた。マニ教はエジプトから北アフリカにひろがり，アウグスティヌスの当時は，キリスト教の最大の強敵であった。またインド，中国にも伝わった。その後の迫害で消滅したが，カタリ派（Cathari）のようにカトリックの異端という形でマニ教の考えかたが復活している。その他ペルシャにあらわれた宗教としては，ゼルヴァン教（Zervanism），すなわち，アフラマツダの父であり同時にアーリマンの父でもあるゼルヴァン（Zervan, 時間という意味）を崇拝するものが，ペルシャの民族宗教の一変形として，古くから，マニ教の時代まであり，また，マズデク教（Mazdak）は，紀元後5世紀の終わりに出た宗教改革者マズデクの始めたもので，財産，土地，婦女の共有にいたる極端な共産主義改革を唱えたものである。

## 4　ギリシャ・ローマの宗教

**ギリシャ**　ホメロス（B.C. 850?）の物語にあこがれてトロヤを発掘したシュリーマンがホメロスの時代以前のミケーネを掘りあてたよう

に，ギリシャ神話にあらわれる整然としたパンテオン，明確な個性をもった神々の前身にまでさかのぼると，先行した宗教，その後まで残存した民間信仰に行き当る。ギリシャは何回もの民族移動の波に洗われており，先住したギリシャ人，のちのクレタ文明，ミケーネ文明さらにドーリア人とあいついだ。神話に語られるゼウスとヘラの結婚は，前者が征服民族の神，後者が，被征服民族の神であり，歴史的事実を漠然と反映しているらしい。こうした習合は，著名な神格の間にもみられるものである。ホメロスの物語，あるいはヘシオドスの『神統記』は，こうした神々を，ゼウスを主神とし，妻子を配した整然たる，オリンポスの神々の系統にまでまとめた。

ギリシャは多くの都市国家に分かれ，それぞれが守護神を持っていた。アテナイでは，アクロポリスの丘に，智恵の女神アテネの神殿をもっていた。ただ古代帝国とちがって，神官・僧侶の階級がなく，市民からえらばれたものがこれにあたった。しかしソクラテスが伝統的な神を批判したことによって処刑されたように信仰の強制力は強かった。一方，政治的には分立していたが，信仰の共通性によって民族としての一体感をもっていた。神話・伝承が共通であり，アテナイの近くのデルフォイには，地のわれ目からでるガスを吸って恍惚とした状態のうちに，アポロ神のお告げをのべる巫女がいて，全土の尊敬を集めていた。4年に1度オリンピアでゼウスの大祭のとき開かれたオリンピック競技もまた同じ役割を果していた。

こうした公的な宗教のほかに，個人の救済と永遠の生命を保証する宗教があった。これらは，入信者以外には近づけない，神秘な儀式があったので，密儀宗教 (Mysteries) と呼ばれる。トラキアから出たディオニュソス神を祭る，牡牛を犠牲にする熱狂的な儀式，エレウシスが娘デメテールを失って死者の国におもむくという神話にまつわるエレウシス秘儀，魂の永

遠の救済を目的とするオルフェウス信仰はその例である。最後のものは哲学者プラトンともまたピュタゴラス学派とも深く結びついている。

またあまりに人間的な神々の物語は，哲学者達によって批判され，神の観念は，倫理的・哲学的なものにまで高められていった。しかしギリシャにおいては哲学は，神話・宗教からの解放という方向がいちじるしく，ギリシャ人の宗教思想をみるには，ギリシャ悲劇がもっとも適当である。人間のみならず神々，ゼウスさえも支配するのが「運命」であるが，ソフォクレスのオイディプス王などにあらわれている主題，殺人と近親婚のタブーをおかした者でありながら，神々から死を免ぜられたというようなことは，宗教思想の一つの変化をあらわしている。

**ローマ**　英語，ドイツ語，フランス語等で「宗教」を意味するReligionは，ラテン語より出ている。しかし，古代ローマ人は決してとくに宗教的な国民であったとは云えない。むしろ法律，建築などの実際的な文化に長じていたといえる。と同時に，古来の民族宗教と並んで，ローマ帝国の版図に入った各地の信仰を自由に受け容れ，とくにキリスト教が世界宗教として展開する舞台を与えた。ローマは，世界の宗教史の上で独特な役割をもっていたといえる。

ローマの古い宗教については，ファスティ（Fasti）と呼ばれる宗教暦から推測して，農業生活と深い関係をもつ儀式があり，崇拝の対象となる神々は，いまだはっきりした個性をもたない，ヌミナ（Numina）と総称される精霊であったことがわかる。ローマ人にとっては神のはたらきが関心事で，神そのものの性格は別に深く考えようともしなかった。ある学者は，ローマには神々とその崇拝はあったが，神話はなかったといっている。二つの民族の影響から，古代ローマ人の信仰は，複雑になっていった。一つは，外から北イタリアに侵入し，ローマ人の強敵であった謎の民族エトルスク人の影響である。恐らく紀元前6世紀頃，エトルスク人はローマ人を

支配し，神々の人間化，死後の運命という点でローマ人の宗教を変えた。ギリシャ人の影響もまた大きい。シビルの書（Sibylline Books）と呼ばれた託宣書が，やはり紀元前6世紀頃からローマにもたらされ，神官たちのいう神のお告げによって，ギリシャの神々が輸入され，あるいは古いローマの神々と習合した。たとえば，ギリシャの美の女神アフロディテは，ローマのヴィーナスと同一視された。とともに，神々の個性も一そう明確な姿を現わして来る。

もともとローマ人に深く信仰された神は，家の神であり，戸の守り神であるヤヌス（Janus）と，爐の火の神ヴェスタ（Vesta）であった。また，ジュピター（Jupiter）は，天の父として，ギリシャのゼウスと同じ性格のものである。そして他の神々の性格を吸収して，偉大な神となり，ローマでは，キャピトルの丘にジュピターの神殿が立ち，ローマ共和国の守護神となった。

ローマ帝国の建設とともに，アウグストゥスは，ローマの民族宗教を公的宗教として，制度をととのえようとした。また皇帝自身を神として神殿に祀るようになった。しかし素朴な伝統的信仰に対しては，公然と懐疑をのべるものもあり，また熱烈な救済への欲求を満たすものでもなかった。知識層の間では，ストア哲学のように，宇宙の法に対する順応を説く，哲学的・倫理的宗教があり，民衆の間には，東方から種々の密儀宗教が伝えられた。地母神の性格をもつ女神が多く，フリジアからシベル，シリアのアシュタルテ，エジプトのイシス，ギリシャのデメテール等であり，またペルシャからは，男神ミトラの信仰が入って来た。キリスト教もこうした密儀宗教の一種としてローマ人に受け容れられた。

313年コンスタンティヌス帝によって，キリスト教は国教となり，ローマの民族宗教は滅びたが，キリスト教がローマ化された面も少なくない。クリスマス，復活祭等の起源がローマ時代の祭にあり，また聖母マリアの

崇拝も地母神信仰と無縁ではない。

## 5 古代ヨーロッパの宗教

**古代ヨーロッパの宗教**　キリスト教が伝播する以前の，古代ヨーロッパには，各地に民族宗教があった。ローマ人の書き残した書物（たとえば，シーザーの『ガリア戦記』とかタキトゥスの『ゲルマニア』）によって，また，近年まで各地に残存していた民俗行事から間接に知ることができる。

ケルト人の宗教は，ドルイド（Druid）という僧侶がいて，森の中で祭儀を行ない，人間犠牲をふくむ供物をささげて，動物神，植物神，天空神などの自然神を崇拝した。キリスト教の到来とともに消滅したが，伝説の中に妖精として，あるいは昔の国王として物語られるものの中に，古代の神の面影をみる。アーサー王は，農神アルター（Artor）あるいは，戦争神アルタイオス（Artaios）の転化といわれている。五月の柱をとりかこんで踊る春の祭，メイデイ（May Day）の行事もケルト人の古代信仰のなごりである。

テュートン人の古代宗教については，北欧のキリスト教化が他地域よりもおそく，古い神話，伝説，神への讃歌を編集したアイスランドの二つの『エッダ』（Edda, 古エッダは12世紀，新エッダは13世紀にまとめられた）があり，いくつかの英雄物語とともに，古代の信仰にさかのぼる有力な資料となっている。主なる神には，戦争の神ウォダンまたはオディン（Wodan, Odin），天空の神でゼウスと同じ語源のジウまたはティウ（Ziu, Tiu），雷神ドナールまたはトル（Donar, Thor）がある。かれらは独特の世界の終わりについての考えをもっていて，オディンのひきいる戦士国と巨人との間にはげしい戦闘があり，神々も人間も滅びる。これが「神々の黄昏」

(Götterdämmerung) である。この暗黒時代のあとにふたたび神々の安定した秩序がもたらされるとエッダにのべられている。

## 6　アメリカ大陸の古代宗教

　アメリカ大陸には，16世紀までペルーとメキシコに独自の発展をとげた繁栄していた文化があった。アステカやインカのように文字が十分に発達しないか，マヤのように一部しか解読されず，しかも多くの資料がスペイン人によって破壊された。しかし一方，スペイン人がかれらの滅亡と同時に，実際にこの地の古代宗教と接触した記録は，他の地域には得られない材料を提供する。

　**ペルー**　　インカ帝国の成立（13世紀頃）以前のプレ・インカにおいてすでに巨大な石造の建築物，「太陽の門」などによって，太陽神崇拝があったことが分かる。その後，他の外国勢力の接触がなく，また外国の侵略を受けず自律的な文明が展開していった。インカは，土木工事，農耕においてもすぐれ，ことに道路建設には天才的であったというが，それ以上に統治技術に巧妙であった。宗教もまたその中に組み入れられ，国王は太陽の子孫であり，首都クスコには金の屋根をふいた大神殿がスペイン人を驚かせた。パチャカマック（Pachacamac）と，ヴィラコチャ（Viracocha）の二神が創造神である。その下にある各部族は，ユアカ（huaca）という聖なる対象を各々もっていた。ユアカには，天空，動植物の自然現象が多い。整えられた帝国であるだけに，ピサロの侵入が原因となって1532年滅亡するとともに，宗教もほろびた。

　**メキシコ**　　ペルーとことなりメキシコは，アステカ（Azteca，又はアズテック）「帝国」といっても，独立した部族が割拠し——スペイン人コ

ルテスはこうした反アステカ部族の助けのおかげで征服した——ユカタン半島を中心として別のマヤ文化があった。さらに今日メキシコ・シティの東北25マイルにあるテオテュアカン (Teotihuacān) には，太陽のピラミッド，月のピラミッドと呼ばれる壮大な神殿があるが，これを建てたのは，6世紀から9世紀にわたり，アステカ帝国以前の，「神政政治」時代のものである。その他ユカタン半島のチチエン・イッザ (Chichen Itza) はじめピラミッドの遺跡は多いが，少数の例外を除き，墓ではなく神殿で頂上に祭壇があった。

太陽神，戦争神，雨の神がとくに尊敬され，アステカのばあい，それぞれ，テスカトゥレポカ (Tezcatleboca，煙立つ鏡)，戦争神ユイトゥスイロポトゥチリ (Huitzilopotchli, 左側の蜂鳥の意)，トゥラロック (Tlaloc，植物を生い立たせるもの) である。シンボルとしては蛇がよく用いられる。神官は儀式を司りまた複雑な暦もあつかっている。供犠ではとくに人間を犠牲として神前で殺して心臓を供え，あるいは，皮をはいで儀式に用いたりした。女子，子供も犠牲となったがとくに戦争の捕虜が捧げられた。2万人の捕虜を一挙に犠牲としたという記録もあり，ただ犠牲を得るという目的のみで戦争が行なわれた。この傾向は，「軍事国家」時代にははなはだしく，アステカにくらべマヤは幾分温和である。

ケトゥサルコアルトゥル (Ouetzalcoaltl, 輝く蛇) は，白い顔で，人身御供をきらい，戦いに敗れて東へ去ったが再び戻って来ると信じられ，この神と同一視されたコルテスに対する信頼と恐怖を増したことにもな

ケトゥサルコアルトゥル

った。アステカの首府，テノチティトゥラン（Tenochtitlan，今のメキシコ・シティの場所にあった）は，1521年に陥落し，マヤも1567年には全部征服され，古い信仰は徹底的にこわされて，カトリックがこれにかわった。

(柳川啓一)

# 第四章　ユダヤ人の宗教

　　　　1　その歴史的位置と特質
　　　　2　起　　　源
　　　　3　パレスチナにおける展開（Ⅰ）
　　　　4　パレスチナにおける展開（Ⅱ）
　　　　5　ディアスポラのユダヤ教
　　　　　　　　　　―中世まで―
　　　　6　近世のユダヤ教

## 1　その歴史的位置と特質

**西洋宗教・文化の源泉**　　世界の諸宗教の歴史を通観するとき，われわれは，ユダヤ人の宗教が[1]，そのなかで独自の位置をしめていることに気付く。このことは，今日ひろい分布と影響力とをしめすキリスト教，イスラムの

---

1) ユダヤ人という呼びかたは，のちの分立王国時代に南の王国をつくった支族ユダの名が民族全体に適用されたもの。かれらはもと自らをイスラエル（＝「神<sup>エル</sup>支配す」）と称した。これは後述する12部族の宗教連合の名称でもあり，今日も好んで用いられる。これらと同義のヘブル人（＝「渡来した者」）という語は，パレスチナへの外来者としてのその起源の痕跡をのこしている。かれらの宗教をさすユダヤ教という表現は，一部（主に西欧プロテスタント系）の学者からは，捕囚期以後の律法を中心とする宗教をさす述語として用いられることもある。ここでは，しかし，それを広義に解して，始源から今日に至るユダヤ民族の宗教的伝承の総称と考える。

2大世界宗教が，いずれもユダヤ人の宗教との密接な関連のもとに成立したことを思い合わせれば，明らかである。じじつ，ユダヤ教はときにこれら二つの母胎であるとさえ言われる。これらはすべて西アジア——いわゆるオリエント地方に発生した宗教である。しかし，単なる地理的接近という理由からだけでなく，宗教としての基本的構造においても，それらは著しい類似性をもっている。宗教相互の排他的偏見がつよかった間は，このことはなかなか認められなかった。けれども，客観的研究がすすみ，世界史的視点からの考察が可能となるに従って，次第にこうした連関が認識されるに至った。近時，これら三つを総括して「聖書宗教」とよぶ学者があるのは，その一つの表われであろう。

これらに共通するもっとも重要なものは，何よりもまず超越的な唯一神の信仰であろう。しかもこの神は，意志をもって世界を支配する人格的な神と考えられた。こうした一神思想は，もちろん，ユダヤ人の宗教に初めからそなわっていたのではなく，その歴史的発展の途上において，序々に展開してきたものである。[2] そして，こうした成立の事情から，ユダヤ人の神ヤハウェ（Yahweh）は，いずれかといえば，自然よりはむしろ社会・個人の両面をふくめた人間生活の領域に，よりふかい結びつきをもつものとなった。それは個人や民族の歴史的な運命と密接につながり，それらにおいて自らを顕現する神と考えられたのである。こうして農耕文化特有の自然神とも，他方，抽象的な哲学的一神論ともことなる神信仰の型——いわゆる倫理的一神教（基本型Ⅱ）が成立した。ここでは，宗教とは，そのように把握された神と人との交わりに外ならず，神の意志として意識された価値の実現が，生活の目標とされる。そして，このような宗教思想・行動の型は，ユダヤ人の宗教において確立されたあと，キリスト教やイスラ

---

2) 一神教の成立時期に関しては，その概念の規定とともに，学者のあいだに異論がある。大畠清「ユダヤ教」（平凡社『世界歴史事典』第19巻）参照。

ムを介して，中近東から西方の文化圏を支配してきたのである。

　もっとも，キリスト教やイスラムがことなる諸民族のあいだに広まり，世界宗教となったのにくらべ，ユダヤ教の担い手は，ほとんどユダヤ人という特殊な民族にかぎられていた。これはおそらく，少なくとも一部は，かれらのおかれてきた環境的・時代的な条件から理解さるべきであろう。すなわち，ユダヤ人は歴史をつうじてつねに，周囲から圧迫される一種の賤民（ウェーバー），つまり小数グループとして生存してきた。政治的単位としてのユダヤ国家は，紀元前63年のローマ属領化いらい，最近のイスラエル建国（1948. 5. 14）まで存在せず，その間じつに2000年にわたって，かれらは祖国なきディアスポラ（Diaspora＝離散）の民であった。一応の独立をたもっていた王国時代（B. C. 11～6世紀）でさえも，その地位はけっして安定していた訳ではない。そのような条件のもとで，かれらがその民族的統一をまもるには，宗教が重要な役割をはたした。かれらは，自らを神の選民と意識することで団結をはかるとともに，きびしい律法や割礼を強制して，他の民族グループへの解消の危険に対抗したのである。

　とはいうものの，ユダヤ人の宗教がまったく他の宗教との交渉をもたなかったのではない。それを構成している個々の要素—宗教的観念とか行動様式とかをとってみれば，それらは他の文化伝統から受容されたものも少なくない。たとえば，旧約聖書をつうじて広まった世界創造の神話は，バビロニア起源のものであり，天使やサタン（悪魔）への信仰はペルシャに由来する。そのほか，古代後期におけるヘレニズムの影響や，近代になってからの啓蒙思想のそれなど，数えあげればきりがない。しかも，ユダヤ人の宗教は，これらとの交渉をつうじながら，きわめて独自の展開をなしてきた。以下われわれは，古代オリエントの砂漠に発して，今日にいたるまでの，その展開のすがたを概観することにしよう。

## 2 起　　　　源

**族長時代**　ユダヤ人はセム族の1支流であり，その故郷は古代のメソポタミア（今日のアラビア砂漠の北辺）にあった。セム族の他の1支アラブ人とおなじく，かれらももと羊，山羊などの小家畜をおい，水をもとめて草原やオアシスをわたり歩く遊牧の民であった。遊牧民のつねとして，かれらの社会は小さな部族の単位からなり，族長のつよい権威のもとに統合された父権的構造をもっていた。この時期がふつう族長時代とよばれるのは，そのためである。旧約聖書――それは，もとユダヤ教の聖典である――に描かれた族長アブラハム，イサク，ヤコブの姿は，半伝説的な形のなかに，太古のかれらの生活の有様をうかがわせている。

この時代のユダヤ人の宗教生活は，一言でいえば，呪力崇拝，アニミズム的な段階にあったとみられる。岩石や石柱の崇拝がひろく行なわれていたことは，旧約聖書の記事からも知ることができる。[3] 砂漠の民にとって，それらが目標としてもつ重要な意味をおもえば，これは容易にうなずけよう。井戸，泉，河川，さらには樹木――とくに欅などの常緑樹――がとくに聖なる力をもつものとされたらしいことも，おなじ環境条件から理解するに難くない。

この時代のかれらは，これら崇拝の対象をよぶのに，一般にエルまたは複数のエロヒム (el, elohim) の語をもちいた。これはセム系の言語に共通

---

3) この時代の史料としては，創世紀 12~50 章がある。後代の潤色をうけており，そのまま史実ではないが，モーセ以後とはかなり趣を異にする古代の宗教生活の記憶をとどめている点，重要さを失わない。そのほか，最近になって急速に進歩したこの地域の考古学的研究の成果も，当時をうかがう貴重な一助となる。

のものであり，ひろく超人間的なもの，神的なものを意味した。それは，特定の地名，ないし性格を表現する形容詞と結びついて，はじめて神格の呼称となったのである。たとえば，アブラハムが奉じたといわれるエル・シャダイ（山嶽の神）はその一例であろう。

　紀元前 2000〜1500 年頃にかけて，これら遊牧の部族は，序々にメソポタミアからカナン（パレスチナ）に向けて進出していった。聖書にみえるアブラハム遍歴の記事は，おそらくこの移住の過程の反映であろう。歴史的にみれば，それは当時のオリエントをゆすぶった民族大移動の一つの余波に外ならなかった。[4] おそらくかれら以前にも，セム系の遊牧民は同じ道にそって移動したのであり，またかれらがカナンに定住した後にも，東方の砂漠の民は，たえずカナンの地めざして流入したのである。こうしてユダヤ人は，ここに新しい故郷を見出したが，その1支であるヨセフ族は，さらに遠く北エジプトまですすんだ。おそらくそれは，紀元前1700年頃と推定される。

　**モーセとヤハウェ信仰の成立**　　エジプトに移ったユダヤ部族は，ナイル・デルタ東方の牧草地にすみ，ようやく繁栄の道をたどった。しかし，やがて外来者ヒクソスが追われ，エジプト原住民による第18王朝が復活するとともに，かれらもまた異民族として冷遇されるようになった。つねにパレスチナ方面の勢力と対抗しようとするエジプトの政策にとっては，そこへの交通の要地がユダヤ人にしめられることは，はなはだ危険だったからである。そこでファラオーたちは，都市，城砦，記念碑などの建設のため，かれらを強制労働にかりたてた。とくに，エジプト史上最強のファラオー，ラムセス2世による苦役は，後までも民族の記憶にのこる苛酷なも

---

[4] B.C.19世紀からメソポタミア地方をおびやかした北方蛮族の侵入，B.C.1750〜1550の間エジプトを支配したヒクソスの進出など，いずれも一連のものと考えられる。なお，これらに関する年代推定は，学者によって多少の相違があるが，ここでは一応『聖書事典』（日本基督教団出版部 1962）によった。

モーセ（ミケランジェロ作）

のであった。

　こうした迫害が耐えがたくなった時，1人の英雄的指導者が現われて，かれらを解放した。モーセがそれである。モーセは，エジプト軍の妨害を排して，その民を脱出させるとともに，シナイ山において神ヤハウェとの契約にみちびいた。ヤハウェは，もとミデアン族の神であったとも思われ，また本来は火山の霊であったと推定されるが，ここでユダヤ人は，はじめてヤハウェを奉ずるにいたった。[5] 紀元前13世紀の前半のことである。

　このいわゆる出エジプト（エクソダス）と神との契約は，ユダヤ民族とその宗教にとって，画期的な事件であった。それまで分散したままであった諸部族が，ヤハウェ祭祀を中心として，民族として統合されたからである。神との契約とは，じっさいには，神の名のもとに諸部族が宗教的に結束したことを意味する。このように，神との関係が，法律的行為の形にならって考えられたことは，極めて重要である。なぜなら，それによって神は，もはや単なる自然神の性格を脱し，神―人の関係は，相互の選択にもとづく，高度の倫理的な内容をもったものとなる素地がつくられたからである。

---

5) ヤハウェが，当時のユダヤ人にとって未知の神であったことは，出エジプト記6：3などからも知られる。伝承が確立した後はじめて，それは過去に投影されて，「アブラハム，イサク，ヤコブの神」エルと同一視されるに至る。旧約聖書のなかで，神名に「エロヒム」をつかう資料（E）と，「ヤハウェ」をつかう資料（J）とが混在しているのは，ここに由来する。

このシナイ契約の内容は，神から受けたとされる誡律のうちにみられる。その一つは，いわゆる十誡として知られるものであり，他は出エジプト記 34：1〜8, 17〜26 に記録された，より祭儀的内容のものである。そのなかには，明らかに後代の農耕文化を予想するような要素も含まれており，現存の記録がそのまま原型を保存するとは考えられない。しかし，そこには，それ以後のユダヤ人の宗教のいくつかの基本的特徴が，すでにみとめられることも否定できない。たとえば，他の神を崇めることを禁じた「嫉みの神」ヤハウェの排他性はその最も著しいものであろう。宗教が集団の統合の機能をはたすところでは，それはつねに，何程か排他的にならざるをえないのである。

## 3 パレスチナにおける展開（Ⅰ）

**カナン征服と国家の形成**　エジプトを出たユダヤ民族の主流は，ヤハウェ臨在の象徴である契約の箱をにない，砂漠をへてアモリ人，カナン人などの先住するカナンに侵入し，これを征服して行った。伝承は，この征服を，武力の行使によって短時日のうちになしとげられたように描いているが，実際は，長期にわたる闘争と融合とをくり返したのち，はじめて達成されたものと思われる。先住民たちは，かれらにまさる武器をもち，その都市は強固な城壁をめぐらして，容易には撃破されなかった。

　またこの大事業は，出エジプトのユダヤ部族のみによって遂行されたのでもなかった。最近の研究は，そのほかに，エジプトに移住しなかった部族，ないしかれらとは別個にカナンに直接侵入した部族があったらしいことを明らかにしている。[6] これらはのちに，ヨセフ族のもたらしたヤハウェ信仰をうけ入れ，シケムにおいて契約をむすび，いわゆるイスラエル12部

族の宗教連合を形成した。[7]モーセによって始められたユダヤ人の民族的・宗教的統合は，これによってさらに進展したのである。

　この侵入・征服の時代をつうじてユダヤ人を指導したのは，士師とよばれる人びとであった。士師とは裁判人・救済者などを意味し，モーセとおなじく，宗教的霊感をうけ，民族の危機にさいしてそれをみちびくカリスマ的人格であった。この時代がときに士師時代とよばれているのは，ここに由来する。この時期の戦闘的な気分は，宗教生活にもその刻印をのこした。族長の神となってすでに男性的性格のつよかったヤハウェは，多分に戦争神的な色彩をさえおび，「万軍の主」とよばれるにいたった。

　当時のユダヤ人にとって最強の敵は，ペリシテ人[8]であった。地中海沿岸の都市により，鉄製の武器をもつかれらは，しばしば奥地にまで進出して，ユダヤ人を脅やかした。このような情勢は，内陸部の先住民との不断の対立も手伝って，やがてより強力な政治・軍事組織を必要とするようになる。紀元前1020年頃，士師サムエルが天才的武将サウルに油をそそいで王とした[9]のは，そのためであった。サウルはペリシテ人との戦いに敗死するが，そのかつての部下ダビデは王位をつぎ，敵を駆逐し，エルサレムに都してユダヤ民族の黄金時代をきずいた。

---

6) B.C.1400～1350頃のエジプト側の記録，テル・エル・アマルナ文書は，ハビリ（Habiri）のパレスチナ侵入を報じている。但しこれがユダヤ人と同一民族であるか否かについては異論がある。また，メルネプタ碑文は，B.C.1220にユダヤ人が，定住民としてでないにせよ，すでにパレスチナにいたことを証明する。

7) ヨシュア記24章参照。

8) トルコ，クレタ方面から南下した非セム系民族。パレスチナの地名はかれらからとられた。

9) 油をそそぐことは，王や祭司の選任のさいの儀式であった。ここからメシア（＝「油そそがれたる者」，ギリシャ訳はクリストス）が，のちに救世主の意に転ずる。

**沃地文化との交渉**　カナンの征服と定住とは、ユダヤ人の生活条件を一変させた。一言でいえば、それは荒地の遊牧生活から、沃地の農耕生活へ、そしてさらに都市生活への転換である。この転換は、必然的に経済・社会構造の変化をももたらした。統一的な政治組織のよわい遊牧、ないし半遊牧の時期には、部族成員は比較的に独立で、かつたがいに平等であった。しかし定着がすすみ、王国が形成されるにともなって、土地所有の集中による大地主が出現する一方、古くからの中産自由民はしだいに没落した。社会階層の分化がすすみ、貧富の差が拡大するとともに、それまでみられなかったような社会悪がおこってきて、のちに預言者による批判をさそうのである。

　宗教の面においても、おなじような経過がみられる。沃地の宗教は、もと、砂漠の民のそれとはかなり異質のものであった。すべての農耕民族の通例にもれず、カナン先住民の宗教も、自然の生産力の崇拝を内容としていた。豊穣をあたえるこの力はバール（baal「地の主」）とよばれ、国内のいたる所、とくに「高所」において、牡牛や蛇の象徴をとおして礼拝された。またこれとならんで、母性神アシュタルテ（Astarte）の祭祀も行なわれたが、それは性的狂宴の要素を少なからず混じていた。

　新しく定住したユダヤ農民が、こうした環境に影響されたであろうことは、想像に難くない。たとえば、上述の宗教連合の中心がおかれたシケム、ベテルなども、もと先住民の聖所であり、そこで行なわれた祭儀にも、後者から受けつがれた要素がなくはなかった。一部では、ヤハウェが農耕をもつかさどる神であるとの考えも生じかける。しかし、このような推移は、固有のヤハウェ信仰にとっては、その砂漠的性質の喪失と、自然崇拝への解消の危険を意味するものに外ならなかった。

　**預言者の声**　ここにおいて、こうした趨勢に対決しようとする強力な宗教・思想運動が起こった。紀元前9世紀のエリア、エリシャを先駆と

して，同8世紀後半のアモスから，ホセア，イザヤ，ミカ，ゼファニヤ，ハバクク，ナフーム，エレミヤ，第2イザヤ，エゼキエル等，約2〜300年の間に現われた偉大な預言者たちがそれである。かれらはまず，ヤハウェの名において，民衆をひきつける沃地宗教に痛撃をくわえた。伝説によればエリアは，カルメル山上でバールの司祭を滅ぼしたとされ，またアモスやホセアは，バール崇拝を国民の神からの背反，異神との姦淫として弾劾した。

しかし預言者の活動は，砂漠的宗教の伝統からの，異質宗教への単なる反発にはとどまらなかった[11]。それとの対決や当時の社会状態の批判をつうじ，また，後述するような民族の受難の体験を契機として，かれらはユダヤ人の宗教に新しい局面をひらいた。神のもとめるのは形式的な祭儀よりも義や愛であり，これらの価値を現実の生活に実現することこそ人の務であるとして，宗教を精神化するとともに，また神はこれらの価値を規準として国民と，個人と，歴史の全てとを裁くものであるとして，それに普遍性をあたえたのである。のちに聖書に収録されたこれら預言者のことばは，ユダヤ人の宗教のもっとも美しい結晶というべきであろう。

かれらは概して，グループの背景をもたない個人として，つねに国民や支配層を批判する役割をになった。かれらが神の恵みをとき，希望をあたえることを任としたことも皆無ではないが，むしろ稀である。その警告がきかれることは殆どなかったが，ときにはその精神が為政者によって実行されたこともない訳ではない。紀元前621年のヨシュア王による申命記改革がそれである。この改革は，国内のバール祭壇を毀し，ヤハウェへの排

---

10) 預言者とは，もと神の言をきいてそれを人につげる者の意で，未来を予知する者という通俗の意味は，派生的なものにすぎない。

11) レカブ人（エレミヤ記35章）やナジル人（民数記6章）のように，耕さず葡萄酒をのまず，砂漠的習俗をまもる反動的な1派もあったが，主流とはならなかった。

他的忠誠を鼓吹するとともに，各地のヤハウェ祭司をエルサレム神殿に召喚して，これを唯一の礼拝所とした。その結果，エルサレム神殿およびその祭司への中央集権化が著しくなってくる。

## 4 パレスチナにおける展開（Ⅱ）

**ユダヤ国家の盛衰** ダビデのもとに強大をほこり，その子ソロモンによって栄華をきわめたユダヤ王国の前途にも，やがて暗いかげがさし始めた。もともとパレスチナは，エジプトとメソポタミアとの2大勢力にはさまれた中間地帯であり，時とともに消長するそのいずれかによって支配される運命はさけられなかった。それにも拘らず，ユダヤ人が一たんは独立国を形成しえたのも，じつは当時これら両勢力が衰退して，パレスチナが一種の真空状態にあったからにすぎない。しかし，紀元前9〜4世紀にかけて，メソポタミア地方にはアッシリア，新バビ

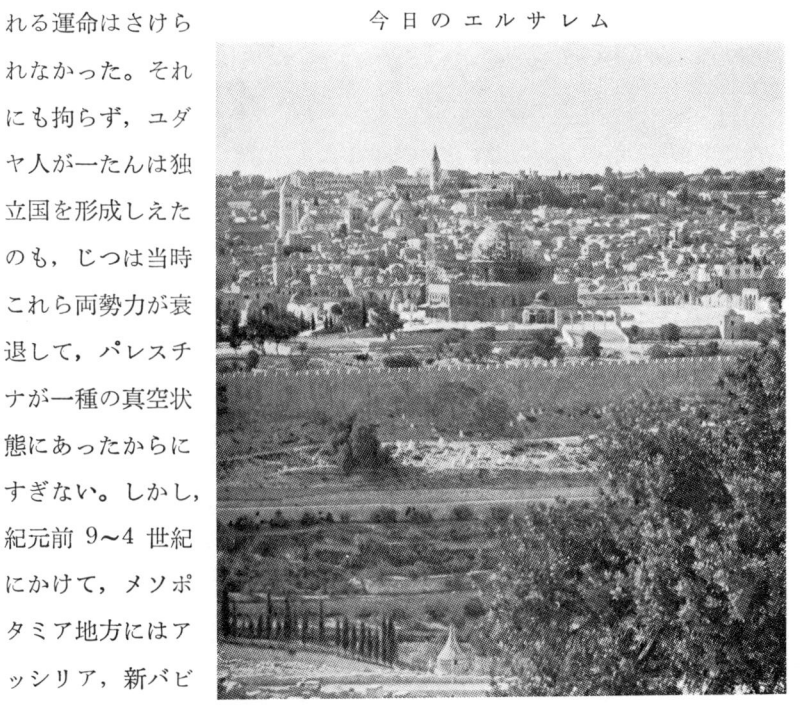

今日のエルサレム

ロニア，ペルシャが相ついで興り，パレスチナは再びおおく，その勢力下におかれることになった。

このような世界史的状況の圧力は，ソロモンの死後，南北に分裂した（B.C. 922）ユダヤ国家のうえに重くのしかかった。迫りくる没落を予感した預言者たちは，それを神の裁きと解して，国民に悔改めをといたが無益であった。紀元前721年に，まず北の王国イスラエルがアッシリアの武力に屈した。国民は捕虜としてつれさられ，のちにアッシリアの地に四散して，いわゆる失われた10部族となった。ついで紀元前587年には，のこった南の王国ユダも，新バビロニアに叛いて滅ぼされた。エルサレムは神殿もろとも破壊され，国民の指導層は3回にわたってバビロンに移された。いわゆるバビロニア捕囚である。

それ以後のユダヤ民族は，もはやほとんど何らの主導権をももたず，交替する大国の支配のもとに転々とした。紀元前538年に，ペルシャ王クロスが新バビロニアを倒すと，捕囚民は解放され，その一部はエルサレムの故地にかえった。祭司エズラ，ネヘミヤらによって第2神殿がきずかれ，これを中心として一種の祭司国家がつくられる。紀元前331年，アレクサンダーがペルシャを制圧してからは，ヘレニズムの時代となり，ユダヤはまずプトレマイオス家（エジプト），ついでセレウコス家（シリア）の版図に入れられた。生活様式のギリシャ化がすすみ，宗教・思想の面でもヘレニズムの影響があらわれる。[12]

これにたいし一部のユダヤ人は，かつて沃地文化との接触にさいして示

---

12) たとえば，この頃すでにヘレニズム文化圏の各都市に居住していたユダヤ人のために，旧約聖書のギリシャ語訳（70人訳聖書）が完成された。またいわゆる知恵文学（箴言，伝道の書など）には，ギリシャ思想の影響がみられる。さらに注目されるのは，フィロン（Philon, B.C. 20～A.D. 50頃）に代表されるアレクサンドリアのユダヤ思想であろう。かれはユダヤ教の伝統とギリシャ的ロゴス思想を綜合して，のちのキリスト教神学への道をひらいた。

したような抵抗を，いく度かくりかえした。それは，これら異文化が権力によって強制されたとき，とくに著しかった。シリアのアンティオコス4世（エピファネス，B.C. 175～164）が，ギリシャ化政策を強行した時おこったマカベアのユダの叛乱は，その好例である。この抵抗は成功し，ユダヤ人は一時独立をとりもどして，マカベア（ハスモン）王朝（B.C. 142～63）の世となる。しかしこれも，100年たらずで内紛から自滅し，以後ユダヤはローマの属領となった。

**捕囚後の宗教生活**　預言者たちの警告した没落が事実となった捕囚を境として，ユダヤ人の宗教にも，さまざまな変化が現われた。まず第1は，国家の滅亡がかえって，それまで民族の枠にしばられていた視圏の拡大をもたらし，バビロニア・ペルシャ思想の影響のもとに，宇宙的な終末観が成立したことである。度重なる国民的不幸は，さらにユダヤ人のあいだに彼岸思想をうみ，精神主義的な傾向をも助長した。それまでは，ユダヤ人たちがヤハウェから願い求めたものは，現世生活でのさまざまの価値以外の何ものでもなかったのである。そして，これらのモチーフが交錯するところに生じたのが，救世主メシアへの待望であった。それは，一方では民族の政治的復権をもたらすべき地上的メシア，他方では超政治的・宗教的メシアへの期待という両極への可能性をはらみながら展開した。このうち前者は，今日のシオニズムにいたるまでの，何回かの政治的独立運動の原動力となり，後者はキリスト教の発生にあたって，重要な役割をはたしたのである。

　さらにこの時期の注目すべき現象は，それ以後のユダヤ人の宗教生活をささえる基本的な組織が，しだいに成立したことであろう。その一つとしてシナゴーグ（synagogue 会堂）がある。シナゴーグは，バビロニア捕囚

---

13) かれはエルサレム神殿をゼウス神殿にかえ，そこでユダヤ人の汚れとして忌む豚の犠牲をささげ，割礼や安息日をまもることを禁じた。

民たちが，異境にあってヤハウェの信仰をたもつために始めた集会に発して，やがてエルサレム神殿やその祭儀がほろんだのちも，それに代わって国民の宗教生活の中心となった。そこでは供犠ではなく，安息日(sabbath)の聖典朗読，説教，祈りが宗教的行為のおもな内容をなすにいたり，今日に及んでいる。

　一般にこの頃から，ユダヤ人の宗教生活には形式の固定の傾向がめだってくる。律法[14]の遵守がとかれ，日常生活がこまかく規定されて，ユダヤ人は民族的にも宗教的にも，閉ざされたグループとなった[15]。そして同時に，当時すでに半ば死語となりつつあったヘブライ語聖典をとき明かすことを務めとする一群の人びと――ラビ(rabbi「教師」)が登場する。かれらは，神殿とむすびついた祭司とことなり，おもにシナゴーグを足場として活動し，民衆の新しい宗教的指導者となった。

　以上のような情勢を背景として，ヘレニズム期からあとのユダヤには，いくつかの流派が入りみだれ，対立した。第1は，エルサレムの上層祭司や貴族からなるサドカイ派である。かれらは教義上は保守的で，当時民衆のあいだに新しく力をえてきた天使や復活の信仰を斥けたが，実際生活のうえでは，支配階級としての利害ともからんで，外来のヘレニズム文化を受けいれた。第2はラビたちや，下級祭司のぞくしたパリサイ派である。かれらは前者とことなり，律法の良心的な実践をひたすらもとめ，したが

---

14)　「律法」（Torah）は広狭いろいろに解される。広義には，それは旧約聖書全体をさすが，狭義ではモーセ5書のみを意味する。そして，それらのなかに含まれた宗教的倫理的な生活規範もまた律法である。

15)　たとえば異邦人との通婚の禁，割礼の強制など（エズラ書9～10章）がその一例である。しかし，こうした特殊主義的傾向のうらには，第3イザヤ，ヨブ記，ルツ記などに代表されるような，より開放的，普遍主義的傾向も存した。この二つの価値の相剋は，他のおおくの宗教のばあいと同じく，ユダヤ人の宗教の歴史をも一貫してながれる基本的テーマの一つである。キリスト教の章の1を参照。

って敬虔派(Hasidim)ともよばれた。かれらは死後の復活や, メシアの到来を熱烈に信じたが, ややもすれば, 律法の字句に拘泥する形式主義におちいる弊もあった。

これらにくわえて, ローマ時代に入ると, さらにいくつかのグループが出現した。その主なものは, あらゆる手段に訴えて民族の政治的復興をめざす熱心党と, 逆にすべての政治・文化生活から身をひき, 禁欲と平和をまもり, 修道院的な共同生活のうちに世の終わりの到来にそなえたエッセネ派である。この後者は, それまでユダヤ人のあいだに知られなかった, 隠遁・禁欲・沈潜という宗教行動の型を導入した点で, きわめて興味ぶかいが, 近年発見されて学界をさわがせた死海文書は, そののこしたものである。そしてのちに, これら諸派の対立によって取りのこされた民衆のあいだから成立したのが, イエスの宗教運動に外ならなかった。

## 5 ディアスポラのユダヤ教―中世まで―

**離散の民** ユダヤ人の離散は, はやくから始まっていた。北および南王国の滅亡にさいして, おおくの国民があるいは捕えられ, あるいは自らのがれてパレスチナを去ったことはすでに述べた。その結果, イエス時代にはすでに, アレクサンドリアはじめ近東, 地中海圏の諸都市に, 大抵ユダヤ人が居住するようになっていた。しかし, この傾向が決定的になったのは, ローマへの叛乱 (ユダヤ戦争) がエルサレムの破壊によって悲劇的結末をつげた紀元70年以後のことである。ユダヤ人はヤハウェの加護を期待して, さらにもう一度ローマ帝国への叛乱をこころみる (バル・コクバの乱 132～135) が, それも失敗したあとは, もはや地上の王国の建設の夢を放棄したのである。

こうしてユダヤ人は，パレスチナにのこった一部をのぞき，世界各地に移住して行った。その居住地は西はスペイン，中部ヨーロッパから，東はバビロニア，アラビア砂漠地方にまで及んだ。さらに，インドには紀元490年頃からユダヤ人が居住し，中国では8世紀以後，かなりおおきなユダヤ人グループの存在が実証されている。これらは，インド以東を別とすれば，東では順次パルチア，ササン朝ペルシャ（ゾロアスター教），そしてイスラム国家（7世紀以後）の，また西ではローマ帝国や（コンスタンティヌス以後は）キリスト教の影響下にあった地域である。したがって，ディアスポラのユダヤ人の運命は，これら支配勢力との関係によって左右されることになった。

これらの地域に分散したユダヤ人は，多く手工業や商業などに従いながら生活した。かれらの中には，もちろん，それぞれの土地の民族・文化に同化した分子もあったであろう。しかし，その多くは，政治的無力にも拘らず，他文化に吸収されることなく，よく民族的・宗教的同一性をたもちつづけた。そして祖国も，神殿も，祭司も失われたあと，その紐帯の機能をはたしたのは，共通の生活規範としてかれらの日常をみちびいた宗教——律法であった。ラビたちによる律法の註釈であるタルムード（Talmud）が成立したのも，こうした事情によるものである。

タルムードは，（成文）律法を生活の具体的な場において実践するための教えで，法律的な内容のもの（ハラカ＝準則）から教訓談（ハガダ）にいたるまで，多様な要素をふくんでいる。その蒐集は，紀元70年のエルサレム陥落直前，難をのがれたラビたちの手によって始められ，まずパレスチナ・タルムードが完成された。しかし，知的な主導権は，やがてバビロニアのユダヤ人グループにうつり，6世紀初頭までに，バビロニア・タルムードがつづいて成立した。それらはともに，伝統的ユダヤ教の信仰・実践の集大成として，記念碑的な意味をもっている。[16)]

**異邦人の支配の下に**　すでに指摘したように，中世初期からあとユダヤ人の住んだのは，おもにキリスト教ないしイスラム的環境であった。これらはともに，ユダヤ教を母胎とし，ないしはその影響下に成立した，ほぼ同一タイプの宗教であるにも拘らず，複雑な人種的，政治的，宗教的要因から，それらとユダヤ人との関係は必ずしもつねに円滑ではなかった。イスラム教徒は，11世紀になって登場したトルコ人を別とすれば，概してユダヤ人に寛容であった。しかし，コンスタンティヌス大帝以後ヨーロッパを征服することになったキリスト教は，始めからユダヤ教と相容れなかった。イエスを十字架にかけたユダヤ人の子らが，やがてキリスト教徒から追われる運命になったのは，歴史のおおきな皮肉であろう。

　反目の根は，一つには，ラビたちの宗教的態度そのものの中にもあった。かれらは，イエスをキリスト，すなわちメシアとするキリスト教徒の信仰を頭から斥けたが，それがユダヤ人一般の公式的立場となったからである。パウロ以後，ユダヤ人たちが異邦人として蔑視したギリシャ人やローマ人がキリスト教会に流入したことは，この傾向に拍車をかけた。そして，やがてキリスト教がギリシャ思想を受容し，神の子と信じられたイエスの人格をめぐって高遠な形而上学的論議（キリスト論）を展開するに及んで，両者の道はますます離れた。タルムードに代表される正統ユダヤ教は，あくまでも日常的な生活実践の世界を地盤とするもので，哲学的思弁とは無縁のものだったからである。

　それでも，初期の段階では，ユダヤ教とキリスト教とは単なる競争者にすぎなかった。しかし，キリスト教がローマの国教となってからは，形勢は一変した。ユダヤ人にたいして，国家権力を背景とした圧迫がくわえら

---

16) タルムードは構成上は，次の二つの部分からなる。a. ミシュナ（反復口伝）＝捕囚後，すぐれたラビたち，150人のタンナイム（教師）とよばれる人びとによってとかれた教えの集成。b. ゲマラ（補充）＝ミシュナ本文をさらに註釈したもの。

れ，それは次第にきびしさをまして行く。まずユダヤ教への改宗が禁じられ，ユダヤ人がキリスト教徒を使用し，ないし同居することが，死刑をもって罰せられた。やがてシナゴーグの新設も禁じられて(439)，ユダヤ教は「邪悪なる宗派」として烙印を押される。新しい受難の時期が，こうして始まった。

　はじめ宗教上の理由から起こった迫害は，やがて他の動機によって，いよいよ強まった。ユダヤ人が他の民族にとけこまず，律法をまもって，自分たちだけの祭儀を行なったことは，一般の猜疑をそそった。加えて，一部のユダヤ商人にたいする反感もつよく作用した。公民権をうばわれたユダヤ人のある者は，商人や高利貸として成功し，皇帝や諸侯は，一方で迫害を行ないつつ，他方ではその財政確保のためにかれらをたくみに利用したからである。こうして高まった緊張は，やがて十字軍時代(11世紀)以後，とくにヨーロッパにおいて，ユダヤ人の虐殺および追放となって爆発した。第1回十字軍のさい，ライン河地方で起こった殺害を皮切りに，各地で無数のユダヤ人が血祭りにあげられた。そしてそれが一わたり済むと各国はユダヤ人追放令を発した（イギリス1290，フランス1394，スペイン1492)。南欧のユダヤ人はおもにトルコ，シリア方面へ難をさけ，北欧諸国のかれらはポーランド地方へはしった。ドイツ，イタリー等にのこった者は，ゲットー(ghetto)とよぶ特殊な居住区におしこめられ，冷たい壁の背後で暗い日々をすごさなければならなかった。[17]

　**中世ユダヤ思想**　キリスト教圏のユダヤ人の運命に比べれば，イスラム圏はかれらにとって，やや住みよかったといえよう。それは，かれらがイスラム教徒と同系民族であったこと，その宗教とイスラムとの類似が大きかったこ

---

[17] 1179年の第3ラテラン公会議は，ユダヤ人の同居を禁じ，1215年の第4ラテラン公会議は，ユダヤ人が不信の徒であることを確認して，外出のさい，いわゆるダビデの星のマークをつけぬ時は，死刑に処することをきめた。

と，かれらがイスラム教徒をゾロアスター教やキリスト教の圧迫からの解放者として歓迎したこと，などの理由による。こうしてバビロニアのラビ学派はいくつかの新しい展開をみせる。11世紀，トルコ帝国の成立により情勢がふたたび悪化すると，おおくのユダヤ人学者は，バグダッドをすてて，イスラム圏の他の中心であるスペインへ移住した。スペインには，すでに8世紀頃からユダヤ人コロニーが存したが，ここでかれらは，スペインのキリスト教化まで，中世ユダヤ宗教文化の黄金時代をつくりあげた。

これら新しい展開のうち，まず注目されるのはカライト派 (Karaite「読む者」) の運動である。8世紀の中葉，バグダッドのアナン・ベン・ダヴィドによって起こされたこの運動は，キリスト教プロテスタントの一面が代表するような，一種の復古主義といえる。かれらは，ユダヤ教の真の典拠は後世のつけたしたタルムードでなく，律法そのもの（旧約聖書）でなければならないとして，肉食の禁など，あらゆるふるい習俗を復活した。そして，この異端的な動きに刺戟されて，正統派のユダヤ教も自らの立場の再検討をせまられた。バビロニアのアカデミーの長サアディア・ベン・ヨゼフ (882～942) は，タルムードが律法からの正当な展開であるとし，さらにアラビア・ギリシャ思想を援用してそれを証明しようとした。理性と啓示（経典）とは相補的であるとして，ユダヤ教思想のあたらしい体系化をこころみたかれは，中世ユダヤ思想の父となった。

スペイン系のユダヤ思想家のうち，もっとも著名なのはモーゼス・マイモニデス (1135～1204) であろう。かれは，その大著のなかでタルムード（ミシュナ）の内容を13ヵ条に要約し，さらに律法の合理的解釈をこころみた。たとえば，かれによれば，律法における神の擬人観はたんなる比喩にすぎず，道徳的真理を表現するための手段にすぎないとされた。もっとも，こうした合理主義にたいしては，反対がなかった訳ではない。そうした反対は，正統派の立場からもなされたが，またカバラ (Kabbala) 文学

のうちにも表現された。カバラはユダヤの伝承，アレクサンドリア哲学などの要素をふくむ思弁的な体系であり，世界の始源や悪などの形而上学的問題をとり扱うとともに，その複雑な数の象徴論によって知られている。

## 6 近世のユダヤ教

**夜明け前**　西欧において，近世の始めをつげる一つの大事件は，宗教改革である。しかしそれは，ユダヤ人に関するかぎり，何らの改善をももたらさなかった。ルターは，その初期，聖書の研究によって，ユダヤ教とキリスト教との近縁関係を知り，ユダヤ人にむしろ好意的態度を示した。かれは，ユダヤ人が，堕落したカトリック教会は斥けても，さまざまな後世の附加物をとりさった，純粋なキリスト教ならば受容れるであろう，と期待したものと思われる。しかしユダヤ人が，かれの新しいキリスト教をも受容れないとみるや，かれはふたたび民衆の声に和して，はげしいユダヤ人憎悪をぶちまけた。[18]この推移は，きわめて示唆的である。なぜならルターは，自らの中に，最初の3世紀間のキリスト教徒のユダヤ人への態度の変化を再演してみせたからである。

こうして16〜17世紀の頃，西欧のユダヤ人のおかれた社会的状況は，最悪の点に達した。とくに，カトリック圏の諸国においては，反宗教改革の結果，教会の政策は一そうきびしいものとなり，ユダヤ人への圧迫はその度を加えたのである。これとならんで，東欧においても事態の悪化が起こる。とくに，14〜15世紀までは比較的に迫害のゆるやかだったポーランド地方は，17世紀になって，コサックによる大虐殺に見舞われた。その犠牲

---

18)　「イエスはユダヤ人と生れた」(1523)と「ユダヤ人とその虚偽について」(1542)の2小著が，この間の変化を雄弁に語る。

となったユダヤ人の数は，50万にのぼると推定される。

　もっとも，こうした条件下にも，ユダヤ人の宗教はいくつかのみるべき花をさかせた。その一つは，18世紀の南ポーランド，ウクライナ地方に興ったハシディズム (Hasidism) であろう。2000年まえのパレスチナの，信仰あつきパリサイびとたちにその名を負うこの運動は，しかし，タルムード的知識よりも，素朴な敬神の心情に重きをおく，一種の神秘主義であった。農民的な自然感情を背景にして，すべてのもののなかに神を見出すことをといたその指導者バール・シェム・トブの教えは，ほとんど非ユダヤ的・汎神論（基本型Ⅲ）的な色彩さえおびている。ハシディズムは，現代の代表的ユダヤ思想家マルティン・ブーバー (1878～1965) によって再発見されてから，新しく評価されている。

　**自由と改革**　ユダヤ人にとって，長い圧迫がとけ，自由の光がさしそめるのは，啓蒙時代以後のことである。啓蒙思想の代弁者たちは，その合理主義から，宗教による差別をはげしく批判し寛容を要求したが[19]，それが実現されたのは，自由平等をモットーとして出発したフランス革命以後であった。革命中のフランス国民議会は，1791年，ユダヤ人に市民権を認め，ナポレオンは，その征服した国々でゲットーを廃止して，ユダヤ人を解放した。さらにプロシャ (1812)，ベルギー (1830)，イギリス (1858)，イタリー (1870)，オーストリアおよびハンガリア (1896)，トルコ (1908)，などが相ついでかれらに復権をゆるし，比較的に自由であったアメリカにおいてともに，ユダヤ人は社会的にも進出し始める。

　こうした環境の変化は，かれらの宗教そのものにも影響せずにはいなかった。それまでユダヤ人の大半は，物理的に外界から隔離されたのみでなく，自ら作りあげた精神的ゲットーにとじこもって，伝統の墨守に終始し

---

[19]　レッシングの『賢者ナータン』(1779) はその最もすぐれた文学的表現である。

てきた。しかし，教育をうけ，ヨーロッパ社会で活躍をはじめたユダヤ人のあいだでは，かれらの宗教を近代社会の諸条件にあわせて革新する必要が，次第に痛感されてきていた。こうして出現したのが，改革派ユダヤ教 (Reform Judaism) である。それはまず，シナゴーグでの礼拝の再編から始まった (1818)。すでにこれに先立ち，18世紀の代表者ユダヤ学者モーゼス・メンデルスゾーン (1729~86) は，律法をドイツ語に訳したが，改革派は，祭儀文をもおおく日常語に訳して使用した。その際，死者の復活，メシアの来臨などへの言及は削除された。その中でも急進的な者は，タルムードの権威を否定し，ユダヤ人だけの国家をつくる必要をもみとめない。

改革派のめざすのは，結局，ユダヤ民族としての特性を犠牲にしても，それぞれの社会・文化環境に適応して行くことである。こうした急進的な適応のこころみに対しては，しかし，伝統の側からの反発がとうぜん予想される。今日，正統派 (Orthodox Judaism) とよばれる流れがそれである。改革派がまずドイツを中心として興り，ついでアメリカへ移ったのにたいし，正統派は主として，近代化のおくれた東欧諸国のユダヤ人グループから出てきている。タルムードの内容からも知れるように，パリサイびとの昔から，ユダヤ教は教義よりは日常行為の規制を重んじたが，正統派はこうした動機を忠実に受けつぎ，旧来の生活様式をできるだけ保持しようとする。

そして，これら両者の間をゆくものが，中道派 (Conservative Judaism) である。正統派，中道派ともすでに19世紀半ばから発足し，とくに後者はアメリカで急速にひろがった。

**シオニズム**（Zionism）[20]　ユダヤ人を中世いらいの迫害から解放したのは，近代の合理的な啓蒙主義，およびその社会・政治的帰結である民主主

---

20) シオンはエルサレムの別名。

義であった。しかし，圧迫はまだ完全に終止符をうたれた訳ではない。宗教的偏見からの迫害は終わっても，ながい間に培われた反ユダヤ感情は民衆の心裡にくすぶり，19世紀いらい強まった民族主義を契機として，再燃した。帝制ロシアで1880年代から行なわれた大虐殺や，ドイツでの虐待もその一例であったが，大きな反響をよんだのは，フランスでのドレフュス事件であった。[21]

　この事件はシオニズムの父，テオドール・ヘルツル（1860～1904）を刺戟し，「ユダヤ人国家」（1896）を書かせた。ユダヤ人の国家を，しかも数千年来の故地パレスチナに再建しようとの希望は，これより先，すでに1880年代より萌していたが，ヘルツルはこれに政治的プログラムの形をあたえたのである。この主張は，まず正統派ユダヤ人のあいだにひろく支持され，始めはそれに反対した改革派の人びとからも，やがて同意されるようになった。

　1947年の国連決議によってこれが承認され，その翌年，幾多の困難を排して，2000年ぶりにイスラエル国家が建設されたことは，周知のごとくである。こうして一応成功したシオニズムは，直接的には，19世紀いらいの反ユダヤ主義（anti-Semitism）への反動であった。しかしその中には，すでに述べたように，始めからユダヤ教の一面をなしていた，政治的復権を志す地上的メシア運動の動機が流れているのを見遁せないのである。

　**ユダヤ教の本質**　　現代における改革派，正統派，シオニズム等々の動きは，結局，ユダヤ教が当面しているいくつかの基本的な選択への答えを表わすものに外ならない。そうした選択の一つは，「民族か宗教か」のそれである。改革派が後者を重視するならば，正統派，シオニズムは前者をとるものである。見方をかえていえば，これらの選択は，古来ユダヤ人の

---

21）　1894～95年に，ユダヤ系フランス陸軍大尉ドレフュスが，ドイツとの内通の嫌疑で無実の罪におとされた事件。

宗教のなかに潜んでいた対極的な可能性——特殊主義か普遍主義か，地上的・政治的価値か超現実的・精神的価値か，合理主義か行動主義かというような諸傾向の発現ともいえる。しかし，ユダヤ人の宗教は，これら一見矛盾する流れを内蔵しながら，しかも歴史をつうじて有機的な発展をとげてきたのである。　　　　　　　　　　　　　　　　（田丸徳善）

# 第五章　キリスト教

　　　　1　起源——イエスとキリスト信仰の成立
　　　　2　古代教会の形成と展開
　　　　3　中世のキリスト教
　　　　4　近世のキリスト教

## 1　起源——イエスとキリスト信仰の成立

**キリスト教の立場**　キリスト教のもっとも簡潔な定義を求められるならば，われわれはさしあたって「イエスを神の子キリストと信ずる宗教」と答えることができるであろう。これはキリスト教の根本的教義を示すものであって，その他の信仰内容は，多かれ少なかれここから派生してくるといっても過言ではない。これは，言いかえれば，イエスがキリスト教にとって単に創始者であるばかりでなく，同時にそれ以上のもの——信仰対象でもあることを意味する。

　もともと宗教の世界においては，教祖の神格化という現象はけっして珍らしいものではない。仏教のごとく，原理的には神を立てない宗教においてさえ，後世になると教祖の理想化が起こっており，またすぐれた宗教的人格が神の「化身」とされる例は，われわれの身近にも見出される。しかしキリスト教ほどこの信仰に中心的な重要性をあたえた宗教は，ほかにあまり見当たらない。後述するように，この中心的信仰の理論的表現である

キリスト論が、やがて教会のなかで白熱した論争の的となったのはそのためであり、またキリスト教が、その母胎をなし、かつ共通するところ多いユダヤ教と袂をわかつにいたるのも、正にこの点をめぐってなのである。

このようなキリスト信仰は、この宗教のもっとも重要な聖典である新約聖書[1]をも、一貫して強く彩っている要素でもある。いうまでもなく新約聖書は、歴史的人物としてのイエスの生涯と宗教に関する根本史料である。しかし最近の研究は、これらの文書が、厳密に客観的な事実をしるしたものではなく、イエスがキリストであるとの信仰を前提し、またそれを鼓吹する目的でつくられた、一種の宣教文書であることを明らかにした。いわばそれは、イエス自身の宗教の記録であると同時に、そしてそれ以上に、イエスについての信仰の記録なのである。

このことは、キリスト教の起源についての歴史的研究にとっては、一つの制約を意味する。聖書そのものが、こうした信仰による潤色をふくむ以上、それはありのままの史実を伝えるものではないからである。イエスの生涯と信仰とを知ろうとすれば、それはこうした潤色の背後に求められなくてはならない。それがどこまで可能であるかは、聖書研究上の困難な問題であるが、いずれにせよ、それは何程か推測による再構成という性格を免れないのである。[2]

**イエスの生涯**　イエスの活動の舞台をなしたのは、西紀の初年前後から約30年頃までのパレスチナの一隅——ガリラヤ湖畔からエルサレムに及[3]

---

1) 新約とは、神がモーセをつうじてユダヤ人にあたえた旧い契約（旧約）に対し、イエス・キリストをつうじて啓示された新しい救いの契約の意。旧・新約の別は、したがってキリスト教になってから生じたもので、ユダヤ教では、旧約に当たる部分は「律法」とよばれる。新約聖書は、マタイ、マルコ、ルカ、ヨハネの四福音書、使徒行伝、書簡体の説教等からなる。
2) イエスの生涯と信仰の研究に関する専門的問題については、高柳伊三郎『イエス伝研究』1951年　新教出版社を参照。

ぶあたりである。この時代のパレスチナは，社会的にも文化的にも，きわめて複雑な状況にあった。紀元前63年いらい，ユダヤ人はローマ帝国の支配のもとにおかれ，ローマから派遣される地方官の監督下にあったが，同時に，ローマに追従する一種の傀儡政権であるヘロデ王家の支配をもうけていた。これらの権力は，その力を利用してヘレニズム・ローマ文化の浸透をはかり，ユダヤ人の反感をかうことが少なくなかった。

すでに前章（pp.52～3）にもふれたように，こうした情勢を背景として，当時のユダヤ人はいくつかの党派にわかれ，互いに対立していた。サドカイ派，パリサイ派，熱心党，エッセネ派などがそれである。このうち熱心党は，いわば一種の狂信的な国粋主義者であり，紀元6年のガリラヤのユダの叛乱にみられるごとく，つねにローマへの武力反抗を煽動していた。他の三つは，こうした半政治的なものとは異なり，宗教上の理由からくるグループであったが，なかでも強力だったのはパリサイ派である。イエスの立場は，これら諸派との関係を検討することによって浮彫りにすることができる。すなわちイエスは，主としてパリサイ派の影響のもとにありながら，やがてその批判者として登場するのである。

イエスの生涯の前半について知られていることは，きわめて少ない。ほぼ確実なのは，かれの故郷がガリラヤのナザレにあったこと，かれが大工のヨセフを父とするかなり大きな家族の一員だったことなどである。福音書の記事は，かれらが，パリサイ人（びと）によって律法を守る能力なき者として軽蔑された「民衆」（アム・ハー・アレツ）に属していたらしいことを推測させる。しかし他方，イエスは父祖の伝統的宗教，とくに預言者について十分な理解と知識とを有していた。後年かれがガリラヤ各地でシナゴーグ

---

3）イエスの生年は，ふつうB.C. 7～4の間と推定されている。いわゆるキリスト紀元（西暦）が用いられだしたのは，6世紀の中頃からであるが，そのさいの算定の誤りが，そのまま踏襲されて今日にいたったのである。

に出入し，会衆に教えを説き，またパリサイ人らと論争したことは，このことを裏書きするものであろう。

イエスがはじめて公的な生活のなかに姿を現わすのは，洗礼者ヨハネとの出会いをつうじてである。イエスがほぼ30才の頃，ヨハネはヨルダン河の岸に現われ，天国の到来の近いことをつげ，人びとに悔改めを求めた。イエスもまたその「荒野に呼ばはる声」に耳を傾けた1人であった。そしてヨハネによる洗礼をうけた時，かれは「天が開け，聖霊が自らに降る」（マルコ 1：10，マタイ 3：16）のを見た。言いかえればイエスは，それによって一種の宗教的覚醒を経験し，いわゆる荒野での誘惑の期間をへたのち，ガリラヤにおいて宣教を開始するのである。洗礼者ヨハネの活動は，そのつよい終末期待および禁欲的生活の点で，エッセネ派との近縁関係を思わせるが，後者が共同して隠遁生活をいとなんだのに対し，かれは独り民衆にむかって，説教者として活動した。他方イエスは，ヨハネによってその預言者的な使命を自覚させられたものの，後者のごとき禁欲的な生活は，必ずしも固守しなかった。[4]

**イエスの教え**　こうして1人の宗教的指導者として立ったイエスが説いたのは，約言すれば，神の国の福音にほかならなかった。この「神の国」の概念が，唯一の神ヤハウェを奉ずるユダヤ宗教の伝統を受継ぐものであることは，いうまでもない。福音書に記されたその教えの内容が，どこまで真にかれ自身のものであるか，その解釈はいろいろの困難をふくむが，さしあたりつぎの点は，イエスの教説の一般的特徴として認めることができるであろう。

この神の国は，なによりもまず精神的な，つまり超政治的な現実であった。すでに述べたように，救世主の来臨と世界終末への期待は，ユダヤ国家の没落した捕囚期いらい色こく現われてきたが，それは時として，ユダ

---

[4] マタイ9：14，11：18 など参照。

ヤ民族の政治的復権をはかる地上的メシアの運動へ発展した。熱心党の活動はその代表的なものである。しかしイエスの神の国は，この世のものではなかった。それは「みよ，ここにあり，かしこにあり」というべきものではなく，かれの教えを受けいれる人びとの心の中に，すでに現前しているものなのであった（ルカ17：21）。急進的な政治的メシア運動にたいしては，かれはパリサイ人とともに，「剣をとる者は剣によりて滅びん」（マタイ27：52）として，これを斥けた。

　イエスの神の国のこのような精神性は，またその内面性へつながる。そしてまさにこの点においてイエスは，神の国に入る条件を律法の字句の遵守においた一部のパリサイ人の形式主義と，真向から対立したのである。「主よ主よと呼ぶ者神の国に入るにあらず」（マタイ 5：21），むしろ神の意を実行する者こそが，神の子とよばれるに価する。こうしてイエスは，「山上の垂訓」（マタイ5～7章）にみられるような，厳しい心情の倫理をとき，パリサイ人の外形的行為主義をはげしく攻撃した（マタイ23章など）。しかし，注意しなければならないのは，イエス自身は少なくとも，伝統的な行動規範としての律法をまったく否定したのではないことである。むしろかれは「律法の一点一画も廃ることなく全うされる」（マタイ 5：18，ルカ16：17）ことを信じ，つねに律法本来の精神にうったえた。じじつイエスの言葉や譬えのなかには，タルムードに収録されたラビの言説に平行するものも多い。イエスがパリサイ派の流れをうけながら，それを批判する役割をになったと言ったのは，このためである。

　以上とならんで，イエスの教説を第3に特徴づけるのは，その——少なくとも潜在的に——普遍主義的な性格である。そしてこれは，上述の点とも密接につながっている。というのは，神の国が地上のものでなく，また神意を行なう者のみがそこに入るのであれば，それは外的なすべての差別を超えるものである筈だからである。こうしてイエスは，パリサイ人の形

式的律法主義の立場からは罪人として斥けられた収税吏，遊女などにも積極的に近づき，救いをといた。イエスにとっては，神は何よりもまず父なる愛の神であり，罪人をこそ赦し，求めるものだったのである。またかれは，おなじ動機から，ユダヤ人と異邦人との差別をも内的に超越した。たしかにイエスは，「イスラエルの迷える羊」をその直接の対象として教えをときはした。しかし他方，かれは神の国がユダヤ人のみのものでなく，むしろ信仰ある異邦人が無信仰のユダヤ人に優先さるべきことをのべている（ルカ13：24,マタイ8：11）。この内的な普遍性が，たとえイエス自身においてではないにせよ，その弟子たちの時代に，かれの教えがユダヤ民族の限界をこえて広がる素地となったことは疑いない。

　**受難と復活**　神の国をとくイエスの運動は，ガリラヤ地方においてかなりの成功を収めた。もしそれが，そのまま順調に推移していたならば，或いはイエスは，ユダヤ教の数多い預言者の1人にとどまっていたかも知れない。しかし，事実は逆に大きな破局にむかって進行しつつあり，イエスの活動の期間は，長くも2～3年を出なかったものと思われる。パリサイ派，サドカイ派など，伝統的宗教の権威が，しだいにイエスの運動にたいして疑惑の目をむけ，その抑圧にのりだしたからである。[5] そしてその原因の一つは，すでにのべたような純粋な心情主義の立場から，イエスが律法——たとえば安息日の規定など——の形式的な遵守をさして重要視せず，それを自由に解釈したことにある。正統派の側からは，イエスは，モーセいらいの神の掟を無視する反逆者なのであった。

　破局は，過越の祭に賑わうエルサレムにおいて起こった。[6] イエスがはたして聖書の記すごとく，その敵対者と対決するために，死を期してこの巡礼の旅にのぼったのか否かは，暫らく問わずにおこう。いずれにせよ，こ

---

[5] マタイ12：1 以下，15：1 以下，21：3 以下,マルコ 2：15以下,7：1 以下，14：1 以下，ルカ 6：1 以下，15：1 以下，20：19以下，22：1 以下など。

の伝統ユダヤ教の牙城にのりこんで行く以上，衝突はさけられない運命にあった。神殿におけるイエスの言動も，反対派を刺戟したであろう。こうして，それまではさしたる直接の関係をもたなかったらしくみえるサドカイ派までが，かれの敵にまわった。またローマの官憲も，その度重なるにがい経験から，いつ危険な暴動に発展するかもしれないこの預言者の運動を，未然にのぞくことを賢明と考えたであろう。[7] これらすべての要因がかさなって，ついにイエスを十字架上の刑死に追いやったのである。

イエスのうちに，ユダヤ民族の栄光をもたらすべき救世主をみていた弟子たちや民衆にとって，これはすべての終わりを

十字架上のイエス

---

6) ユダヤ教の3大祭の一つ。もと春に家畜の繁殖を祝う牧畜的な祭と，農耕的な除酵祭とが合し，さらに出エジプトを記念する民族的歴史的意義がつけ加えられて，重要な祭となった。その際には，多数のユダヤ人がエルサレム神殿に巡礼した。

7) イエス自身の意図とは別に，かれは民衆や弟子たちによって，通常の地上的メシアと考えられていたとみられるふしがある。12使徒の1人に熱心党のシモンがいたことも，それを暗示する。

意味した。敗北と死とは，およそメシアの理念と相容れないものだったからである。かれらは，幻滅と落胆のうちにエルサレムを後にして，ガリラヤに退いた。しかし，ここで決定的な事件が起こる。祭の終わるまでエルサレムにとどまった女の弟子たちは，退去にさきだってイエスを葬った墓を訪れた。その時，彼女らは墓が空になったのをみ，復活した師の姿に接したのである。その後，復活したイエスは，ガリラヤにおいてペトロその他の弟子たちにも現われた。事実なにが起こったのか——誰かがひそかにイエスの屍体を盗みさったのか，または弟子たちが一種の幻覚を体験したのか，それは永遠に明かしえない歴史の秘密に属する。ただ確実なのは，いかなる原因によるにせよ，やがてイエス復活の信仰が，弟子たちの間に広がっていったことである。言いかえれば，イエスは真の神の子キリストとして，いまや神的な性格をおび，信仰の対象にたかめられた。そして，このキリスト信仰の成立とともに，イエスその人の生涯も新しく反省の対象となり，神学的な意味づけをうけることになる。とくに使徒パウロ以後，その死は，人類の罪をすくうための神の愛の摂理の一部として把握される（贖罪論）と共に，その神（ヤハウェ）との関係をいかに理解するかをめぐって，複雑な神学的・形而上学的論議（キリスト論）が展開されることになった。

## 2 古代教会の形成と展開

**原始教会から異邦人伝道へ**　イエスの弟子たちにとって，復活の信仰は新しい力と希望をもたらした。かれらはイエスが，預言されたメシアとして遠からず雲にのって再臨し，諸々の民を審判すると信じたようにみえる。こうしてかれらは，イエスの刑死（A.D. 30頃）後いくばくもなくし

て，ふたたびエルサレムに進出し，自らのグループを形成し，イエスの名において宣教を開始した。さきにイエスを殺したサドカイ派などの正統ユダヤ教の代表者は，この新しい挑戦にたいし，はじめ使徒ペテロの投獄などの弾圧手段をもって臨んだが，のちにはその活動を黙認した。これは，すべて狂信的メシア運動は自らを滅すであろうと考えたからである[8]。しかし，キリストを信ずる者の数は，かえって時をおって増大した。

かれらが組織的な迫害をうけず，絶滅の危険をまぬかれたのは，イエスをキリストとする非正統的な信仰を別にすれば，かれらが概してユダヤ教の信仰と行動様式——律法をまもったからである。もともと儀礼的性格のつよいユダヤ教にあっては，少なくとも神殿の権威と律法の秩序がまもられるかぎり，その他の点は比較的大目にみることができた。さらにかれらは，入信者に洗礼をほどこすことと，パンを裂きともに食する「主の晩餐」（「聖餐」）とをあたらしく導入した。エルサレムを中心とするこれら信者グループは，ナザレ人(びと)とよばれ，恰もユダヤ教内の一分派のごとき観を呈した。したがってそれはまた「ユダヤ的キリスト教」ともよばれる。

しかし，もし原始キリスト教会がそれだけにとどまっていたならば，それはいつまでもユダヤ民族の限界をこえることはできなかったであろう。事実このエルサレム教会は，紀元70年の神殿破壊を機会に，その地盤を失い，やがて時流から取り残されて，エビオン派とよばれる小分派になって行った。それにも拘らず，キリスト教が歴史の表面から姿をけさず，その発展を続けえたのは，それに先立つ20～30年間に，原始教会のうちに重大な展開が起こっていたからにほかならない。すなわちそれは，もはやユダヤ人という民族・国家的な制約をこえて，イエスの宗教の本来の普遍性にふさわしく，異邦人（古代末期のギリシャ・ローマ文化圏の住民）の間に伝播し始めていたのである。この決定的な転回を力強く推進し，キリス

---

[8] この間の推移については，使徒行伝1～5章が詳しい。

ト教に世界宗教への道を開いたのは，「異邦人の使徒」パウロであった。

こうした展開は，すでにエルサレム教会において，あるていど準備されていた。それは，ディアスポラから帰国し，ギリシャ語を話すユダヤ人の信者を獲得していったが，これらの分子は当然，伝統的律法の遵守について，ユダヤ出身の者よりも自由な立場をとった。その結果，正統ユダヤ教とキリスト教徒との間のみならず，キリスト教会内部にも，律法の解釈をめぐって，より保守的な傾向とより自由なそれとが対立した。パウロはこの後者の代弁者であり，やがてそれがキリスト教の主流となって行くのである。かれは，ユダヤ民族・国家と不可分のものであった律法のかわりに，十字架に死して甦った「主キリスト」の福音という，新しい教えをおいた。この福音は，かれの深い宗教的体験をとおして，罪からの救いをもたらすものと解された。パウロによってキリスト教は，民族宗教から世界宗教への一歩をふみだすとともに，律法宗教から救済宗教への転換をもなしとげたのである。

もっとも，パウロの個人的影響をあまりに過大にみることは誤りであろ

---

9) ロマ書 1：16，コリント前書 1：24，ガラテヤ書 3：28 などを参照。

10) 使徒行伝 6，11，15章など。その記事によれば，保守派の代表は「主の兄弟」ヤコブであったらしい。これに対しペテロは，エルサレム教会にぞくしながら，自由な解釈との妥協の態度をみせている。これは，かれが屢々国外に旅行したことと無関係ではなかろう。

11) キリストの死と甦りを強調し，またそれを「主」とよぶパウロの思想が，当時のギリシャ・ローマ圏に行なわれた密儀救済宗教（ディオニュソス，オシリス，タンムズ等）ときわめて類似することは，今世紀初頭の宗教史学派いらい，指摘されてきたことである。これらとキリスト信仰との間にある類似が存することは確かであり，またそれが，当時の人びとにとってキリスト信仰の受容を何程か容易にしたことも考えられなくはない。しかし，最近の学界の傾向は，原始キリスト教にたいするこれら外部の影響を過大視することに批判的であるようにみえる。イエスの死は歴史的事件であるのに対し，密儀宗教の神々は，植物的生命の人格化にすぎないことが注意さるべきである。

古代教会の形成と展開 73

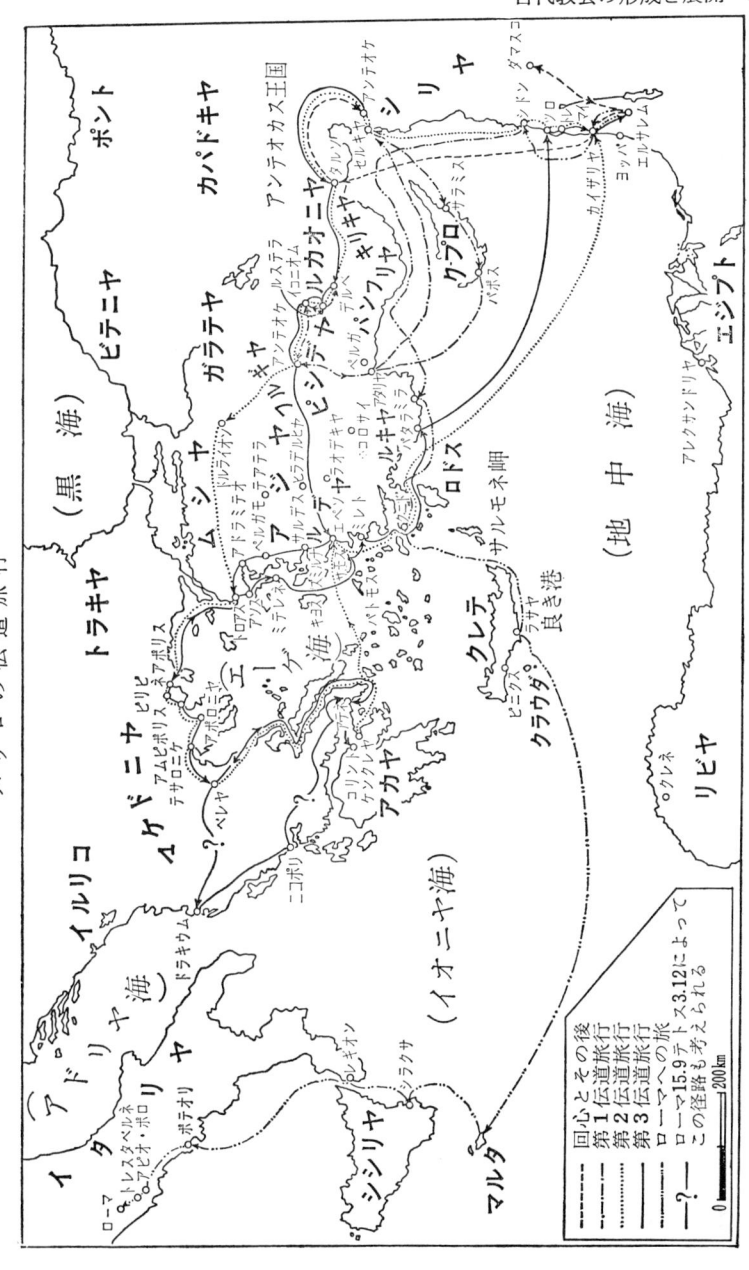

パウロの伝道旅行

――― 回心とその後
――― 第1伝道旅行
……… 第2伝道旅行
‥‥‥ 第3伝道旅行
―‥― ローマへの旅　使3.12によって
―?― この経路とも考えられる
0　　200km

『聖書事典』付録による

う。かれ以外にも，バルナバ，アポロなど数多くの伝道者が現われて，アンティオキア，アレクサンドリア，ローマなどの大都市へキリストの福音をつたえた。これら初期伝道の成功したのは，主として，当時のローマ帝国内の商業中心地であった。これら大都市には，早くからディアスポラのユダヤ人が居住し，シナゴーグが存していたが，ユダヤ教的要素を多分にふくむキリスト信仰は，そうした地盤のあるところにもっとも根を下しやすかったのである。こうして，正統ユダヤ教の統制の比較的及びがたいこれら都市の商業・手工業者が，キリスト教の初期の担い手となった。かれらは，シナゴーグのモデルに従って集会し，礼拝（説教，聖餐など）を行なったが，この組織がやがて「エクレシア」（ecclesia 教会）と呼ばれたものにあたる。

**組織と教義の確立**　ユダヤ教内部の異端として発足したキリスト教は，前者からおおくの要素を継承しながら，しだいに独自の道を歩み始めた。教会は，この発展の過程において，やがて新しい課題に直面することになる。それ自体の組織や，教義の整備がそれである。一般的にいえば，これはあらゆる宗教集団が，いつかは解決を迫られる問題でもある。というのは，発生途上にある集団は，かなり自由に新しい思想や行動様式を主張し，既成の権威を否定することができるが，ひとたびある程度の独立性をえた時は，それ自体の統合を維持するために，ふたたび新たな体制を作りあげ，権威によってそれを擁護せざるをえなくなるからである。すべての改革運動が，その成功とともに鋭さを失い，保守的傾向を現わすのは，こうした内的必然性によるものにほかならない。

若きキリスト教の発展においても，同様の推移がみとめられる。その成

---

12) アンティオキアは，異邦人伝道の中心をなしていた。信徒たちが「キリスト教徒」と呼ばれだしたのも，ここにおいてである（使徒行伝11：26）。

13) Cf. E. Bevan : Christianity, London, 1959, pp. 63 f., 89 f.

立の当初にあっては，キリスト信仰は多分に熱狂的な形をとった。エルサレムにおける聖霊降臨に典型的に示されるような，カリスマ的な経験も稀ではなかったらしい。それに続く急速な成長の時期においても，教会は主としてイエスの１代目の弟子，すなわち使徒たちの人格的な影響によって指導されていた。しかし，やや下って２世紀の前半に入ると，教会生活の各分野に組織固定化の傾向が現われはじめる。そうした展開は，1）思想・文化のレベルでは，正典の制定，信仰箇条の採択――３～７世紀にわたるキリスト論々争もその延長と考えられる――などを結果し，また2）社会的レベルでは，教職制度および教権の成立をもたらした。これら二つは，互いに別個のものではなく，同一の過程の両面にすぎない。ふつうこれらの傾向が現われる以前（A. D. 130～140頃まで）は原始キリスト教と呼ばれ，それ以後，教会の東西分裂（A. D. 1054）までを，古カトリック教会――中世以後のローマ・カトリック教会と区別して――と称する。

　こうした展開の契機となったのは，２世紀に入って著しくなった異端諸派の運動である。なかでも，もっとも強力だったのは，いわゆるグノーシス主義（gnōsis 知識）であった。初期教会は，その母胎であったユダヤ教から独立し，当時のヘレニズム文化圏に浸透していったが，そのさい，ヘレニズム思想を摂取し，ないしその影響をうけることは不可避であった。

---

14) 使徒行伝２：１以下。
15) グノーシス主義は，統一ある運動ではないが，その根底には共通の思想がある。a. 精神－物質の二元論。最高の霊である神は，一連の霊的存在（アイオーン）を流出し，現実世界は下級の霊の創造によって生ずる。b. 人間の魂は，霊界から堕落して肉体に閉込められており，禁欲によってふたたび神の認識に至ることが善である。c. キリストは神の子であるから，受肉・受難することはありえず，歴史的イエスは単なる仮現にすぎない等。マニ教は，その一分派といえる。ついでに指摘すれば，霊肉二元観からくる肉体や性の罪悪視は，通俗的に考えられるようにユダヤ・キリスト教の本来の伝統にはなく，むしろギリシャ文化から持込まれたものである。

そうした影響は，すでにパウロ自身にも，また更に著しくは使徒ヨハネにもみられる。キリストをギリシャ哲学の概念ロゴス（ことば）と結びつけてといたヨハネ伝福音書の「ロゴス・キリスト論」は，そのよい例証である。ギリシャ的思考形式とのこのような融合は，すでにアレクサンドリアのユダヤ教哲学（フィロンなど）にその先蹤をもち，さらにのちのいわゆる護教家たちにつづいて行くものである。こうした融合は，不可避であったが，それが極端となる時，キリスト信仰の重要な内容の否定にみちびく危険もはらんでいた。たとえば，一神教のモチーフが強調されるあまりキリスト・イエスの歴史性が否定される（Docetism キリスト仮現説）に及び，グノーシス主義は誤れる教えとして斥けられなくてはならなかった。[16]

グノーシス主義は，本質的には「キリスト教の過激なヘレニズム化」(ハルナック)のこころみであったが，これにたいしてモンターヌス派のような反動も生じた。こうした動揺に対処するために，教会はまず正統的な信仰内容をしめす信仰箇条を制定し，また信仰の根拠としての経典を採用した。信仰箇条の代表的なものは，いわゆる「使徒信経」（Symbolum apostolicum）である。これは各地の教会で洗礼にさいして用いられた告白文から発展したものと考えられる。それは神，キリスト，聖霊にかんする3カ条からなるが，とくにキリストについての第2条に重きをおき，その神性と歴史性とを同時に強調している。のちにこれは，ニカイア公会議(A.D. 325)において，神一子（キリスト）の同一性の教義として定義され，さらにのちに三位一体の教義に展開した。経典にかんしていえば，今日の新約聖書にぞくする文書は，2世紀には成立していた。ただし，その正確な構成が最終的に決定されたのは，数世紀も後になってからであった。

しかし，このような展開とならんで，社会集団としての教会の成長は，

---

16) ヨハネ前書4：3はじめ，新約聖書の中の後期の文書には，すでにこの種の異端にたいする警告が見出される。

その統制の機能をはたすための機構を必要とした。監督（司教），長老，執事などの教職がそれである。こうした形態は，新約聖書など1世紀の文献にははっきりと言及されてないが，2世紀に入ると，ほぼ似たような形で各地の教会に成立していたことが知られる。[17] おそらくそれは，使徒ないしその直接の弟子たちが去ったあと，それに代わって教会を指導するものとして，序々に成立したものであろう。したがって司教は，つねに使徒の権威に訴えて教会を統御し，その権限を次代の司教に伝承した。若い教会のなかに，このような教職者と平信徒の分化が生じたことは，重大な意味をもつ。前述の異端との抗争を通じて，司教の権威はますます高まったが，とくにローマ，コンスタンティノポリス，アレクサンドリア，アンティオキア，エルサレムなどの大教会の司教は，やがて政治的影響力さえもつに至るのである。

**教会とローマ帝国**　教会の内部において，ギリシャ思想の摂取と排除，および組織の形成がすすんでいる間に，外部においてはもう一つの戦いが行なわれていた。ローマ帝国の政治権力との対決である。前述したように，教会の発生し伝播したのは，主に当時のローマ帝国の領土内であったが，この広大な組織は，民族的・文化的・宗教的には雑多な要素からなる混合体であり，ただ共通のつよい政治権力によって統合されていた。したがってそれは，あらゆる形の宗教・祭祀を許容しえたが，ただこの国家統合の基礎が攻撃された時には，敏感にそれに反応した。教会がこのような社会のなかで成長したことは，後世のその性格の決定に少なからぬ影響があったといわなければならない。この意味で，キリスト教とローマ帝国との関係は，とくに興味ふかいテーマをなすのである。

　概していえば，初期教会の国家にたいする態度は，無関心かないしは服

---

17) 初期には，このほか各地の教会に滞在ないし遍歴する「預言者」，「教師」がいたが，これらのカリスマ的人格は，時とともに消えて行く。

従であった。イエスは「カイサルのものはカイサルに，神のものは神に返せ」（マタイ22：21他）と説き，ペテロは「王を尊べ」（ペテロ前書 2：17）と命じた。魂の救いを第一義とするその精神主義と，遠からず最後の審判の日がくるとの終末期待とは，現世の事物——国家をも，ただ過ぎ行くものとみせた。しかしキリスト教は，他方，ユダヤ教から排他的唯一神の思想をもうけついでいた。キリスト教徒は，それ故，ローマが一種の国家祭祀として行なった皇帝崇拝や「ローマ女神」(Dea Roma) の祭祀に加わることを頑なに拒んだのである。しかもキリスト教は，ユダヤ教のように特殊民族に限られず，帝国の臣民のあいだに信者を獲得しつつあった。すなわちそれは，秘かに国民の忠誠をすてさせ，国家の存立を危うくするものであった。紀元249年に，デキウス帝が組織的大迫害を始めたのは，遅まきながら，以上の事態に気づき始めたからであろう。もちろん，それ以前にもキリスト教徒への迫害は行なわれたが，それは多く一時的ないし地方的なものにとどまっていた。[18]

しかし，コンスタンティヌス大帝が現われるに及んで，情勢は逆転した。かれは最後の迫害 (A.D.303) 者ディオクレティアヌス帝の後，分割されていた帝国の西半をまず手中に収め，ミラノの勅令 (A.D.313) を発してキリスト教を公認したが，紀元323年にかれが全帝国の皇帝となってからは，その効力はひろく全帝国内に及んだのである。ただキリスト教は，これによってただちに国教となったのではない。コンスタンティヌス自身は，死の直前まで洗礼をうけず，形式的には，ローマ宗教の最高司祭 (Pontifex Maximus) でありつづけた。しかしかれは，政策上の手段によ

---

[18] その最初はネロ帝治下 (A.D.64) のものであり，その後ドミティアヌス，トラヤヌス，ハドリアヌス，マルクス・アウレリウス，ヴァレリアヌス，ディオクレティアヌス等の諸帝の時の迫害が知られている。一般に，迫害と殉教とは教会側の史料にもとづいて伝えられており，その規模などが誇張される傾きもある。

って教会を保護するとともに，またその内政にも干渉することを辞さなかった[19]。種々の兆候から判断するならば，この急激な転換は，コンスタンティヌス自身の個人的関心もさることながら，国家の利害に関する政治的考慮からきていると思われる面が少なくない。すなわちそれは，少くとも一部分は，もはや国家権力によって弾圧しえない地盤をもつ教会と手を握ることによって，漸く揺ぎだした帝国の統制を，内から強化する意図をもってなされたと解される。

それ以後，教会とローマ帝国との同盟は，「背教者」ユリアヌス帝（361～63）などの例外をのぞき，次第に強化されていった。皇帝グラティアヌス（375～83）はローマ宗教の寺院や祭司の財産を没収して，その経済的地盤をくずし，テオドシウス（383~95）は異教寺院を破壊したが，ユスティニアヌス（527~95）に至って，キリスト教の国教化はほぼ完成したといえる。迫害される少数グループから，政治権力の支持をうける公認宗教へのこのような地位の変化により，キリスト教そのものが一種の変質をうけたことは当然である。一言でいえば，それは既存の社会制度・文化とのより大幅な妥協をもたらしたということができよう。キリスト教が公認されても，国家の機構や異教的文物が一朝一夕に変化する訳ではなく，むしろ迫害の危険からくる緊張が失われたことによって，非キリスト教的要素との融合が一そう著しくなるのである。同時に，それ以後の教会が，今までと攻守ところをかえて，世俗権力を利用して異教や異端を圧迫し始めたこ

---

19) たとえばかれは，アリウスとアタナシウスとのキリスト論上の論争に際し，第1回の司教会議であるニカイア公会議（A. D. 325）を召集し，この問題を論議させた。以後，東西教会の分離まで6回の公会議（第1コンスタンティノポリス 381，エフェソス 431，カルケドン 451，第2コンスタンティノポリス 553，第3コンスタンティノポリス 680，第2ニカイア 787）は，すべて皇帝によって召集されたものである。こうした伝統をうけた東ローマ帝国では，皇帝（国権）が司教（教会）を統制する国家教会主義の形態が生じた。

とは注目に価する。迫害の正当性は，最大の教父の1人アウグスティヌス（354～430）によってはっきりと肯定され，近代の政教分離が一般に行なわれるにいたるまで，キリスト教圏の慣行となった。

## 3 中世のキリスト教

**東西教会の分離**　古代末期，地中海沿岸を中心に世界帝国の理念を実現したローマも，やがてすべての現世的権力とおなじく衰退のきざしを見せ始めた。395年には，その領土は東西ローマ帝国に分裂し，476年には西ローマがゴート族の侵入によって滅亡する。こうした状況が，教会のうえにもその影響を及ぼしたことは，自然の成り行きであった。教会は，政治的分裂によって直ちに二分されはしなかったが，それを機会として，東西の教会はしだいに疎外の度を著しくした。東部の言語が主にギリシャ語であるのに対し，西部ではラテン語が常用されたという言語上の相違，また東部ではギリシャの伝統をうけ理論的・芸術的興味がつよいのに反し，西方は政治・法律などの実践的傾向がつよいなど文化上の相違が，それを助けたことは否定できない。

　両者の背反は，とくに東ローマの中心コンスタンティノポリス（ビザンティン），および西方の中心ローマの教会の司教（それらは総主教　Patriarch とよばれ，ローマ司教はさらに教皇〔法皇〕Papa とよばれた）の優位の争いとなって表われた。教会会議の召集や決議に関して，その意見はたびたび衝突したが，5世紀末，教義上の問題に関してコンスタンティノポリス総主教アカキウスがローマ教皇から破門されたことによって，両教会の一致は破れ，以後東方教会の長は「統轄的総主教」(oecumenical Patriarch)と称して，使徒的権威を要求するローマ教皇と対立した。この対

立は，8世紀の聖像崇拝論争[20]などによってさらに深まり，ついに1054年，相互の破門宣告によって決定的となった。

　この分離以後，ともに正統性を主張する東西の両教会は別個の道をたどり始める。まず東方教会についてみれば，それは古代から中世への過渡を示すはっきりした境界なしに，東ローマ帝国の内で存続した。その一つの特徴は，コンスタンティヌスいらい，教会が皇帝にたいする従属の位置にとどまったことである。それは，いわば国家機構の一部のごとき観を呈し，逆に皇帝は一種の宗教君主的な性格をもつに至った (Caesaropapism)。従って，形式的には，コンスタンティノポリスの総主教の権威がみとめられてはいたが，それは後にふれるローマ教皇のごとく強力なものではなく，東ローマ帝国の各地方は，それぞれ独立して行く傾向がつよかった。教会統制よりも，むしろ理論的教義的関心が優位をしめる東方文化の一般的性格がそれをうながしたといえる。こうして，たとえばコプト語を用いるエジプト教会は単性説 (Monophysitism)[21] に傾き，またシリア地方の教会はネストリウス派[22]を支持することになった。

　東方のキリスト教にとって重大な脅威となったのは，7世紀以後，アラビアから起こったイスラムの勢力である。その進出の結果，初期いらいキ

---

20) 偶像崇拝をきびしく拒否するイスラム教徒からの影響下に，皇帝レオ2世が聖像崇拝を禁止した (726) ことから起こった論争。これは，東ローマ帝国で抬頭しつつあった修道院の抑圧をも目ざすものであったが，未開民族教化の手段として，聖像を重視する西方教会からも反対が起こり，東西両教会のあいだの論争に発展した。

21) 451年のカルケドン公会議で，キリストは神・人両性を同一ペルソナ(位格)に結合するとの教義が正統とされたが，これに反して，キリストの内で神的なものと人間的なものとが，別個でなく単一の性に融合すると主張するもの。

22) マリアを「神の母」と呼ぶことに反対したコンスタンティノポリス総主教ネストリウスの教説。431年のエフェソス公会議で排斥され，ローマ帝国の限界をこえて伝道し，中国に伝って景教とよばれた。

リスト教の拠点であったエルサレム，アレクサンドリア，アンティオキアは，早くからその支配下におかれ，コンスタンティノポリスも1453年トルコに制圧された。その後，東方教会の指導権は，スラブ教会（モスコー総主教）の手にうつったが，それも，1917年のソビエト革命により，少なからぬ打撃をうけた。このような条件の下において，東方教会が教義その他の面でもはや見るべき展開をしめさなかったことは，怪しむにたりない。それは，大体において分離以前の教義を忠実にうけつぎ，儀礼や実際の宗教生活の面で，西方のキリスト教とはやや異なる要素——たとえば，より神秘主義的・禁欲的な傾向など——を加えながら，今日の東欧諸国を中心に分布している。

**ローマ・カトリック教会の興隆**　　東方教会が次第に固定した伝統主義に陥ったのに反して，西方教会は，中世以後もさらにダイナミックな発展をつづけ，やがて宗教改革をへて，近世的キリスト教の形態を自らの中から生みだす。それは，西方のキリスト教が，のちに近世史で主役を演ずることになった，ゲルマン民族の間に受容され，それと結びついたからである。民族大移動を起こし，西欧世界を席捲した頃のかれらは，まだ文化的にも未開の状態にあった。しかも，東ローマにおける皇帝のような中心的権威を欠いた西欧において，教会はきわめて重要な任務を引受けることになった。それは，キリスト教的に着色された古代地中海文化の体現者として，いわばゲルマン民族の教化の役にあたったのである[23]。この意味で，西欧の中世史はキリスト教とゲルマン諸民族との融合の歴史でもある。その頂点をなすのは，中世盛期（11～13世紀）における統一的キリスト教文化圏の成立であり，その担い手は，ローマ教皇に代表されるカトリック教会

---

23) キリスト教会がユダヤの伝統とともに古代ギリシャ・ローマ文化をも継承するものであることは，いろいろの点から指摘できる。卑近な例をとれば，カトリック教会の教職者の盛装は，ローマの正装からきている。

であった。

　カトリックとは,「普遍的」,「公け」の意味である。キリスト教会が,一つの統一ある全体をなすべきものであるとの思想は，すでに2世紀末頃から表明されていた（キプリアヌスなど）。この教会の統一は，具体的には，指導者である司教によって維持されると考えられたが，なかでもローマの司教は，早くから大きな権威を認められていた。これは，幾つかの有利な条件の輻輳によるところが多い。まずローマは，古代地中海世界の政治中心であり，「永遠の都」の栄光を背負っていた。加えてローマの教会は，「使徒の首(かしら)」ペテロおよびパウロによって創立され，その殉教の地となったとの伝承によって，キリスト教徒にとって，特別に神聖なものでもあった。さらに，社会的動乱の渦中にありながら，よくそれを利用し，キリスト教化したゲルマン民族と結んだことも，その勢力を伸ばしえた一因であった。ローマ教皇は，こうして「使徒の後継者」として全教会を統轄するのみならず，また「地上におけるキリストの代理[24]」として，世俗国家権力をも一時その支配下におくほどの勢力をもつに至った。

　中世のローマ・カトリック教会は，単なる宗教集団にとどまらず，同時に一種の国家的性格を もっている。 それは， 武力こそ有しな かったにせよ，広大な教会領など[25]を保有し，一個の封建領主のごとき観を呈した。か

---

24) ローマ教皇が，ペテロを通じて，キリストから教会統轄の全権を委ねられたとの主張の根拠として引用されるのは，マタイ16：17～19である（すでにテルトリアヌスがこの句に言及している）。プロテスタント学者中には，この句を後世の挿入とする者もあって，論争の中心となっている。しかし，たとえそれがイエスの言葉であったとしても，果してそれがカトリック教会の主張するように，その正統性の根拠となるかどうかは疑問が残る。なお，教皇の絶対権の思想は，理論的には，1870年の第1ヴァチカン公会議で採択された「教皇無謬」のドグマによって完結をみた。このドグマは，カトリック教会内に中世当初から現われていた中央集権化的傾向の，一つの到達点を示すものである。
25) こうした要求を正当化するために有名な「コンスタンティヌス寄進状」*

聖ピエトロの大伽藍（右端は教皇庁）

って、政治に関与することを斥け、「カイサルのものはカイサルに返せ」と告げたイエスの精神から、それは一見いかに遠く距っていることであろう。しかも、こうした推移のうちに一種の必然性があったこともまた否定できない。それは、イエスの福音の普遍主義的性格からくる一つの帰結でもある。中世以来のカトリック教会を特徴づける地上神国の理想は、その表われとみることが出来る。この理想は、徹底されるならば、宗教的・精神的な領域にとどまらず、世俗的・政治的分野をも包んで、人間生活のあらゆる内容の一元化まで行きつかざるをえない。こうして、宗教的権威は世俗的権威の上におかれることになる。この理想は、アウグスティヌスの『神都論』によって基礎づけられ、レオ1世、グレゴリウス1世のような有能な教皇によって力づよく支持され、やがて中世盛期——とくにイノケンティウス3世やボニファティウス8世の在位の頃——において、短期間ではあるが現実化されたのである。中世ローマ・カトリック教会は、形態的には、皇帝への従属から脱しなかった東方教会の国家教会主義とは逆の類型——教会国家主義を示すものであり、かつそのつよい統制力によって、キリスト教文化圏を統一する役割をはたした。

　歴史的にみれば、この地上神国の理想は、決してカトリック教会のみに

＊（8世紀末？）や「イシドルス偽書」（9世紀）が偽作された。

特有のものではない。それは，本質的には，すべての統一的社会文化建設への志向と同じものであり，すでに古代において実現されたヘレニズム・ローマ帝国の伝統に，キリスト教的な着色をほどこしたものと見ることもできる。しかし，詳しく観察すれば，こうした傾向の裏に，実はそれに逆行する底流がつねにあったことも否定しえない事実である。教会自体のなかでは，ローマ教皇への集権化にたいする地方教会（フランク国教会，ドイツ国教会など）の独立運動や，また，教皇は単に「司教中の1人」にすぎず，司教会議の決定が教皇権に優先するとした「司教主義」(episcopalism)の主張がそれを示すものである。これらの底流は，宗教改革の前後から次第に表面化して，やがて中世の統一キリスト教圏を分裂させ，近世的な国家教会制を成立させる。そして，それと同時に，一時は教皇の宗教的権威のもとに統制されていた世俗国家も，次第にその独立性を増し，こうして中世的普遍教会は崩壊に向かうのである。

**キリスト教的生活の理想**　以上われわれは，いわば外がわから中世キリスト教の特質を捉えようとした。しかし，教会の内部においては，実際にどのような宗教生活が行なわれていたのであろうか。——かつてある学者は，カトリック教会をさして「反対の複合」（ハイラー）と名づけた。事実それは，強力な教会組織の確立によって，外形上の統一を保っていたものの，そのうちには，さまざまの型の宗教生活の併存を許容していた。民衆のあいだには聖母，聖人，遺物の崇拝など，かなり通俗的な請願的信

---

26) カトリック的宗教生活に大きな比重をしめるこれらの要素が，少なくともその充分に発達した形で，初期キリスト教の中に（したがってまた新約聖書の中に）見出されないことは明らかである。プロテスタントがそれを斥けるのはこの為である。しかし，カトリックの立場では，それらも萌芽の形で聖書の中に存したか，またはその正当な展開であるとされる。同じことは，カトリック儀礼の中心をなす七つの秘蹟（サクラメント）（洗礼，堅信，聖体，悔悛，終油，品級，婚姻）や，すでにふれた教皇の絶対権についても主張される。

仰が行なわれる一方，修道院に代表されるような，高度の精神生活も発達した。そして，注目しなければならないのは，これらの信仰型態が一つの階層秩序(ヒエラルキー)をなすものと解され，禁欲的修道院的生活と一般平信徒の生活との，いわゆる二重道徳が説かれたことである。恰もそれは，世俗的国家が教会に服従すべきものとされ，両者の関係が上下の階層をなすものとされたのに対応する。しかも中世のキリスト教においては，これらの異なった生活様式や機能は，すべて相補って，一つの有機的な全体をなすべきものとされた。

　信仰形態のこのような複雑化は，結局，教会というものの性格の変化から由来する。古代地中海世界の文化は，概して沿海の都市を中心とする都市的なものであった。したがって古代教会も，その担い手を主としてこれらの都市住民のうちに有していた。それに反して中世初期からあと，教会はまだ人口稀薄な未開地へと広がったので，その管轄する地域もはるかに広大なものとなった。教会の統制が困難さを加えたことも，当然である。しかし，こうした地理的要因にもまして重要なのは，国教化に伴う社会的地位の急変である。はじめ教会は異質な，敵意にみちた環境の中で，自らの生存権を主張しなければならない少数グループであった。そうした条件下では，密度の高い，等質的な宗教生活を維持することはさして困難ではない。

　しかし，ひとたび教会が公認され，すべての人間が教会メンバーとなり得，またはなることを強制される時，それはもはや甚だ難しくなる。そこでは，形式的にのみキリスト教徒とよばれつつ，実質的には少しもその精神を実践しないような民衆の流入がさけられなくなる。国教化された教会は，時としては生命の危険をおかしても信仰を選びとった人びと――一種の宗教的エリートの特殊宗教集団から，社会の全員が自動的にその成員でもあるようなタイプの宗教（自然的または同一型宗教集団）へと変質して

いるのである。[27]

　興味ぶかいことに，教会がこうした変質を始める頃——ローマ帝国との戦いが終わり，国教化が始まる頃から，修道院の運動が起こり，各地に広がりだした。それは始め，エジプトやシリア地方などで，世をすてて瞑想と祈りとに専心する隠遁者の運動として出発した。その代表的人物は，半ば伝説化された4世紀の聖者アントニウスであった。東方教会におけるこうした動きは，そのつよい禁欲的・瞑想的モチーフにみられるように，古代東方宗教やヘレニズム文化の影響のもとに成立したと思われるが，やがてベネディクトゥスが出て，529年にモンテ・カシノ修道院をひらくに及んで，西方世界にも普及することになった。その定めた「戒律」は，貧窮・純潔・服従という，いわゆる「福音のすすめ」（consilia evangelica）を守ることを義務づけており，細部の修正を別にすれば，その後もながく幾多の修道的教団の規律の原型となったものである。とくにその特色とみるべきは，「祈りかつ働らけ」というモットーにも示されているように，実際的な労働の意義を強調したことである。西方教会における修道院生活が，東方教会におけるように単なる隠遁と瞑想の生（vita contemplativa）に終始せず，同時に活動的生（vita activa）と結びついたことは，歴史的にもきわめて重要な意義をもつ現象である。ある意味では，修道的教団の発生は，権力の座について次第に世俗化した教会への反動であった。また，それは，初期の信徒たちの英雄的な殉教の情熱を，形をかえて受継ぐものと

---

27) この二つの類型の区別はワッハによる（cf. J. Wach : Sociology of Religion, Chicago, 1947）。さらに言えば，こうした推移は，多かれ少なかれ，すべての世界宗教にみられるものである。それらは概して少数グループの選択的宗教集団として出発するが，その含む普遍性への要求のゆえに，やがて外延的包括性を実現することになる。しかしそうなると本来の質的な均一性は失われて，異質的な要素の混合をゆるすようになりがちなのである（vgl. G. Mensching : Soziologie der Religion, Bonn, 1948）。

もいえよう。いずれにせよそれは，キリスト教的な理想により近いものとして，一般信徒の生活より一段高いものとみなされた。先にみたように，教職者と平信徒との分化はすでに早くから生じていたが，ここでさらに，世俗的な生活と禁欲生活との区別が導入され，教会そのものの内に別個のエリート集団がつくられたのである。

　しかも重要なことは，これらの集団が教会の実質的な中核をなすものとして，それを内から支える役割を果したことである。このことは，とくに西方教会において著しい。世俗を否定して，ひたすら霊的修行に専念するというその本来の理想は，地上に神の国の建設をめざし，政治をも支配しようとする教会の理念とは相容れないはずである。実際にはしかし，これら修道士たちは，或いは困苦にたえて伝道に従い，或いは10世紀のクリュニー修道院の改革運動が例証するごとく，教皇の権威の増大にも貢献した。さらに，最初は肉体的な労働を主としたのが，やがて文化的作業も奨励されるようになって，修道教団はまた学芸の中心ともなった。それは古代文化の遺産を後世に伝えるなかだちをしたのみでなく，のちには教会的学問――神学の担い手ともなった。トマス・アクィナス（1228～74）はじめ，いわゆるスコラ神学の代表者たちが，いずれもドメニコ教団，フランチェスコ教団等の出身であることは，これらの修道教団が教会のなかで有した比重の大きさを語るに充分である。

---

28) 中世後半に成立したこれらの「乞食団」は，その初期には，一箇所に定住すること（stabilitas loci）を方針としたベネディクト教団等とやや異なっていたが，やがて後者とおなじ修道教団の形をとった。

## 4 近世のキリスト教

**近世への歩み**　キリスト教の歴史において近世の始めを画する最大の事件は、いうまでもなく宗教改革である。それは16世紀、主としてアルプス以北の諸国に、ほとんど時を同じくして起こり、それまでローマ・カトリック教会のもとに統一されていた西欧文化圏を大きく二分した。その結果、東方教会、カトリック教会とならぶキリスト教界の第3勢力としての新教(Protestantism)が成立したのである。しかも近世当初いらい、これら西欧諸国は急速に政治的・文化的な世界征服をはじめたから、こうして分裂した形のキリスト教がアジア、アメリカ、アフリカ等、それまで概して未開拓であった諸大陸にもたらされることになった。ある意味でそれは、ローマ帝国の改宗にも比すべき画期的な出来事であった。

　近世において、最も重要な役割を担ったのは、西欧の諸国家であるから、近世のキリスト教を考えるばあい、それらが中心となるのはやむをえない。しかもこの時期の展開も、詳しくみれば複雑な様相をもっており、限られた紙数でその全体を取扱うことは、もとより不可能である。ここでは従って、いくつかのごく基本的な問題を指摘するにとどめなければならない。概していえば、近世のキリスト教は18世紀頃（啓蒙思想、フランス革命期）を境にして、大きく前後に分けることができよう。前半は教会の社会的形態においても、信仰・思想内容においても、中世的な要素がつよく残っており、それ故一種の過渡期ともいえるのにたいし、後半になってから、漸く発展の途上にある近代文化への適応および対決が試みられるようになるからである。[29]

**宗教改革とその影響**　一口に宗教改革と呼ばれている運動も、厳密に

は，その動機や現われ方において極めて多様である。それは，16世紀に始めて汎ヨーロッパ的規模をもって広がったが，その前兆はすでに早くからみえていた。14世紀の英国におけるウィクリフ (1328〜84) や，その影響をうけたボヘミヤのフス (1369〜1415) の反乱など，反教皇的な動きがそれである。さらに教会内部で，各地の教会の独立をめざす，地方分権的な「司教主義」の底流がつよかったことは，先にふれたとおりである。しかし，いわば爆発寸前にあったこの反ローマ・反教皇的気運に口火をつけたのは，ドイツにおけるマルティン・ルター (1483〜1546) の出現にほかならない。そして，その成功に刺戟されて，やがてスイスにおけるカルヴィン (1509〜64) の改革や，英国国教会のローマからの分離が起こり，宗教改革の第2および第3の主流となるのである。この中，第3の英国国教会の独立は，純粋に宗教上の動機からでたというよりは，英国王室の私事にからむ教皇との政治紛争に起因するもので，したがって，教会制度や信仰内容にもカトリック的要素を最も多く残しているに反し，前2者にあっては，これらの点についてかなり根本的な変化が認められる。就中，改革の原型となったのはルターのそれであるから，つぎにかれについて，宗教改革の根本的性格を探ってみよう。

　ルターに始まるドイツの宗教改革は，明らかに二つの時期に分けることができる。第1期 (1517〜25) には，運動はおもにルターの人格をめぐって，その宗教的内的な戦いとして展開した。かれは始め教皇の「免罪符」に対し，「95箇条」の疑義を掲げてたったが，それに続いで生じたカトリック教会との論戦をつうじて，1）人が救われるのは内的な信仰によるのであり，儀礼やいわゆる善行などによるのではない（「信仰のみによりて」

---

29) このことは，とくに新教について著しい。トレルチ (E. Troeltsch) その他の学者が，前半を「古プロテスタント主義」(Altprotestantismus) と名づけて，それ以後と区別するのも，充分理由がある。

sola fide)、および2）キリスト教信仰の根拠は神の言としての聖書の中にあり、後世になって附加された伝承の中にはない、（「聖書のみによりて」sola scriptura）との、改革の根本原理の自覚に到達した。これらはともに、極端におし進めれば、当時の教会制度の根柢をくつがえすにたる革命的な原理であった。[30)]事実ルターは、この自覚に基づき、カトリック的司祭制度や教皇制の意義を否定して「全ての信徒が司祭である」とし、また禁欲生活と世俗生活との優劣という中世的な価値の尺度をすてて、逆に世俗的なものの意義をも認めるに至ったのである。

ルター個人の良心の問題に端を発した運動は、第2期（1525頃から1555のアウグスブルク和議まで）以後になると、社会的ないし政治的な様相を帯びてくる。ルター自身の態度も、最早ただ批判に終始していることはできず、自ら新しい教会の建設に進むことを迫られていた。これはかれが、カトリック的教会のありかたを否定しながら、他方おおくの神秘主義者たちのように信仰を全く個人の内的関心事とはせず、集団生活の意義を重視するキリスト教の伝統に忠実であったことを示している。こうして形成された「福音的」（evangelisch）教会は、教皇の権威や聖人崇拝など、カトリック伝承の少なからぬ部分を斥けつつ、他方、洗礼や聖餐などの儀礼や三位一体の教義などは保存した。それは始め、カトリック教会側からはげしく圧迫されたが、やがてルターを支持する封建諸侯の庇護をうけ、アウグス

---

30) 宗教改革は、上述のように複雑な動機の交錯から生じた事件であり、その発生をいずれか特定の原因のみに帰することは、必ずしも正しくない。またこれらの原理も、詳しくみれば、それ自体多義的であることに注意しなくてはならない。たとえば sola fide の立場は、個人主義的な意味をも有しうるものではあるが、宗教改革がいわゆる信教自由を主張したものでないことは、後年のルターその他をみれば明らかである。また伝承を斥けて聖書に帰ろうとする第2の聖書主義にしても、その聖書を生んだのが原始教会の伝承であることを考える時、自己矛盾を含んでいることが明らかとなる。

ブルグの和議によって，制度的にも存立の権利を認められたのである。この和議に際して採用された"Cujus regio, ejus religio"の原則は，教会と政治的単位としての国家ないし地方君主とを密接に結びつけた点で，古代末期の国家教会制を復活したものとも言え，その結果，ローマ・カトリック教会とプロテスタント教会との制度的な対立が始まったのである。

　一度びあげられた改革の狼煙は，たちまち各地に及び，中部ヨーロッパは連鎖反応式な改革運動の波に見舞われた。それは決して統一ある運動ではなかったが，ローマ・カトリック教会の権威からの離脱をめざした点では，互いに共通していた。中でも，歴史的影響からみて最も重要なのは，スイスに始まりやがて英国，オランダ等にものびたカルヴィン主義の流れである。それはルターの運動に比して，思想的には必らずしも独創的ではなかったにせよ，教会の社会形態に関するかぎり，極めて新しい性格を有

宗教戦争の図，虐殺

していた。それは，前者のように信仰の分野にとじこもって，その結果ただ既存の政治権力と妥協するに止らず，むしろ全生活の聖化をめざし，それ自身の中から共和主義的な色彩のつよい一種の神政々治を生みだしたのである。それが近代市民社会の成立と密接な関係をもつことは，すでに多

---

31）一定地域にたいし，その政治的主権者の選ぶ宗教の信奉を義務づける制度。

くの学者によって指摘されている。[32]

　さらに宗教改革の影響として無視できないのは，カトリック教会側からの反対改革である。その推進力となったのは，スペインのロヨラ（1491～1556）の創立した「イエズス会」であった。またカトリック教会は，改革に刺戟されて，トリエント公会議（1546～63）を開いて教義・制度等を改め，スペインの政治勢力を背景として，新教の撃破をはかった。その結果ヨーロッパは，カトリックとプロテスタント両勢力に分かれて，ほとんど1世紀にわたる宗教戦争にまきこまれた。それが漸く終結をみたのは，中部ヨーロッパでは，ほぼヴェストファーレン条約（1648），英国では名誉革命（1688），フランスではナント勅令廃止（1685）以後のことである。

　**近代との対決**　　宗教改革につづく狂熱の嵐が去った時，キリスト教は中世とはまったく異なった環境のなかにおかれていた。それは，一言にしていえば，「世俗化」された世界と呼ぶことができよう。宗教改革と前後して起こったルネッサンスによるキリスト教以前の文化との接触や，近代科学の急速な発達による世界観の変化などが，それまでつよかった生活の各分野における宗教の影響を，次第に後退させたのである。とくに18世紀の啓蒙主義は，世俗化をおし進めようとする意識的な運動であった。それ以後におけるキリスト教の課題は，したがって，そのように疎外されて行く世界と如何に対決し，また如何にそれに適応するかにあったといっても過言ではない。

　世俗化は，まず社会的なレベルにおいて，信仰上の寛容およびそれに伴う政教（国家と教会）の分離として表面化してきた。このことは，始めから明白に意識されてなかったにも拘らず，じつは教会ならびに国家の本質についての，新しい理解を前提とするものであることが注意されなくてはならない。一般に近代社会においては，宗教は究極的な重要性をもつもの

---

32) マックス・ウェーバー『プロテスタンティズムの倫理と資本主義の精神』など。

であるとしても，それは個人の自由選択に委ねらるべき事柄で，国家の干渉すべからざるものとされる。すなわち国家は，いずれか特定の宗教（ないし反宗教）集団に特権を付与したり，または処罰を課したりしてはならないと考えられる。この考えかたによれば，教会は結局，信徒の自由意志に基づく宗教目的のための任意結社であり，また国家は生命財産の保護など，現実的な目的のための機構であるとして，両者は截然と区別されることになる。このいわゆる信教自由の原則は，すでにみたように，中世はもとより宗教改革期にさえも知られてなかったものであり，それ以後の近代社会を特徴づける重要な展開といわなければならない。

このように教会は，近代になってふたたび異質的な世界のなかにおかれることになった。ある意味でそれは，ローマ国教化以前の状態にもどったものといえよう。ただ違うところは，古代においては教会の環境は全く異教的なものであったが，近代におけるそれは，新伝道地域を別にすれば――すなわち西欧文化圏では――中世を経ることによって，多少ともキリスト教的文化の影響をうけたものである点である。従って政教分離や，それに伴う国家・社会の世俗化も，必ずしもつねに完全に行なわれている訳ではない。[33] 事実カトリック教圏や，英国，北欧諸国などにおいては，国教的な形態が今日も存続している。しかし，大勢がそうした形態から遠ざかる方向に向っていることは否定できない。

さらに思想・文化の領域に目をむけるならば，ここでも最近の数世紀を通じて著しいのは，一貫した非キリスト教化の傾向である。とくに啓蒙思

---

33) 理論的にも，政教分離の完全な実行ということは多くの困難がある。なぜなら現実の国家は，決して単なる生命財産保護のための機構にはとどまらず，その成員から社会生活上の一定の規範を守ることを要求するが，それは往々にして，宗教のもつ価値体制と重複，ないし矛盾する可能性をもっているからである。その最も著しいのは，教育および家族関係（婚姻）立法の分野であろう (cf. E. Bevan op. cit. pp. 188～90)。

想期からあとは，寛容の増大によって，教会の教説にたいする自由な批判ないし攻撃さえ可能となった。それまでは，対立抗争はあっても，概してキリスト教の地盤の上でのことにすぎなかったが，今やその地盤そのものが問題とされるに至るのである。そうした展開を促した主因は，いうまでもなく近代諸科学の驚くべき進歩である。初期には，論争の中心となったのは主として自然科学であった。その生みだした合理的・機械的な世界解釈が，神の世界支配をとき奇蹟を信ずる伝統的な有神的信仰と衝突したのである。しかし，キリスト教にさらに大きな衝撃を与えたのは，19世紀以後とくに発達した歴史研究，なかでも聖書の文献学的批評である。それまで神の啓示とされ，したがって無謬と信じられていた聖書の成立事情が明るみにだされたことは，すなわちその絶対性が失われたことを意味する。ことに上述のように，聖書を唯一の典拠としたふるい型のプロテスタント教会にとって，これは信仰の基礎そのものへの，重大な脅威に外ならなかった。こうした新しい事態に対しては，依然として聖書の字句をそのまま神聖視する根本主義 (fundamentalism) から，逆に聖書を人間の産物とし，イエスを単なる人間としてみようとする自由な近代主義(modernism)まで，さまざまな解答が提出されてきた。この問題は，今日も未だ決着した訳ではなく，この挑戦に如何に答えるかは，キリスト教にとって，死活の問題となっている。[34]

**近代諸教派の成立**　以上のように，社会的な面でも文化的な面でも，近世後半いらいの世俗化の大勢は蔽い難いものがある。しかしキリスト教は，そうした動きにただ受動的におし流されていたのではない。この間それは，新しい環境と変化した条件のもとで生きるべく，いくつかの試みを繰返してきた。そのさい寛容の増大は，一方で国家の支えをとり去ったも

---

34) 最近では，ブルトマンの「非神話化」論に端を発した論争など，その一例である。

のの，他方ではその束縛をやわらげ，宗教運動の自由な発展を助けたのである。こうして近世後半にいたって，教会（とくに新教）内から多くの新しい教団が発生したが，その大部分は今日まで存続し，大きな影響を及ぼしている。大陸では17世紀，オランダのカルヴィン派の中から出てフランス，ドイツなどに広がった「敬虔主義」（Pietismus）がその最も著しいものであるが，英国でジョン・ウェスレー（1703~91）の始めたメソディスト派も，ほぼこれと似た傾向に属する。英国では，このほか宗教改革時代の再洗派から由来するバプティスト派[35]，スコットランドの長老派およびクロムウェル時代から発生した会衆派（ともにカルヴィン主義系），フレンド派（クウェイカー）などがある。またこれらと並んで，キリスト教の伝統的ドグマである三位一体説を認めないユニテリアン主義も発生し，その自由主義的な態度によって，一部に根強い力をもっている。これらは各々，或いは新しい神学を築き，或いは社会事業や伝道に力を注ぐことによって，キリスト教を近代社会のなかで展開させることに貢献した。なかでもそれらは，伝統的な教会制度の歴史のないアメリカ大陸において大きな発展をとげ，教派主義（denominationalism）とよぶ特異な形態をもつに至っている。

　他方，カトリック教会がこの時期に新しい活動を始めたことも，見逃してはならない。それは一時，啓蒙思想期には，教会財産の没収や修道院・教団の廃止などにより大きな打撃をうけた。これは，とくにフランス革命の影響下にあった地域において著しい。しかし19世紀に入ってからは，次第に復興を示し，1870年のヴァチカン公会議において，教皇を中心とする強力な中央集権的体制をつくり上げていらい，その影響力はとみに増大した。このことは新教が，その性質上おおくの小教派に分裂し，各国の社会

---

35) 教会は，意識的に信仰を告白する者の集まりであるから，小児洗礼は無効であるとし，成人の再洗礼を要求した派。

的・文化的な諸条件に左右され，互いに連繋を欠きがちなのに比して，大きな強みとなっている。

**現状と課題**　流派としてのキリスト教は，いままで概観したごとく，まず地中海文化圏の一隅に発生し，ついで主として西洋文化圏に広まって，これら地域の宗教生活を支配してきた。その2000年ちかい歴史をつうじて，ユダヤ教から受けついだその有神的思考形式，およびそれに伴う宗教行動の様式は，ふかい刻印を人びとの心にのこしてきている。そして近世以後，世界統一の傾向が進むとともに，それは他の大陸へも伝播して，真に世界的な宗教に発展してきた。

しかし，外的には一応大きな成功を収めたかにみえるキリスト教の世界伝道にとっても，じつは多くの問題がのこされていることは，看過できない。まず第1は，近代社会におけるその適応の問題である。すでに指摘した如く，近世以後キリスト教は，その地盤であったヨーロッパにおいて，次第につよまる世俗化の傾向に脅かされてきた。この傾向は，現代においてもそのまま継続しており，これにいかに対処して行くかは，教会にとってきわめて困難な課題であるというべきであろう。なかでも重要なのは，教会統一の問題である。その必要性は，とくに新教各派のあいだでは痛切に感じられ，今世紀に入ってから，教会合同運動（oecumenical movementがさまざまな形で試みられている。第2に，単に社会的な面のみでなく，内的な信仰のありかたに関しても，近代文化との関係は重要な課題をなげかけている。伝統的に形成されてきたその価値体制を，いかに近代的思考と調和させるかの問題がそれである。そして最後に，キリスト教が直面している新しい課題は，最近にわかに密接となった相互交渉のなかで，他の諸宗教への態度をいかに決定して行くかという点であろう。キリスト教の今後の運命は，おそらく，これらの点をめぐる展開によって定められるものと思われる。

（田丸徳善）

## 第六章 イスラム

1 　概　　観
2 　イスラム以前のアラビア
3 　マホメットの教え
4 　初期の信者達
5 　ヘジラ
6 　「一つの共同体」
7 　カリフ


## 1 　概　　観

　イスラムは[1]、西暦7世紀の初め、アラビアのマホメットによって開かれた宗教である。仏教創唱いらい数世紀を経てキリスト教が成立し、また同じく数世紀の後イスラムが世に現われたことは、世界宗教史の興味深い事実である。イスラムは、アラビアを中心として、西にのびてはアフリカの北半分、東に向っては中央アジアから中国に至るまて、さらに南に下っては東南アジアの諸島に伝播した。今日ではおよそ5億にも近いイスラム教徒が存在している。
　類型的にみれば、イスラムは一教祖の開いた「創唱的宗教」であり、人

---

1) 「マホメット教」という名称の方が一般には親しみやすいが、教徒の間では行なわれていない。「イスラム」という言葉は、神に絶対的に帰依することを意味する。

種，民族，国籍，性別，階級を超えて，どこにでも広がってゆく性質をもつという意味で「普遍的宗教」であり，一なる神を奉ずる点で「一神教」の範疇に属する。[2]

20世紀の今日でこそ「イスラム文化圏」とよばれる地域は，欧米諸国に比して，全体として近代化が一歩おくれているが，10～12世紀の頃には，ヨーロッパ文化をしのぐイスラム文化の花を咲かせ，大きな世界史的役割を担った。現代におけるイスラムは，一方では民族主義運動の基礎理念として働いていると同時に，他方，いかに近代化への歴史的動向と取組むかという切実な問題に直面している。[3]

イスラム千数百年の歴史を概観することは，他の専門書，入門書にゆずる。[4] ここでは，焦点を主としてマホメット時代，つまりイスラムの最も根本的なものが形づくられた時代に絞る。そして，いかにしてイスラム——とくにイスラム共同体——が成立するに至ったかを，その社会的・文化的脈絡(コンテクスト)の中で検討してみたい。イスラムの基本的な教理，儀礼，制度は，その過程において言及するはずである。

## 2 イスラム以前のアラビア

**社会的背景**　イスラムの創唱者マホメットが生まれたのは，およそ西暦570年頃のことと推定されている。他の預言者の場合と同じく，かれの前半生については，確かな記録があまりないが，一応大方の承認をうけて

---

2) 岸本英夫『宗教学』pp. 107～110。
3) W. C. Smith: Islam in Modern History, Mentor, 1957. これは，伝統的なイスラムの信仰と近代社会の動きとの間の軋轢を分析した好著である。
4) たとえば，蒲生礼一『イスラーム（回教）』岩波新書，1958; H. A. R. Gibb: Mohammedanism, N. Y., 1949 等参照。

いるものに次の諸事項がある。すなわち，マホメットは，当時アラビアの中心都市メッカを支配していたクライシュ族に属するハーシム家に生をうけた。幼時に両親を失い，孤児として祖父，さらに伯父アブー・ターリブのもとで養育された。長じて隊商に従事していたが，やがて25才頃メッカの裕福な寡婦ハディージャと結婚した。また，マホメットが最初の啓示をうけ，預言者としての波瀾に満ちた生活に入ったのは610年頃，40才の時であったという。後年，世界歴史を大きく動かすに至るイスラムの基礎がきずかれたのは，この610年よりかれが世を去る632年の間，約20年のことである。

　マホメットの布教活動は，故郷メッカにおいて始められた。メッカは，アラビア半島南西部の豊かなイェーメンと，北方に位置するシリアとの中間にあり，地中海とインド洋をつなぐ当時の重要な貿易通路の要所を占め，経済的繁栄をほこっていた。のみならず，メッカの町はそのカーバ神殿によって，アラビア宗教の中心地でもあった。聖地と目されるものは他所にも少なくなかったが，6世紀末頃までには，メッカの神殿を中心聖所として崇拝し，アラビア各地から巡礼する慣習がすでにでき上っていた。メッカの支配的部族たるクライシュ族は，経済力とカーバ神殿の祭祀権とを一手に掌握し，最も有力な部族としてアラビア社会に君臨していた。

　砂漠の遊牧民と，クライシュ族のような都市定住の部族との間には，もちろん生活風習の点でかなり違いが存したが，しかし根本的な所でかれらに共通するものがあった。それは，社会構造が血縁による結びつきを基礎としていたことである。世代がかなり経って実質上の血縁関係が稀薄なばあいでも，社会結合の根本は，祖先を同じくするという血縁の意識であった。

　かかる部族の社会生活を規制する原理は，「目には目を，歯には歯を」の血の復讐であった。個人の安全保障はその属する家族・氏族（クラン）[5]，さらには

部族のもつ復讐力いかんにかかっていた。これらの血縁的集団を離れた個人の存在というものは殆ど考えられなかった。たまたま，ある個人または家族が血縁の氏族・部族から離れることがあっても，結局他の氏族あるいは部族と連帯の関係に入り，その保護を受ける必要があった。また同様に，弱小部族は強大な部族と同盟関係を結ぶことによってその存在を維持した。クライシュ族が，戦闘的な砂漠の遊牧民の間にあってその勢力を誇りえたのは，豊かな経済力を背景にして結んだ同盟のおかげであった。部族の首長には，通常，有力氏族の長が選ばれてなったが，つねに他の氏族の長たちとの合議の上で事を進める形がとられていた。

**アラビア部族の宗教** メッカを中心とする当時アラビアの宗教は，樹木，岩石，天体，またそれらと結びついた神々の崇拝，ジンとよばれる一種の精霊への信仰等がその主な内容をなしていた。一口にいえば，いわゆるアニミズム，あるいは多神教の形態における宗教であった。

さらに重要なことは，宗教が部族・氏族の社会構造と密接に結びついたものであったということである。部族の奉ずる神々は，その共通の先祖より伝わる神々であり，その部族を保護するものと信じられた。従ってそこには，部族の存在，現実の社会構造を超越，否定するような要素は何も見当らない。人びとの宗教的あるいは道徳的関心の焦点は，もっぱら「この世」にあって，「来世」または「あの世」になく，血縁的な部族の存在にあって，それを超えた何物にもなかった。かれらが生活の拠り所とし，また誇りともしていたもの——いわば人間生活の究極的意味——は，部族・氏族の勢力であり，先祖の偉大さであり，さらにはその集団の営みに自らが参与しているという意識であった。要するにかれらの宗教は，いわゆる部

---

5) ここでは「氏族」という語を，部族と単位家族の中間を占める近親集団の意味に用いる。氏族はいくつかの家族より成り，またいくつかの氏族が部族を構成する。

族的宗教であった。

　メッカのような商業の中心地でも，部族・氏族の連帯は強固であったが，6世紀中頃までには，徐々に新しい要素の芽生えが見られた。それは，商業経済の発達と共に，氏族と氏族，さらにはある一家族と他の氏族成員との間の利害対立が増大し，伝統的連帯性にひびが入り始めたこと，またその半面，共通の経済的利害から，氏族の枠をこえた新しい形の提携関係が生じて来たことである。この現象は，一方ではクライシュ族内における社会・経済的階層分化を促し，貧富の差を増大せしめた。と同時に，他方，マホメットの布教活動に伴う新しい共同体形成のための社会的地盤を用意することとなった。イスラムの運動がアラビア砂漠でなく，商業都市メッカにおいて起こったということは，はなはだ意味のあることなのである。

　ではマホメットはいかなる教えを説き，それがいかに当時のアラビアの社会構造とかみ合ったか。

## 3　マホメットの教え

　**唯一神アッラー**　　20年にわたるマホメットの預言布教活動のもっとも良い記録は，コーランそのものである。コーラン全114章(スーラ)は，いわゆる「メッカ啓示」と「メディナ啓示」とに大別される。前者，とくに初期メッカ啓示と見なされる諸章は，短かく鋭くかつ美しい詩的形式をもち，長い散文形式のメディナ啓示と明確な対照をなす。内容的にも，後者が概して政治・立法関係の教示の多いのに対し，前者は熱烈な宗教的敬虔の迸りに満ちている。

　メッカ啓示に繰り返して現われるモチーフは，神アッラーの一元性・全能性と，きたるべき最後の審判の日の強調である。

アッラーは,「いとも小さい凝血から人間をば創りなし給う」(96章2節)創造主であり, 宇宙万物の主宰者である。

「これぞ, アッラー, 唯一なる神,
　永劫不滅のアッラーぞ。
　子もなく親もなく,
　ならぶ者なき御神ぞ。」(112章1～4節)[6]

アッラーはまた,「大地がぐらぐら大揺れに揺れ」(99章1節),「大空が真二つに割れ」(84章11節),「いよいよ喇叭が吹き鳴らされる時」(74章8節), すなわち終末の日の裁き主である。

「その日, すべての秘密は発き出されて,
　力もなければ助け手もない。」(86章9～10節)

「人みな, 己が兄弟から逃げ, 己が父から, 己が母から, 己が伴侶, 己が息子から逃げ出す日, 誰もかれもその日には, 自分のことで手一杯。」(80章34～37節)

「誰も誰の面倒見てやりようもない日。その日こそ, すべての主権はアッラーの御手に。」(82章19節)

人間はみな, この恐るべき最後の審判にそなえ, 行ないを義し, 主なるアッラーに帰依しなければならない。「儚ないこの世」の快楽に溺れず,「来世」の幸せを願い求むべきである。

「この世は, ただ束の間のたわむれにすぎぬ, 遊びにすぎぬ。来世こそ(まことの)生命。と言うても, 仲々みんなにはわかるまいが。」
　　(29章64節)

「いや, それなのにお前らは儚ないこの世がいとしいか。来世の方がどれほどましか, どれほど永いか知れないのに。」(87章16～17節)

**マホメットの新しさ**　　先に見た当時アラビアの社会的・宗教的状況か

---
[6]　コーランの訳はすべて, 井筒俊彦訳『コーラン』岩波文庫　1957による。

ら考えるならば，こうしたマホメットの預言がいかに画期的な要素を含むものであったか明らかである。

まず第1に，マホメットの説いたアッラーの神は，全世界全人類の原初（創造）から終末（審判）に至るまで，すべてを支配する神，つまり部族・氏族・親族等あらゆる血縁的つながりの埒外にあり，それを超越する神であった。マホメットは神から遣わされた最後の預言者であるが，そのかれといえども，絶対の神の前には一個の人間にすぎないとされた。

第2に，最後の審判の彼方なる「来世」の究極的価値が強調され，「この世」の価値が全く引き下げられている。もし，理想世界と地上の現実世界との関係を，どうみるかという視点から，宗教的世界観を (1) 理想世界を現実世界からまったく切離し，別なところに求める型， (2) この地上の現実世界を具体的に理想世界につくり変えようとする型， (3) 与えられている現実世界はそのままながら，それを心のもち方により理想世界として受けとる型の三つに分けるとすれば，イスラムは第2の型として展開したのである。[7]

第3に，人間が，血縁の親族・氏族・部族等から離れた個人としてとらえられている。このことは，審判の日に神の前に立つのは各個人であり，そこではいかに親子・兄弟・配偶者といえども，互いに力になり得ないという，非情なまでの主張においてとくに明らかである。「人間の問題を解決するための条件を，人間のギリギリの点にまで，純粋化している」[8]ということもできよう。

---

7) 岸本，前掲書，pp. 88〜89。
8) 岸本，前掲書，p. 110. なお，コーランの次の章句も参照。
「自分の荷物（自分の犯した悪事）を背負っている者が，なんで他人の荷物を背負えるものか。背負った荷物の重たさに，誰かこいつを背負ってくれ，なんて叫んだところで，絶対に背負って貰えるものではない。たとい相手が親戚縁者だって，さ。」（35章19節）

要するに，神観，世界観，人間観のいずれにおいても，マホメットの教えは，伝統的なアラビア社会を特徴づけていた血縁的紐帯，部族中心の宗教・モラルからの飛躍的脱皮を示している。

マホメットの説く所は，このように旧来の社会構造や宗教観念と根底において矛盾対立するものであったが，その預言活動の初期にはあまり問題とされなかった。マホメットは，アラビアにさして珍らしからぬ巫者の一人と見なされ，妻ハディージャと僅かな近親を除いては，かれの言に耳を傾ける者がほとんどいなかったからである。しかしやがてかれのもとに集まる人びとが増え，それが一つの新しい集団を形作るようになるにつれ，メッカの支配者たちは，マホメットの預言のもつ社会・政治的意味合いの重大さに気づいたのであった。

かれらがマホメットを迫害するに至ったその動機については諸説ある。マホメットの一神教的教説が，部族伝来のいわゆる偶像崇拝的多神教と衝突したということも事実である[9]。また，クライシュ族の有力者たちが，マホメットの預言活動によって，カーバ神殿と結びついたかれらの経済的繁栄をそこねられるのを恐れた故もあろう[10]。が，より根本的には，マホメットとその教えを中心に漸次形成されてきた新しい集団が，伝統的な宗教と結びついた現実の伝統的社会構造そのものを脅かす性質のものであった，という事実こそ重要である。マックス・ウェーバーの表現を借りるならば，伝統的権威による「家父長的」支配体制と，新たな「カリスマ的権威」との対立であった[11]。

では，このマホメットの新しい宗教集団，つまり萌芽期におけるイスラム共同体は，いかなる性質のものであったか，またそれはいかに展開して

---

9) Cf. Tor Andrae : Mohammed, the Man and his Faith, trans. by T. Menzel, Harper Torchbook, 1960 (1st ed. Charles Scribner's Son, 1936), p. 119.

10) Cf. Gibb: op. cit, p. 26.

いったであろうか。

## 4 初期の信者達

**若き弟子たち** メッカ期におけるマホメットの信者は大部分奴隷や下層貧民であった，という説がかなり広く行なわれている。この説は，富裕支配階級と弱貧被支配階級との対立という形でメッカの社会構造をみ，マホメットを革命的な指導者とみなす見方と多く結びついている。たしかにこれは鋭い洞察を含むものではあるが，しかし一面の真理しか伝えていない。

モントゴメリー・ワットは，初期の信者および反対者をメッカ全氏族にわたって綿密に分析した結果，主な初期イスラム教徒は，次の三つの範疇のいずれかに入るとした。

(イ) 最良の諸家族――つまり最も影響力ある氏族の中の，また最も有力な諸家族――出身の青年達。

(ロ) (イ)以外の家族――より勢力の弱い氏族・家族――出身の人びと。その大部分は若者。

(ハ) どの氏族とも密接な関係をもたぬ人びと。これは比較的少数。

この分析から明らかなことは，ワットの指摘するごとく，「初期イスラムは本質において若い青年達の運動であった」ということである。大部分

---

11) Max Weber : Wirtschaft und Gesellschaft, pars Ⅲ, S. 753～7 ; H. H. Gerth and C. W. Mills (eds.) : From Max Weber : Essays in Sociology, ch. 8.

12) 笠間杲雄『回教徒』 岩波新書 1939, p. 10；
　　蒲生礼一『イスラーム』 岩波新書 1958, p. 64 その他参照。

13) W. Montgomery Watt : Muhammad at Mecca, Oxford 1953, p. 95.

の信者は，ヘジラ（後述）の時に40才以下であり，しかもその多くは，それよりも8年以上まえに既にイスラムに投じていたという。

さらに重要な点は，その青年達がたんに弱小氏族出身の者ばかりではなく，むしろメッカの最も有力な家族からも，かなり出ているということである。言いかえれば，メッカの実権をにぎり，マホメット反対の最右翼であったような人々の家から，マホメットのもとに馳せ参じた者が少なからずいたのである。したがって後のバドルの戦い[14]では，親子，兄弟，伯父甥が，両軍に分かれて，相戦ったケースすら見られた程であった。

こうしてみると，初期イスラム共同体は，伝統的な氏族・家族のきずなを超えた集団，血縁関係から離れたものとしての個人の自発的な集りであったと見ることができよう。その集団の紐帯は預言者マホメットの人格とその教えにあった。そこに集まった人びとは，家柄，出身階層のいかんを問わず，等しく平等の人間として扱われた。最初のムエッジン（礼拝への呼出しをする役目の人）がアビシニア出身の奴隷であったことは意味が深い。

**信者のつとめ**　　初期信者の間で行なわれた宗教的行為は，主として「礼拝」と「喜捨」であったと考えられる。[15]キブラ（礼拝を捧げる方向）や，日に5度にわたる公式礼拝の型は，後のメディナ時代に設定されたものであるが，メッカ時代においても何らかの形で集団礼拝が行なわれていたことは疑いない。礼拝はイスラム教徒にとって，唯一なるアッラーへの讃嘆と帰依の表現であり，今日に至る迄イスラム・宗教生活の中心をなす最も重要な宗教行為である。初期共同体では，マホメット自身がイマーム（礼拝の指導者）の役割を果していたものと思われる。

---

14) バドルの戦いは，ヘジラの2年後（624）に行なわれた，イスラム教徒とメッカ軍との初めての戦い。

15) 例えば「……ただ礼拝の務めをよく守り，定めの喜捨をこころよく出すことは怠らぬようにな」（コーラン73章20節）その他参照。

「喜捨」も，敬虔な信仰の表現であると共に救済への道をなすものとして，礼拝に次いで重要な行為とされている。初期においては任意的な喜捨がすすめられたようである。が後に，喜捨は宗教的であると同時に法律的な義務として制度化され，一種の宗教税のごときものに発展した。喜捨の用途については，コーラン（メディナ啓示）は左のように規定している。

「喜捨の用途は，まず貧者に困窮者，それを徴集して廻る人，心を協調させた人（これは後になって回教に入ってきた人たちへの慰撫政策である），奴隷の身受け，負債で困っている人，それにアッラーの道（回教の伝播活動をさす），旅人，これだけに限る。」（9章60節）

このうち，孤児，貧者，奴隷に対する慈善行為の勧めは，すでに初期の啓示にしばしば繰り返されている。

右の「礼拝」と「喜捨」の他に，やがてラマザーン月（イスラム暦の第9月）における「断食」，メッカの聖地への「巡礼」，及び「信仰告白」の三つが加わり，「イスラムの5基」として制度化されるに至る。

これら宗教的行為に対して，信仰箇条の方は，「アッラー」，「天使」，「経典（とくにコーラン）」，「預言者」，「来世」，「天命」への信仰が，いわゆる「信仰の柱」あるいは「イスラムの6信」として，後に制度化される。ただ，アッラー，来世，預言者への信仰は，メッカ期においてすでに顕著であったことが，コーランを通してうかがわれる。

**危　機**　さて，マホメットの勢力が次第に強くなるにつれ，メッカの支配者との対立が，ますます激しくなった。かれがその困難な状況の中

---

16) 例えば「自分の財を惜しまず出して身を浄め（信仰のために進んで喜捨し），誰に恵みをかけるのも，お礼ほしさのためでなく，ただひたすらにいと高き主の御顔を乞い求めて…」（92章18～20節）等参照。

17) 金銀，家畜，商品等に対しては2分5厘，農産物に対しては1割すなわち十分の一税が課せられた。大久保幸次『コーランの研究』刀江書院　1950, p.38。

18) 例えば，89章18節，90章13～16節，93章9～10節，107章2～3節 など。

で，反伝統的な預言活動を続けることができたのは，皮肉にも伝統的な「血の復讐」を原理とした家族・氏族の血縁的連帯性の力によるものだった。したがってマホメットの危機は，かれの最大の協力者であり擁護者であった妻ハディージャと伯父アブー・ターリブの 2 人を相次いで失ったことによって，決定的なものとなったのである。それはおそらく 619 年頃のことと推定されている。今やメッカでこれ以上公然と預言・布教活動を続けることは，マホメットの生命の危険を伴うのみならず，生まれ立てのイスラム共同体の存立自体をも危くすることが明瞭となった。

かくてマホメットは，622 年ヤスリブに信者の一団と共に移動することによってこの危機を逃れた。ヤスリブはメッカの北方約 300 km の所にある町で，この事件を機に，新たに「メディナ」（預言者の町）と名付けられた。このメディナ移住は通常「ヘジラ」と呼ばれ，イスラム発展史上の一大転機となった。イスラム教徒は，ヘジラの年すなわち西暦 622 年をもって，イスラム暦の元年としている。

## 5 ヘ ジ ラ

**ヘジラと出エジプト**　イスラム共同体の展開の上で，「ヘジラ」はいかなる意義を有するものであったろうか。今，ヘジラを，モーセの「出エジプト」，及び初期キリスト教共同体の形成と対比してみよう。

モーセを指導者とするイスラエルのエジプト脱出も，マホメットを指導者とするイスラム信者のメッカ脱出も，形においては，共に迫害を脱し新しい宗教的共同体の自覚的な確立に至る前段階として，共通した面を有している。しかしながら，少し立入って考察してみると，直ちに重要な相異点のあるのに気づく。

すなわち，「出エジプト」においてモーセによって率いられた集団は，本質において血縁の関係を基礎とするものであった。それはいくつかの部族に分かれていたが，共通の祖先アブラハム，イサク，ヤコブにさかのぼる。しかも，エジプト脱出後，シナイ山においてヤハウェの神と「契約」の関係に入るにおよび，明確に一つの「民族」として結合されることにな

メッカに集まった巡礼（中央は聖石カーバの神殿）

る。これに対してヘジラの場合，マホメットはその部族たるクライシュ族を率いたのではない。血縁によってではなく，信仰を中心として個人単位で結びついた集団と共に，メッカを脱出したのである。イスラムにおける「契約」は，あくまで神とその新しいイスラム共同体との間の契約であり，神とクライシュ族またはアラブ族との関係ではなかった。したがって，イスラエルの場合，「出エジプト」は，共通の祖先に遡る血のつながりに基づく所の集団の連帯性を強化したのに対し，イスラムの「ヘジラ」は逆に，血縁的部族の連帯を決定的に破るものとして働いた，ということができよう。では，「新しい契約」[19]に基づく初期キリスト教共同体の形成と比べたらどうであろ

---

19) 「新しい契約」の思想は，すでに旧約のエレミヤ書31章31節以下に見られる。キリスト教では，イエス・キリストの死と復活を通して，神との新しい契約が成就されたとする。詳しくはキリスト教の章参照。

うか。

**ヘジラと初期キリスト教会**　パウロの数ある重要な功績の一つは、キリスト教共同体——イエス・キリストを信ずる者の集り——を、ユダヤ民族という枠から完全に外したことである。この点パウロとマホメットはパラレルにおいて考えることができよう。[20] しかしながら、パウロのきずいた初期キリスト教共同体は、一民族の紐帯から離れると同時に、第一義的関心を来たるべき世におくことによって、現実の世俗世界からも、原理的また実質的に分離したのである。まさに「カイサルのものはカイサルに、神のものは神に」であった。言いかえるならば、初期キリスト教共同体は政治的集団にはならず、その外側に世俗の国家を認める形をとった。教会と国家は——後に前者の後者への影響力が強まるとはいえ——根本において分化したものであった。これに対して、マホメットの創設したイスラム共同体は、宗教的であると同時に政治的な集団として展開したのである。イスラム共同体における教会・国家不分離の原則、宗教を基礎としながら国家そのものを形成する行きかたは、イスラムの歴史を通じて最も重要な特色をなすのであるが、その萌芽はすでに初期の共同体、少なくともヘジラ期におけるイスラムの集団において存在した。

この点をさらに明らかにするために、われわれは、メッカからメディナへ移った信者（ムハージルーン）と、かれらを迎えて援助したメディナの住民（アンサール）との関係を見なくてはならない。

---

20) キャントウェル・スミスは、キリスト教におけるイエス・キリストの役割とイスラムにおけるマホメットの役割とをパラレルにおいて考えるのは誤りであり、むしろパウロこそマホメットと対比しうるものであると指摘している。さらにまた、キリスト教におけるキリストの位置は、イスラムにおけるコーランのそれに当たり、聖書はむしろイスラムの「伝承」に相当するものと見ている（W. C. Smith: op. cit., pp. 25〜26）。

## 6 一つの共同体(ウンマ)

**メディナ憲章**　メッカの住民は大部分がクライシュ一族に属したのに対し，メディナの社会構成はやや複雑であった。一方にアウスおよびハズラジというアラブ部族，他方にユダヤ人の集団があり，また両者の中間に，人種的にはアラブ族に属するが，社会的，宗教的にユダヤ人と密接な関係をもった別のグループがあった。アウス族とハズラジ族は共に南アラビアから移住してきた部族であったが，両者の間には常に紛争がたえまなかった。たまたま620年頃，メッカを訪れた数人のハズラジ族の者がイスラムに帰依したのがきっかけとなり，マホメットの教えは1～2年のうちにメディナ住民の間にかなり浸透した。ただユダヤ人はごく少数の例外を除いて，改宗することはなかった。

アウス，ハズラジ両アラブ族は，長年の争いに疲れ，またユダヤ人勢力との対抗の必要もある所から，マホメットを紛争の調停者として迎えようとした。かれらのうちのある者は真にイスラムに帰依し，マホメットをアッラーの使徒として受け容れようとしたのであろうし，ある者はたんにかれを政治的に利用しようとしたに過ぎなかったであろうが，いずれにしても，ヘジラに先立ち，マホメットとメディナ住民との間に慎重な相談が行なわれ，相互協定が成立したことは疑いない。いわゆる「メディナ憲章」[21][22]

---

21) 伝承によると，最初，ハズラジ族の6名が帰依し，翌年（621？）そのうちの5人が他の7人（ハズラジ4人，アウス3人）を連れてメッカにきた。この時，第1回の誓約が行なわれた。次の年，メディナの殆どすべての家族に帰依者が出，総勢75人がメッカを訪れ，夜ひそかにアル・アカバにおいてマホメットに会った。この時，第2回目の，より重要な誓約が交された（アル・アカバの会見）。Cf. W. M. Watt: op. cit., pp. 144～5.

の少なくとも始めの諸条項は，この協定の実質的内容を盛りこんでいるものと考えられる。

その前文および第1条は次の如くである。

「これは預言者マホメットが，クライシュ族出身の信者，ヤスリブの信者，ならびにかれらに付き従い，共にアッラーの道のためたたかう人びとの間の関係を規定するものとして書き記した憲章である。

第1条——かれらは一つの共同体（Ummah）であり，他の人びとから区別される。」

これは明らかに，ムハージルーンとアンサール及びかれらの同盟者が，その出身部族，出身地の差異を問わず，イスラムの信仰を紐帯としてまとまった「一つの共同体(ウンマ)[23]」であることを宣言したものである。そこでは，旧来の部族間の対立が，信者と不信者との峻別によって，取って代られている。

しかし，この新しい共同体(ウンマ)は，古い部族・氏族的まとまりを全く解体してしまったわけではなかった。第2条から第10条に至る諸条項において，憲章は，クライシュ族，ハズラジの5氏族，アウス3氏族が，それぞれ「伝来の部族・氏族的慣行を保存する」ことを認めている。各部族，

22) 「メディナ憲章」は，イブン・イシャークの手によって保存された古文書で，ムハージルーン，アンサールおよびユダヤ人の間の協定を内容としている。その史料的価値は今日一般に認められているが，正確な成立年代は分らない。全体が成文になったのは，おそらくメディナ初期であろう。しかし，個々の条項についてみると，ヘジラ直前のもの，あるいは直後のもの，さらに後に付加されたもの等に分かれると考えられる。Cf. W. M. Watt : Muhammad at Medina, Oxford, 1956, chap. 7．

23) 「ウンマ」（Ummah）という語は，初期においては，部族共同体を意味する語 "qawm" とほぼ同じように使われていた。マホメットは，それぞれのウンマに神の預言者が遣わされると考えたようである（cf. 10章48節）。それがヘジラを境にして，"qawm" とは明確に区別され，宗教的共同体を意味するものとして用いられるようになった。

氏族の族長の権威も，それ自体としてはさして変わらなかった。つまり伝統的な部族・氏族という生活単位が，新たな共同体の中に吸収されつつ存続したのである。

　部族の同盟連合ということは，イスラム以前にもしばしば行なわれたことである。しかし，このイスラム共同体は，本質において旧来の部族連合とは異なる特徴を有していた。すなわち，共同体を支配する根本原理は，もはや血縁もしくは血縁の意識による連帯性ではなかった。憲章第13条には次のような規定がある。

　「神を恐れる信者達は，不正な，あるいは背信的な，あるいは敵対的な，あるいは堕落したる行為を，かれらのうちの誰れかが行なった場合，もしくはそれを企てた場合，その誰れかれを問わず，これに反対する。たとえそれが，かれら信者のある者の息子であっても，かれらの手はすべて，その者に対して振り向けられる。」（傍点筆者）

　**新しいきづな**　ここに明らかに，血縁的特殊主義（particularism）をやぶる，より普遍的な共同体の連帯原理が見られよう。個人は部族・氏族を越えた共同体に対し，直接責任を負った。同時に成員個々人は，その共同体によって守られた。「信者はあい互いに保護者である」（第15条）とされた。第11条は，全信者成員が「かれらのうちの負債ある者を見殺しにせず，これを援助する」義務を規定している。また第14条には，「信者は，不信者の為に信者を殺したり，また信者に背いて不信者を助けたりしてはならない」という規定がある。これは単に共同体の排他的傾向を示すものと見るより，血のつながりにもまして信仰上の結びつきを重視すべきことをうたった条項と解すべきであろう。メッカと対立関係にあった当時において，これは容易に理解しうることである。

　さらにこの共同体は，絶対の神アッラーおよびその預言者マホメットを首長に戴くという点で，従来の部族連合とは性質を全く異にしていた。ア

ッラーおよびマホメットの権威は，他に並ぶもののない絶対の権威であった。したがって「共同体内に，何か意見の喰い違いのある場合には，かならずこれを神とマホメットに尋すこと」（第23条）になっていた。先に見た共同体(ウンマ)成員の相互安全保障は，神アッラーと預言者マホメットの名において保たれた。よって，これは「神の保障契約(ディンマ)(Dhimmah)」あるいは「神とマホメットの保障(ディンマ)」と呼ばれた（第15条）。

以上要するに，ムハージルーンとアンサールとは，一方において古い部族的生活単位を保存していたが，本質的にはそれを破り越える新しい宗教を紐帯として，一つに結びついた。アラビアにおける伝統的な部族的団結が，信仰を中心とする結束に置きかえられたのである。しかもその共同体(ウンマ)は，単に宗教的なばかりではなく，きわめて政治的な集団であった。マホメットは，宗教・政治両面における権威者であり，かれのもたらすアッラーの言葉は宗教・道徳の範囲にとどまらず，広く政治・経済・社会生活の全面にわたる規範となった。後年のイスラム国家の「神政政治」の原形は，すでにヘジラの時に存したのである。

## 7 カ リ フ

**預言者の後継** イスラムの共同体(ウンマ)は，かく部族の枠を越えた信仰に基づく結びつきを根幹としていた。しかしながら，血縁の紐帯という要素は共同体(ウンマ)内において全く力を失った訳ではない。すでに見たように，メディナ憲章も旧来の部族・氏族のつながりを否定し去らず，かえってそれを包容していた。共同体(ウンマ)が拡大するにつれて，この伝統的要素は，再び重要な役割を果たすようになってきた。マホメット自身，メディナ啓示においては，「血のつながり」は「信仰によるつながり」より密接であるという教

示をもらしている。

> 「もともと血縁関係でつながる者同士は、アッラーの御規定によると、信者（メディナで新しく信者になった人びと）と遷行者（マホメットについてメッカからメディナに遁れて来た信者）の関係よりもっと近しいはず。」
> （33章6節）

　これはメッカ啓示においては全く見られなかった類の規定である[24]。おそらく、メッカのクライシュ族との和解を望んでの言葉と考えられる。この血のつながりを重んじる傾向は、マホメットの死と共に、一層顕著となった。

　マホメットの後を継ぐ指導者は「カリフ」（預言者の後継者）と呼ばれ、有力者の中から、選挙によって選ばれた。初代カリフにはアブー・バクル（632〜634）、2代にはウマル（634〜644）、3代ウスマーン（644〜656）、4代カリフにはアリー（656〜661）がそれぞれなった。注意すべきは、かれらがいずれもクライシュ一族の出身で、マホメットと近い血縁関係にある者だったということである。

　さらにクライシュ族の中でも、マホメットおよび4代カリフ・アリーの属したハーシム家と、3代カリフ・ウスマーンの出たウマイヤ家とが、共にカリフ相続権を主張して相対立することになった。ウスマーンが暗殺された後、アリーがカリフに選ばれたが、ウマイヤ家の有力者で当時シリアの太守であったムァウイアがこれに反対し、ここに内戦が起こった。結局、アリーの死に至るまで、メディナとシリアのダマスカスの両方に、2人のカリフがいるような形であった。ムァウイアはこの争いに勝ち、ダマスカスにウマイヤ・カリフ朝（661〜756）を築いた。そしてほどなくかれ

---

24) また8章76節も参照。
　「また、後から信仰に入り、家郷を棄て、お前たちと一緒に闘った人、そういう人びとはみんなお前たちの仲間じゃ。だがアッラーの規定によると、血のつながりのある者同士の方が互いにそれよりもっと近い。」

は自分の息子ヤズィードを後継者に指定し，カリフ選任を選挙制から世襲制へと切換えたのであった。

他方，アリーに従った一団は，ウマイヤ朝に反抗し，マホメット—アリーの家柄に属する者のみが，正統な共同体指導者であると主張し続けた。これがいわゆる正統派の「スンニー派」（伝承の民）に対する「シーア派」（アリーの一党）の運動である。ウマイヤ朝は90年続いた後，結局ハーシム家につながるアッバース一族によって倒された。だが，代わったアッバース朝（750〜1258）も，同じくカリフ世襲の原則の上にその政権を維持したのである。マホメットの有した「カリスマ的権威」は，あらゆる血縁の紐帯を超えかつ破るものであったが，マホメットの後継者カリフの地位は，このように「血のつながり」を基礎とする方向へと展開したのだった。

**その後のイスラム**　しかしその間，イスラム共同体自体は，国境を越え，人種・民族の障壁を破って広がっていた。イスラムがなぜこのように急速に拡大したかは，大きな歴史的問題の一つである。遠くセム族の昔に遡る「聖戦」の伝統の問題，宗教と結びついたイスラムの経済政策，アラブ民族の周期的な対外進出の問題等，重要な問題が多くあるが，ここでは論ずる暇がない。いずれにせよ，イスラム共同体は，その成立当初より宗教的かつ政治的な共同体であり，普遍的な信仰を紐帯としながら，人びとを政治的にも統合してゆく所に大きな特色があった。カリフは，血縁派閥の争いの焦点とはなったが，しかし「預言者の後継者」として，政治・宗教両面にわたる共同体統合のシンボルであった。12〜3世紀にはすでに顕著になったイスラム共同体の衰運は，あたかもカリフの無力化と軌を一にしている。今世紀に至り，第1次大戦後トルコ共和国が成立すると，カリフ制度は名実ともに廃止された。ここにおいてイスラム共同体統合の問題は，全く新しい局面に立ち至ったのである。だが，一つの信仰に基づく

「一つの共同体」という理念は，変転極まりない歴史の流れの中にあっても，イスラムの生きている限りなお働き続けるのではあるまいか。

(松本　滋)

# 第七章　インド人の宗教

    1　インドの自然
    2　社会と文化
    3　インド人の宗教

## 1　インドの自然

　インドは、アジア大陸の南部に、ヒマラヤの山岳地帯を底辺とした巨大な逆さ三角形をなして、海洋へ突出している。それは、アジア内陸との境壁をつくる山岳地帯、そこから流れでる大河の沖積地ヒンドスタン平野、その南に続いて、アラビヤ海とベンガル湾にはさまれる半島部のデカン高原、この三つから成りたっている。

　北部の山岳地帯を除いた大部分は、熱帯性気候の支配下にあり、夏になると、海洋から湿・熱の季節風が吹き、暑熱の雨季となる。冬は、乾燥した北東の風が吹き、一時しのぎやすい時期があっても、すぐ又、酷熱の季節となる。年間を通じて、一般に「暑い」というのが、インドの気候である。

　ここに現在、政治国家としてのインドがある。しかしそれは又、インド文化と呼ばれるものを担う母体でもある。

## 2 社会と文化

　今日インドの人口は，4億数千万に近い。それは，インド・アーリヤ族を中心として，多くの種族を混えた雑多な構成である。そこで語られる言語も，数百種の多きにのぼる。

　インドは，このように複雑な構成をもち，ある時期には，ヘレニズム世界やイスラム圏と，時には，中国やチベットと交渉をもち，更に近世においては，長く英国の植民地政策の下にあった。それにもかかわらずインドは，特色ある一つの文化圏である。インド人は，自らの文化を，ヒンドゥ (Hindū) として，他と異なることを主張してきた。

　元来，文化とは複合的なものであり，宗教もまた，文化現象の一つである。しかしインドにおいて宗教は，単に教義の上ばかりでなく，広く社会全般にかかわりをもち，政治，経済，道徳，慣習など，あらゆる他の文化現象を規制してきた。それは，カースト (Caste) という全くインド的な社会機構の特色に基づく。

　カーストとは，ポルトガル語の Casta に由来する。元来は，血統を意味するものであった。インドに移住したアーリヤ人と，黒色低鼻の先住民との間に，すでに皮膚の "色"(ヴァルナ) の相異から生じた種族的区別はあった。

　しかし後になると，これとは別に四姓の制度が確立し，更にその下に多くのサブ・カーストが派生すると，祭祀，婚姻，職業は無論のこと，食事や集会などの日常生活をも規制する厳しく煩わしい制度となった。[1] インド人はすべて，いずれかのカーストに生まれ，そこでの身分関係や禁忌の中で，パーソナリティを形成したのである。

　独立後のインドにおけるカースト制は，次第に改められつつある。しか

しなお，伝統的な力は根強いと言わねばならない。

インドに創唱された宗教は，このカースト制に立つか，或いはこれを超越するか，いずれにせよ，この問題を回避することは出来なかった。

**因果応報・輪廻・解脱** インド人にとっては，貧富，貴賤，優劣等すべて此の世のものは，創造の神の手になるのではなく，前世の行為（業 karman）の報いであると考えられた。現在は過去の行為の結果であり，未来もまた現世の行為によって定められると言う。人は，この法則にのっとって，今生によき行為をつとめ，よき次の生を得なければならぬと信じている。そのために，人はいくたびも生まれかわるのである。まことにインド人は，ガンガの水のように，流れて止まない生命を考えていた。しかし，その生々流転（saṃsāra）の繋縛から，いかに脱することができるだろうか。解脱（vimukti）ということが，インド人の大きな関心事であった。

酷熱の国・インドでは，自然は生をはぐくむ一方において，生物の努力を阻むものとして畏れられた。インド人は，自然に対して積極的に働きかけるよりも，むしろ，これを受けいれて耐えしのぶ態度をとった[2]。敢えて環境を打開するよりも，ある境地を悟得すれば，問題はおのずと開かれると言うのである。単なる個人を超えて，絶対の自我の自覚に立つことを重んじる民族性は，諦観的とも観照的とも言われる[3]。

沐浴や禅定の風習も，古くよりあったらしい。しかし祭祀階級が成立すると，禁欲，瞑想，礼拝など，さまざまな修行の定型が考えだされた。例

---

1) 四姓とは　Brāhmaṇa…………司祭族　　Kṣatriya………王　族
　　　　　　Vaiśya……………庶　民　　Śūdra…………奴　隷
後，社会の分化と共に，複雑な派生的カーストが生まれた。カースト外にあるのは，不可触賤民である。現在，典型的な四姓は崩れたが，最上級のブラフマンと，カースト外の賤民の意識は根強いという。カーストについては，マックス・ウェーバー『世界宗教の経済倫理 II』みすず書房　1953
2) 和辻哲郎『風土』全集第8巻
3) 中村元『東洋人の思惟方法 I』　春秋社　選集第1巻

えば，ヨーガはその一つである。インド人にとって「人間」とは，一神教世界のように，神に忠実なる「手足」ではない。修行を通して真理を体得し，直接に神になりうる，いわば，神の「容器」であった。

このような考えかたは，バラモン教以後，インドに成立した主な宗教に多少とも共通する点である。こうした諸特質がヒンドゥ主義(Hinduism)として，宗教を含めインドの文化を，他国のそれから区別してきた。インドの宗教は，インド的と言われるパタンをもっていると言えよう。

しかしそのインド的なるものも，インド原住民や，インド侵入初期のアーリヤ人に固有のものではなかった。まだかれらには，カースト制度や輪廻の観念はなかったのである。

## 3　インド人の宗教

**先住民族の宗教**　アーリヤ人移住前のインドには，すでに多くの原住民が集落を形成して，各自の文化を展開していた。ドラヴィダ人やムンダ人などである。それらとの直接的関係は明らかでないが，そうした古代文化の一つが，インド西北部のハラッパやモヘンジョ・ダロの遺跡である。インダス文明（B.C.約3000〜1500）として知られている。

それは都市生活と銅器文化を基調として，メソポタミアの文化との類似を思わせるが，その宗教生活は明らかでない。ただ出土した粘土板や印章の絵図から推察すると，母神崇拝や動物（特に牡牛）の信仰，生殖器崇拝

---

4)　岸本英夫『宗教神秘主義，ヨーガの思想と心理』大明堂　1958
5)　　概念で媒介しえない体得を重んずる。
　　この点で，インドの宗教は神秘主義といわれる
6)　Hinduism とはヨーロッパ人の用語。広義には，インド文化の特色を包括するが，最も狭義には，いわゆるヒンドゥ教をさす。

などがあったらしい。また大浴場の遺跡は宗教的な水浴でも行なわれたかと思われる。これらは、後世のインド人の信仰に関連するところもあり、興味ぶかい点である。

**ヴェーダの神々**　　先住民を征服しながらアーリヤ人が、西北インドのパンジャブ地方に侵入したのは、凡そ西暦前1500年から1300年頃と言われる。かれらは、大家族制度をとりながら牧畜農耕を主として、一部では手工業も営んでいた。

その宗教生活は、天、日、月、風雨、山川などの自然現象の神格を崇拝する多神教であった。そこには、以前かれらがコーカサスの野に遊牧していた頃の、素朴な自然崇拝が反映されている。

しかし、その素朴な信仰は、新しい風土への定住によって変化を生じた。この頃の消息を語ると思われるリグ・ヴェーダ(Ṛg-Veda)には、太陽神 (Sūrya)、曙光神 (Usas)、暴風雨神(Indra)、火神（Agni）などの名前が見られる。これらの自然神は、アーリヤ人の社会生活の進展と共に、当初の自然的色彩をうすくし、新たなる諸要素を神観に加えるようになった。例えば、天空の化神ヴァルナ (Varuṇa) が宇宙の法則や道徳の神となり、荒れ狂う風雨の神インドラが、英雄神となったようにである。

リグ・ヴェーダによると、神々の座は、天上、中空、地上に分けられる。そこにおける神々は、いずれも多様な職能をもち、それを通して人間の世界と深いつながりをもった。一般にヴェーダの神々は優しく、進んで人事に恵みをたれようとする。人々は、この神々に対し、ソーマ酒や乳や動物の犠牲を供え、讃歌を捧げて、その恩恵にあずかろうとした。この供犠を中心とした儀式は、火の神に供物をそなえる時に頂点に達した。そこで祈られるものは、多くは、子孫や家畜の繁栄、長命や怨敵の降伏、名誉

---

7) インド最古の文献。Ṛg とは讃歌、Veda は知識。後、バラモン教の聖典となる。

の獲得など，現実的な願いであった。そしてその際，その願いに応えると思われる神は，最大の讃辞をもってたたえられた。それ故にその神は，その時においてのみ，他の神々をぬきんでた最高神として仰がれるようになった。[8)]

こうした宗教儀礼の中心は，複雑なる供犠と祭詞であったから，やがて，それを専門とする司祭者階級の発達が促された。

このように西北インドに展開したインド古代の宗教には，火の崇拝や動物犠牲など，西方のイラン文化との関連こそ見えても，後にインド的と称せられるものは，いまだ熟していなかった。

**バラモン教**　インドに司祭階級が成立したのは，アーリヤ人が更に東進して，ガンジス河流域に，氏族農村社会を形成してからである。アーリヤ人の東進は，西暦前約1000年頃から始まった。

征服された原住民は，労働力として隷民となり，この上に，庶民，王族，司祭者の順で君臨した。この四姓は，伝説的な化生説で裏づけられ，司祭者バラモンが，政治や生産をになうものに優越して尊崇を集めた。[9)]

一方この時期においては，神観にも変化が現われていた。従来の神々の中から創造者の性格をおびた統一神が現われ，ブラフマー（Brahma 梵天）と呼ばれた。ブラフマーは，人格神であると同時に，宇宙根本の理法として，ブラフマン（Brahman 梵）とも称せられた。[10)]

バラモン教とは，ヴェーダの宗教の上に，このブラフマン信仰が，司祭

---

8) これを単一神観（henotheism）とし，更にその一神がその都度交代する故に交代神観（kathenotheism）とも言う。
　ヴェーダの宗教は多神教であるが，その中に，ウパニシャッドの汎神論的傾向とヒンドゥ教の一神観的傾向が示唆されている。
　Max Müller : History of Ancient Sanskrit Literature, 1859
9) 化生説は，リグ・ヴェーダの原人歌（Puruṣa-sūkta）にみえる。カーストの義務は，ダルマ・スートラ（Dharma-sūtra）などに規定されている。

者階級を中心にして展開した宗教である。その根本教典は，神々への讃歌や呪文を集めたものであり，総括的には，四ヴェーダ[11]と呼ばれた。しかし，それに加えて，なお幾つかの重要な教典がある。

その一つ，ウパニシャッド (Upaniṣad) は，別名，奥義書と言う通り，師弟間に伝えられる秘密の教えである。そこでは，最高神としてのブラフマンと，個人的な我（アートマン[12]）との合一が述べられている。個人は，己れのアートマンを知ることにより，宇宙的なブラフマンに還ることが出来ると言うのである。

これらの教典は，すべて神の啓示として絶対の権威をもった。以後，インドの宗教史を通じ，この権威に逆らうものがあれば，すべて異端と見なされた。

まえにも述べたように，厳しいカースト制度の中の人々は，現在あるところは，すべて前世の行為の結果であるという実感をもたざるを得なかった。過去・現在・未来にわたって，善行は善果を，悪行は悪果をもたらすと考えられた。それゆえに人々は，ヴェーダ聖典を学んで善業をつみ，カーストの義務を守り，祭祀を重んじ，幸福なる来世に再生すべしと説かれた。しかし来世においてもなお死がある故に，更に再び死なぬよう，早く梵我一如の境地に到って，この輪廻から離脱すべきだと言うのである。

しかし，その救いの途も，万人に開かれたのではなかった。隷属民たちは，ヴェーダ経典を学ぶことも許されず，従って宗教的再生の認められない一生族 (ekaja) として，永久に奴隷の身分から脱することは出来ないとされた。

---

10) ゼーダーブロームは，男性名詞の Brahmán を，呪力としてのブラフマンを行使するシャマンとみる。

　Söderblom : Das Werden des Gottesglaubens, 1926（三枝訳，岩波文庫下巻）

11) Ṛg-Veda, Sāmā-Veda, Yajur-Veda, Atharva-Veda

12) Ātman. 元来は気，息。転じて自我，霊魂。

こうしてバラモン教は，万人に普遍的な宗教ではない。それは，宗教的再生族（dvija）といわれるヴァイシャ（庶民）以上の宗教に過ぎない。特に，そこにおいてブラフマンを行使して呪術師化した司祭者・バラモンの宗教であった。

こうしたカースト制度に立った祭祀中心主義の傾向は，やがてバラモン教への不満となった。西暦前5世紀頃，ジャイナ教や仏教などの非バラモン的宗教は，こうした気運の中から起こったのである。

**ジャイナ教** 同じく輪廻や業の思想に立ちながら，それからいかに解脱するかという点で，バラモン教の祭祀主義にあきたらなかったヴァルダマーナ（Vardhamana, B. C. 448～377頃）は，ベンガル州北部の王族の出身である。30才で出家し，苦行の結果大悟してマハーヴィラ（Mahāvira 大勇）と称せられた。[13]

ジャイナ教（Jainism）とは，苦行によって欲望にうち克った勝者（Jina）の教えと言うことである。その説くところは，人間が業の繋縛から脱するためには，禁欲的苦行によって古い業を断滅し，新しい業の発生を防ぐ以外に途はない。そのために出家して比丘となり，修行に徹底すべきだと言う。その修行に関する厳しい戒律も定められた。例えば，不殺生，不妄語，不盗，不淫，無所得の五戒である。[14] 特に不殺生戒（ahimsā）は重んぜられた。この戒律が徹底されるところ，ジャイナ教の比丘たちは，虫も殺すことができず，衣服をまとうことも許されず，裸体で乞食（こつじき）の行を送る外なかった。又，在家の信徒たちも殺生を恐れて生産業を離れ，商業に従事する傾向が多いと言う。[15]

このような禁欲的戒律に徹し，肉体を苦しめて魂の浄化をはかろうとする，そのこと自体は立派としても，それが進展する社会生活との矛盾を，

---

13) 伝説では，彼以前に23人の祖師がいた。
14) 五戒は仏教の影響。その他，三宝，聖地礼拝などに仏教の影響が見られる。

いかに克服するかが問題となった。1世紀ごろ，ジャイナ教団は，無所得戒を徹底する裸体派と，中道を主張する白衣派とに分かれた。[16]

**仏　教**　　仏教は，ジャイナ教の成立とほぼ同じ頃，シャカ族の王子，ゴータマ・シッダッタ（Gotama Siddhattha, B.C. 463頃〜383頃）の正覚によって開かれた。それは，覚れる者（仏陀 Buddha）の自覚の大系である（詳しくは，別章「仏教」を参照）。

一口に言うならば，仏教も又，果なき輪廻と業からいかに解脱するか，ということから始まったと言えよう。

本来すべて空なるものを，実在するかのように考えるのは，真理への無知（無明 avidyā）のためである。それゆえ人は正しい知恵（般若 prajñā）をもって，このことを自証しなければならないと言う。そこでは，バラモン教のように，ブラフマンとの合一でもなく，神々の救いを頼むのでもない。また，ジャイナ教のように，苦行によって霊の浄化をはかるのでもない。ただ人生の苦の根源を，自らの内に追求し，**無明を断つ**ことが，解脱への途であるとされた。仏教では，正しい修道法を精進さえすれば，何びとでも涅槃（nirvāṇa）の世界へ解脱できると説いたため，その教えは，カーストを超えて，王族や庶民，賤民にまで広まった。

ジャイナ教と仏教とは，互いに影響しあい，一見したところ，非バラモン的・革新的性格という点で類似する。[17]しかし，無我を主張し苦行を否認する仏教と，アートマンを認め苦行によるジャイナ教とは，同じく寂静の世界を理想としても，本質的に異なる宗教である。

今日のインドでは，両教の信徒数は必ずしも多くない。[18]両教のもつ理想主義的な出世間主義と，宗教的寛容とは，民間の俗信仰を混えて現実的な

---

15) ジャイナ教徒は商人，金融業者が多い。東亜研究所「印度の宗教信仰」1933
16) 両派は教理上では，特に異なるものがない。
17) 両教共にヴェーダの権威を否定したため異端（nāstika）とされた。
18) 宗教別人口表を参照。

**インドの宗教別人口**

(総人口 547,367,926人，除シッキム)

| | |
|---|---|
| ヒンドゥ教徒 | 45,329万人 |
| イスラム教徒 | 6,142 〃 |
| キリスト教徒 | 1,422 〃 |
| シ ク 教 徒 | 1,038 〃 |
| 仏 教 徒 | 381 〃 |
| ジャイナ教徒 | 260 〃 |

1971年国勢調査による

ヒンドゥ教と，外来の強烈な排他的一神教・イスラムの前に，不振を余儀なくされたのである。今日ジャイナ教徒は，主にボンベイ地方を中心として分散し，仏教徒は，ネパール国境地区やアッサム地方に少数見られる。しかし，多くのインド人は，ジャイナ教も仏教も，広い意味ではヒンドゥ教の一派として考えており，両教は案外，このような意識の下に，ヒンドゥ教徒の側からも好意ある態度で迎えられている。

**ヒンドゥ教**　マウリヤ王朝（B.C. 321～184）の出現によって，インドは一つの帝国として統一された。その全盛期のアショーカ王（約 B.C. 268～232頃在位）は仏教に帰依し，その保護弘布につとめた。しかし，バラモン教やジャイナ教にも寛大な方針をとったから，仏教以外の宗教が，特に排斥されるということもなかった。バラモン教は，前代以来不振だったとは言え，保守的な南インドの村落に地盤をもち，強い伝統の力をたもっていた。

その頃仏教界では，歴史的人間としてのゴータマが，久遠の仏として神格化され，偶像崇拝の気運が高まっていた。ジャイナ教団でも，教祖が崇拝され，両教共に有神論へ傾き，ようやく一つの曲り角に直面しようとしていた。

大月氏族のクシャーナ王国（140～288）が成立し，カニシカ王（在位約132～152）によって仏教の保護政策がとられると，このような異民族支配に対し，バラモン教徒の間に，民族宗教としての自覚が高まった。とくにマウリヤ朝以後はじめて，インド人による南北統一が，グプタ王朝（320～

520)によって完了すると，その中央集権国家の支配体制に即応して，カースト制に立つバラモン教の復興は目ざましかった。その信徒となった国王の保護下に，さまざまなバラモン文化が展開した。

こうして甦ったバラモン教は，原始バラモン教そのままではなかった。一般に，これをバラモン教と区別し，ヒンドゥ教 (Hinduism) と呼んでいる。

ヒンドゥ教は，ヴェーダやウパニシャッドの流れを汲み，古代の神話伝説を重んじながらも，原住民の民間信仰の土台の上に，仏教，ジャイナ教などの影響をうけ，殊に8世紀以後には，南インドに進出したイスラム教徒に対抗しつつ展開した。土着の俗信仰と習合して民衆に侵透し，国民宗教となって今日に及んでいる[19]。その間に，いくたの聖者や思想家が現われ，煩わしい程に数多くの宗派[20]が出現した。教義は，各派それぞれに差があり，その相異は，派祖の宗教的体験の差に基づく。しかし，ヒンドゥ教それ自体には，特定の創唱者は見当たらない。この点は日本の神道に似ていよう。

ヒンドゥ教の主なる神は，ブラフマー（梵天，創造神），ヴィシュヌ(Viṣṇu 維持神)， シヴァ (Śiva 破壊神) の三神である。この三神は，本来一体といわれながら，ブラフマーは実際の信仰の対象となることが少なく，他の二神が信者を獲得し，それぞれヴィシュヌ派，シヴァ派を形成した。

ヴィシュヌ神とは，もと太陽の遍照作用の神格化であり，シヴァ神は，忿怒の相をもつ死の神であり，又生殖にも関係ある神と言われる。それらの神々の相にふさわしく，ヴィシュヌ教徒たちは，かれらの神に絶対の帰依——バクティ (bhakti 誠信) を誓い，シヴァ派の教徒たちは，神を畏れ敬い，或る者は，苛酷な苦行を修めて，ヨーギン (yogin 瑜伽行者) とも呼ばれた。

---

19) 今日，ヒンドゥ教徒は国民の82%，1951 年国勢調査 (303,186,986人) に比較して，人口増もあり，信徒数は増加している。
20) 各派については，井原徹山『印度教』1943 p.235 以下 参照。

ヒンドゥ教では，この外に，これら神々の化身や配偶神，更にそのシャクティ (śakti 性力), その他さまざまな神格が崇拝の対象とされた。シャクティ信仰とは，宗教的儀礼に伴う性的愉楽に解脱を求めようとするものである。もともと原住民の性崇拝の伝統に立ったこの信仰形式は[21]，大衆を獲得するのに有力な手段となった。今日ヒンドゥ教寺院に，こうした一面を窺うに足る浮彫像の多くを見ることができる。

シャクティもバクティも，そしてヨーガの苦行も，つまるところは輪廻解脱の途であった。それを修する者には，何びとにもその途は開かれると説かれたところに，インド民衆への魅力があった。このためにヒンドゥ教は，インド民衆の大宗教となった。

しかし何びとにも開かれた解脱の途と言っても，カーストが否定されたのではなかった。ヒンドゥ教は仏教と異なって，カースト制そのものに反対したのではない。現実のカーストはそのまま肯定して，特殊な宗教的実践により，それを超えようとしたのである。超えるべきカーストは，むしろ前提として容認されている。インド人は回心によるよりも，カースト社会の一員に生まれることにより，ヒンドゥ教徒となるのである。

ヒンドゥ教がアニミズム信仰地区に広まる過程をみると，先ずその地の権力者層が，ヒンドゥ的慣習を部分的に模倣するのが始まりと言われる。かれらは，こうした習合を通してカーストを構成し，ヒンドゥ世界における正当性を得ようとしたのである[22]。結局ヒンドゥ教は，カーストの宗教と言わねばならない。それが，遂に民族宗教の枠を出ることの出来なかった一因である。

ヒンドゥ教徒の生活は，多彩な宗教的行事でおおわれている。月の祭儀は勿論，日中にても礼拝，沐浴，施食などを行ない，身心の清浄を保つこ

---

21) インダス文明にリンガやヨニ崇拝を思わせる遺跡がある。
22) マックス・ウェーバー，前掲書，邦訳 p. 63

とが定められた。かれらは好んで川や泉のほとりに祭場を設けた。そうした所が、神々の集う場とされたのである。神像を祀って、プージャー（pūjā）と称し、花や水や灯火をそなえて供養した。かつて火中に犠牲を投じたヴェーダの祭とは大変に異なる。

一方仏教の影響をうけて、聖地巡拝も盛んと

聖都ベナレスにおける民衆の沐浴

なった。特にヒマラヤに発するガンジス河は、「聖なる河」と信じられ、五体投地して礼拝し、聖河の浄水で沐浴、罪過を洗い清めんとする者が跡を絶たない。その中心は、ベナレスなどである。

**イスラムの影響** インドにイスラムが出現したことは重要な意味をもつ。8世紀初めより滲透しつつあったイスラムは、13世紀になるとインド社会に実質的な力をもち始めた。かれらは、インド国内に王朝を成立させ、仏教徒を迫害し寺院を破壊する一方、アッラーによる平等な救済を説いて、インド下層民を改宗した。しかしその際イスラムはインド人の習俗に融合し、インド的イスラムに変容をとげた。他方ヒンドゥ教も、イスラムの純一的信仰から影響をうけた。当時、インドに入ったイスラムは、神秘的傾

向の強いスーフィ教であった[23]。それは神・人合一を説く点において、ヒンドゥ教に似るところがあったから、両教の接近は可能であったのであろう。15世紀になると、ヒンドゥ教の内部に、イスラムの刺戟をうけて革新的気運が抬頭した。例えばカビール (Kabir, 1440〜1518) の運動である。

ヴィシュヌ派の修行僧ラーマーナンダの門人カビールは、ラーマ即ち梵を唯一神と崇め、カーストのみならず、イスラム・ヒンドゥ両教の区別をも撤廃して、もっぱら誠信(バクティ)による解脱を説いた。その教えは、ヒンディー語の俗語で説かれ、彼自身も織工として、世俗的職業に従いつつ布教したので、広く民衆の支持をうけた。

カビールの影響は大きく、その後いくたの革新的小宗派を生んだ[24]。今日では独立した別個の宗教とみられているシク教 (Sikhism) も、この中より生まれたのである。

シク教の開祖ナーナク (Nānak, 1469〜1538) は、最もカビールの感化をうけた。彼はヒンドゥ教の迷信をしりぞけて、イスラムの長所をとり、進んで両教の融合をはかった。その教えの根本は、一神ハリに対する誠信である。

彼の死後、弟子たちは、その師(グル) (guru) を尊崇の余り、弟子(シク) (sikh) の宗団を形成した。そこでは、グルに対する絶対的服従が守られ、やがてグルは唯一神の権化となった。

強固なる団結力をもつシク教団は、その後、イスラム王に対抗して戦闘的性格を強め、他のヒンドゥ教諸派とは別な発展をとげた。現在では、独立した一宗教と見なされる。

シク教徒は、ターバンをまいて剣を帯び、髭をのばして鉄の腕輪をはめる等、特異な服装をする者が多い。今日かれらは、主にパンジャブ地方を

---

23) Sūfism. アラビアの苦行的神秘主義にたつイスラムの一派。ペルシャに流行した。

24) これらに共通な点は、1. 唯一神崇拝 2. 偶像否定 3. 階級否認 4. 師の尊重 5. 俗語による伝道であった。しかし後には戒律がゆるみ堕落した。

中心とする西北インドに住んでいる。その剽悍なる性格から，かつてのインド土民兵の中核は，シク教徒出身者が多かったと言われている。

**キリスト教の影響とヒンドゥ教の近代化** インドへのキリスト教の伝来は古い。しかし組織的な伝道は，18世紀になってから開始された。[25] インドが英国の植民地となって後も，英国のインド統治方針は，信教の自由を認めていた。しかしヒンドゥ教社会の弊風については，キリスト教的人道主義の立場から，人身御供，幼児結婚，寡婦の焚死などを禁止した。イスラムの影響によるヒンドゥ教の改革は，主に宗派内に限られたが，キリスト教によっては，社会制度の改革が示唆されたのである。

19世紀になると，すぐれた一群の人々によって，ヒンドゥ教内に新風が巻きおこされた。

それは，インド古代の正統的信仰が，西欧的教養の下に，近代的発現をしたとも言うべきものである。

その萌芽は，ラーム・モハン・ラーイ (Rām Mohan Ray, 1772~1833) にみられるが，ラーマクリシュナ (Rāmakṛṣṇa, 1836~1886) からヴィヴェカーナンダ (Vivekānanda, 1862~1902) に継承された。[26] かれらは，熱烈なるヒンドゥ教の信仰に立ちながらも，すべての宗教は協和すべきであるとし，東西の精神的融合を主張した。特に1893年シカゴの世界宗教会議で，ヴィヴェカーナンダが行なった寛容と普遍主義にたつ新ヒンドゥ主義の演説は，大きな反響をよんだ。

こうした宗教指導者として，タゴール (R. Tagore, 1861~1941)，ガンジ

---

25) 6世紀にはシリア教会，15世紀にローマ・カトリック教が伝来し，18世紀にプロテスタントの伝道が開始された。
26) 伝道の中心となったのは，ラーイの「ブラーフマ・サマージ」，ヴィヴェカーナンダの「ラーマクリシュナ・ミッション」などである。特にラーイは，サティ（寡婦の殉死）やカーストに反対し，旧制度の改革に努めた。「ラーマクリシュナ・ミッション」は各地にスワミー（導師）を派遣し，ヴェーダンタ思想の普及に努めた。

ー (Gandhi, 1869〜1948), オーロビンド (Aurobindo, 1872〜1950) なども加えられよう。[27]

しかし眼を転ずると，今日，インド政府の努力にもかかわらず，広大な国土の中には，山岳地の未開族や，都市の困窮民が残存している。そこでは，宗教の原始的形態であるアニミズムや呪物崇拝が行なわれている。動植物信仰や特殊な秘儀，禁忌，降霊術，占星，予言などが盛んである。かつてラーイが，改革の対象としたような停滞した社会の一面がなお存続している。

インドの宗教は，ふかい哲学的思索と，このような呪術的信仰との両面を併せもっている。ヒンドゥ教徒の哲学者にしてインド共和国の大統領であるラーダークリシュナン (Radhakrishnan, 1888〜) は，「真の宗教は，永遠の生命を地上に実現する点で，社会理想主義と一致する」というが，今日のインド民衆にとって，かれらの宗教の近代化は，依然大きな問題である。[28]

**外来の宗教**　インドには，外来の宗教としてのキリスト教，イスラム，パーシ教(ゾロアスター教)などがある。これらの諸宗教の信徒数は，ヒンドゥ教に比すればきわめて少ない。かつて，ヒンドゥ教に対抗したイスラム教徒も，パキスタン分離 (1947) 以後は，総人口の10％をこえる程度である。これらの宗教については，おのおの別章でふれられよう。

(松本 晧一)

---

27) 蠟山芳郎『マハトマ・ガンジー』岩波新書，玉城康四郎「現代インド思想」(『インド倫理思想史』所収 1963)　等を参照。
28) ラーダークリシュナン・金谷訳『宗教における東と西』1959　p. 111

# 第八章 仏　　　　教

1　仏教のおこるに至った事情
2　シャカの一生とその教説
3　原始仏教から部派仏教へ
4　大乗仏教の興隆と仏教哲学
5　密教のおこりとインドにおける仏教の衰亡
6　諸国への伝播
7　仏教の特質

## 1　仏教のおこるに至った事情

**古いものから新しいものへ**　アジアの東南部に突出したインドに，仏教がおこってから，すでに，長い時代がすぎさった。インドは，東洋において，古来，異色のある文化が展開し，繁栄した国である。その文化や宗教については，すでに，第七章インド人の宗教でのべられている。そこで，この章では仏教がインドにおいておこるに至った事情について，いくつかの点について言及するにとどめる。

仏教がおこるまでのインドの文化は，伝統的なバラモン教を中心として，展開していた。古く，リグ・ヴェーダの時代から，梵書，ウパニシャッド時代にいたるまで，思想及び宗教の担い手は，バラモン階級であった。[1]

---

1)　インドの階級制度である四姓制度の最上位の身分で，祭式に従事する。

これに対して，紀元前5世紀ごろになると，漸く，新しい自由思想ともいえる非バラモン的思潮が胚胎する趨勢がでてきた。これは，インダス，ガンジス両河の下流地方において活溌となっていたが，この動向は，クシャトリヤ（武士階級）によって支持されていたものである。インドは，古いものから脱皮して，新しい時代に移り変りゆく一つの転機に向かっていたのである。

この動きは，一方では，ヴェーダの宗教のもつ，さまざまの俗信，あるいは迷信的要素に対して，不安と疑惑をいだきはじめていた人々の間に，新鮮な考えとして映じた。人間を，これにまつわる業と輪廻から解放するために，人間について探究し，人生について真剣にとりくんでこれを究めようという態度が，いつしか，人々の心に植えつけられていった。したがって，古きものの長をとり，新しいものの考えかたにこれを融合調和させてゆくような思想の出現は，現実の事態に迷いの心で追従していたインド人にとっては，まさしく，のぞまれたものであったのである。

仏教は，このような事情を背景にして一人の人間によって追求され，到達された体験の境地を基盤として成立した。もとより仏教の成立については，これにインドの自然的環境，インドの民族，インドの社会，そして文化が，たがいに相依り相たずさえて深い影響をあたえていたことは申すまでもない。

---

2) 非バラモンの思想家たちによる唯物論，7要素説，道徳否定論，決定論，懐疑論などがおこり，バラモン教に対抗した。中村元『インド思想史』p. 39 以下参照。
3) 業と輪廻については，本書 p. 121 以下参照。
4) ジャイナ教も，仏教と同じような背景のもとに起こった。本書 p. 126 以下参照。
5) 本書 p. 119以下参照。

## 2 シャカの一生とその教説

**その環境と人間**　紀元前500年頃のインドには，小都市を中心とする多くの国家があり，互にその勢力を争いながら，大は小を併合し，統一する状態にあった。その大国の中の一つコーサラ国[6]の西隣りに，ヒマラヤ山脈に南面して，シャカ族を中心とするカピラヴァストウ（城）があった。シャカ族は，政治的にも経済的にも，さほど勢力の強い存在ではなく，ラージャ（王）とよばれる最高統率者を中心に共和制をしいていた。仏教の開祖ゴータマ・シッダッタ（Gotama Siddhattha）は，ラージャを父として生まれた[7]。シャカという呼称はシャカ族から出た尊者シャカムニの略称である。本章では日本で一般に親しまれているそのよびかたをとくに用いたいと思う[8]。

シャカの誕生にからんで，いくつかの挿話がつたえられている[9]。それらはいずれも，のちの人によって創作されたものである。普通一般の人間と異なる次元におくことによって，その人のなしとげた業の偉大さを誇大し強調しようという意図のもとにつくられたものである。例えば，シャカが生まれる時，一人のバラモンがその将来を予言して，全世界を支配する帝

---

6) Kosala. マガダ（Magadha），アヴァンティ（Avanti），ヴァンサ（Vamsa）の3国とともに当時の4大国の一つ。
7) シャカの生年については，諸説がある。日本の仏教界では，おおむね紀元前566年としている。父はスッドダナ（浄飯王）であるが，これは専制政治国にみられるような王ではない。母はマヤ（摩耶）夫人。
8) 仏陀となってからの尊称には，覚者，如来，勝者，応供，正覚，世尊，釈尊等，数多くある。
9) 例えば，生まれおちるとすぐ四方に7歩ずつ歩いて，右手で天を，左手で地を指し，「天上天下唯我独尊」といったというごときもの。誕生偈参照。

王となるか，あるいは，出家して万人を救う仏陀となるか，いずれかであるといったとつたえられている。まことに，この嬰児の将来は輝しいものであるかに見える。しかし，この二つの地位は，当時のインドの上流社会においては，最高の理想であった。ラージャの子であるシャカには，この二つの道しか，あたえられていなかったと考えられるのであり，彼にとっては，弱小のシャカ族の統卒者としてよりも民衆を精神的に導く道の方がより適切であったのである。[10]

王族（クシャトリヤ）の家に生まれたシャカの日常は，物質的には，極めて恵まれ，何の葛藤もなかった。[11]ラージャの子として，身分相応の学問も武芸も身につけた。この環境をそのままに受け入れて，奢侈にふけり，無反省，無自覚に日を送ることも可能な状態であった。

しかし，シャカの内面の心がまえは，あたえられた環境をそのまま受け入れるには，やや深刻であった。成長するにつれて，シャカの心奥に人生に対する深い洞察をおこなう気質がはぐくまれた。このようなパーソナリティが，彼をして思索と瞑想に日を送らしめ，ついに出家するにいたったという見方もある。しかし，シャカの出家の動機は，もっと根強く深いものであり，それは，八方に根をひろげていた。

当時のインドを支配していたのはバラモン教である。したがって，祭祀階級であるバラモンの地位は高く，人間的にも尊いものとして，他の階級から区別され，尊敬されていた。一方，バラモン教は，その物質的な繁栄の裏付けとともに，宗教としては，やや堕落の一路を辿っていた。自然，民間信仰とむすびついて呪術や迷信が横行した。貧しい迷える人々は，人

---

10) 経典に，クシャトリヤの家に生まれた者が，大きな望を抱いて王位を求めても，財力が乏しければ破滅にいたるという意味のことがシャカの言葉としてのこっている。増谷文雄『仏教』参照。

11) 中阿含経第29 柔軟経 に，シャカの語りきかせた出家前の生活および出家の動機がある。増谷文雄，同上書　参照。

間の宿命とされた輪廻の業からのがれたいばかりに，これらにすがりつき，しかし，精神的には，何の効果もえることができなかったのである。

このような社会状態が，感じ易いシャカの目に映らぬはずはない。ラージャの子として武力で戦うこともできた彼であったが，力と力のあらそいをすて，[12]階級制による身分の区別をすて，すべての人間を苦から救うために，立ち上ろうとしたのである。人間生活につきまとう一切の苦と，未来永劫にわたって人間を苦しませずにはおかぬ輪廻からの解脱をねがうことがその希求する目標であった。

**苦行から成道へ**　結婚して子までもうけた29才のシャカが，奢侈な生活をすてて，沙門の仲間に，自ら身を投じ，苦行をはじめたのは，彼としては，べつに唐突のことではなかった。人生の苦に直面して，これに真向うからとりくみ，これを考えぬこうという決意は，単に，自らの苦に，どう対処するかというためだけのものではない。広くこれを，一般の人間の問題としてとりあげ，突込んで思索し，解決の道を見出そうとしたのである。それには家を出て，沙門たちとともに，修行の生活に入るより外なかったのである。

6年にわたる修行の生活は，けっして，生やさしいものではなかった。一麻一米[13]といわれる徹底した苦行の中に身を投じて，内心に襲いかかる煩悩とたたかい，これに耐え，ついにこれに打克った。長い精神的な闘争の末，シャカが究極的に到達した道は，苦行によって身をさいなましてえられるものではなかった。また，奢侈権勢愛欲に身をやつしていてえられる境地でもなかった。この双方をのりこえた境地，すなわち，極端な快楽主

---

12) 人は生まれにより聖者となるのではない……その行為により聖者となるのである……という経典の文句は，業の観念に通ずるものであると同時に四民平等を説く立場ともなる。

13) 一日に一粒の米と一粒のゴマのみの食事。

義でもなく極端な禁欲主義でもない。ちょうど，その中間をゆくことである。このことに気付いて，シャカは長い苦行の生活をすてた。そして，ブッダガヤ（Buddhagayā）の菩提樹のもとに静座して瞑想に入り，沈思のすえ大悟するにいたったのである。それまでに，だれも考えおよばず，だれも達しえなかった特殊な体験が，36才のシャカの上に展開したのであった。

**伝道の旅**　長い求道の修行のはてに，大悟の境地に入り，真理を体得して，自ら仏陀としての自覚をえたシャカは，自己の人間の問題の解決をえた。人生において，人間の直面するさまざまの苦を消滅させることによってえられる解脱の境地に到達したのである。それは，限りなく深く，はてしなく広がる宗教的体験の境地であった。その体験によって，シャカ個人の内奥には，一つの新しい，宗教的価値体制が築き上げられたのである。[14]

しかし，それは，どこまでも，一個の宗教体験である。そのままでは，だれも想像によってしか理解できないものである。この深い体験が客観化され，普遍化されるには，表現が必要であった。シャカが，自己のさとりの内容を，人に語りつたえるべく立ったのは，その意味でまことに意義のあることであった。[15]それなしには，仏教はついに成立しなかったからである。内奥の体験の境地を人に語ろうと，シャカは人を求めて出発した。そしてミガダーヤ（鹿野苑）において伝道の第一歩をふみ出したのである。

この時シャカが語りきかせたことは何であったか。それはまず第1に，中道の宣言である。そして人間のありかたの実相をしめす四諦と，その実

---

14) 宗教的価値体制については，岸本英夫『宗教学』参照。
15) 当初，シャカは自己のさとりの内容は，一般には，到底理解してもらえないものとして説法を思いとどまっていた。これをふみきらせたのは，梵天のすすめによると伝えられている。

践方法としての八正道であった。これらの内容については，のちに述べることとするが，ここに，シャカのさとりの内容は，はじめて，公にされたのである。仏教がその思想と体系との基礎を明らかにしたのである。この第一声を初転法輪とよぶ。

釈迦牟尼仏説法像

次第に，シャカの周りには道を求める人の数が増していった。その中には，沙門たちもあれば，一介の在俗の者もあった。このような人を相手に，シャカは，まず，心のありかた（機）からときはじめている。シャカの説法に耳を傾けるものは，みな，この最高の境地を理解することができた。短い間に，鹿野苑にはすでに 60 人の弟子が生まれた。シャカ自身も含めて，この大悟の境地を理解しえた者を阿羅漢と呼んでいる。[16]

人生の真相を正しくつかみ世界のありかたをはっきりとみることのできる境地に達した者は，すべて同じ資格を有する。シャカは，その中のすぐれた指導者であるが，絶対的な権力をもつ統卒者ではない。その意味で，自覚に達した弟子たちは，シャカの教えの内容を1人でも多くの人につたえ，これを導くために，それぞれ諸方へ旅立ったのである。そのために，

---

[16] 阿羅漢（Arhat）は，修行のすえ，仏教の究極目的に達した人をいう。阿羅漢にいたる修行の段階は，戒（戒を守った正しい生活），定(じょう)（精神の統一），慧(え)（さとりの智慧をうる）の三学である。

入信した者に，シャカに代わって戒をさずける権限があたえられた。[17]

　鹿野苑を基点として当時の大国マガダのラージャガハ（王舍城）を経てサーワッティ（舍衞城）[18]にいたるシャカの説法の旅は，さまざまの挿話や歴史にとんでいる。[19]この旅は，ついに，45年という長きにわたった。その間に，今日仏教経典に書き記されている教説の根本義は，さまざまの経路と形態をとって整えられたのである。

　しかし，このような偉業をなしとげたシャカも，一個の人間であった。老は身に迫り，死が近付いていた。自ら，その臨終の近いことをしりながら，なお，シャカは，教えの旅をやめようとはしなかった。肉体の耐えうる限り，病気とたたかって，道をひろめるのに余念がなかった。苦しい病状のもとで，シャカが最後にのこしたのは，「すべての現象はうつろいゆく。おこたらずに精進せよ」ということばであったという。これは，かつて，死期の迫ったことをさとったシャカが，弟子の1人アーナンダに向かっていった「自らをよりどころとし，他をよりどころとせず，法を燈明とせよ。云々」という言葉とともに，[20]シャカ亡きあとの弟子たちのゆくべき道を，簡潔直截に示したものである。

　80才のシャカは，長雨と湿気と暑熱の中に，静かに，その生涯をおえた。[21]その肉体の死は，生苦をはなれた安穏，炎の消えさった解脱の境地へとこ

---

17) この戒は，三帰依（仏法僧への帰依）を三たび唱えるというかたちでおこなわれた。

18) 雨季は旅に出ず僧院ですごすのが常であったが，舍衞城の郊外に富豪の寄進によって，たてられた僧院が，俗にいう祇園精舎（祇樹給孤独園）である。

19) その中でも注目すべきは，ガヤ山における「山上の説法」といわれるものであろう。これはしばしばイエスの「山上の垂訓」と比べられている。増谷文雄，前掲書等参照

20) 自燈明，法燈明のおしえ。或いは自帰依，法帰依のおしえという。仏教者の根本的態度を示すものである。

21) クシナーラーの沙羅の林で入滅した。

の 1 人の尊者をみちびき去ったのである。仏教の思想は，シャカのさとりを基本に，その死を契機として出発し，展開するのである。

**人生のありかた—四諦八正道—** 45年にわたる伝道の旅は，仏教の思想体系を基礎づけるに，極めて意義深いものであった。この間，説いて歩いたことの内容に仏教の根本精神が含蔵されている。もとより長い歴史的時間と，シャカに対する理想的憧憬が，シャカのさとりの内容を，さまざまに紛飾し，多くの枝葉を生じている。しかし，シャカが，人々を幸福にみちびくために，人びとに伝えようとした根本内容そのものは，いかなる歴史的経過も，価値的修飾もおよばないものである。

シャカの教えの出発点となったものは，中道の宣言である。

シャカは，かつて出家したとき，人間の苦に直面して，これを徹底的に追究するために，快楽の生活をすてた。しかし，沙門に身をやつしたシャカは，苦しい修行の生活を送りながら，ついに自らの人間の問題の解決には至らなかった。その挙句，彼が到達したのは，快楽にかたよることなく苦行に偏することのない中道をすすむべきであるということであった。快と苦は人生の両極端である。そのいずれにもかたよらないところに，人生の真の生きかたがある。

しかし，中道をすすむには，きびしい実践が必要である。どのように心をもち，いかなる態度で人生にのぞむか，それには，八つの正しい道（八正道，或いは，八聖道）をふむことが必要である。漢訳経典では，この八つを，正見（正しくものを見ること），正思（正しく思惟すること），正語（正しく話すこと），正業（正しく行動すること），正命（正しく生活をすること），正精進（正しく努力をすること），正念（正しく心をめぐらすこと），正定（正しく心をおくこと）としている。いわば，人間の生活態度の問題であり信仰体制を築きあげるための人間行動の実践項目である。

さて，人間生活を，快苦いずれへも片寄ることのない中道に保つために

は，この人間生活のありのままの姿を，とらえてみなければならない。もし，人生が幸福にみち，それに変わりがないものであるならば，人間生活に障碍となるものは起こらないであろう。しかし事実はどうであるか。生は苦である。老は苦である。病は苦である。死は苦である。憎いものに合わねばならぬのは苦であり，愛するものに別れるのも苦である。求めるものが得られないのは苦であり，人間生活を構成している精神的・肉体的要素（五蘊）は，すべて苦でないものはない。[22]

　それでは，このような人生の苦と取組み，これを解明して，苦の問題を解決するには，どうしたらよいか。それを説明するのが四諦（四聖諦）の思想である。

　四諦とは，苦集滅道という四つの人生のありかた，その真理（諦）を示すものである。上述したような人生における苦と，その原因，それをとりのぞく態度，そして，苦の克服に達する道の四つである。

　人間存在はすべて苦にとりまかれている（苦諦）。それは，一体どこに，その原因があるのか。何が苦を感じさせるものであるか。

　このような苦に，よって集るところの原因を考えるのが集諦である。ところで，一切の存在が苦であるのは，人間の心の中に，さまざまの欲望がひそんでいるからである。その中には，感覚的な欲望（欲愛）もあれば，生きたいとねがう欲望（有愛）もある。逆に，生きることを断絶したいという欲望（無有愛）もある。これらの欲望（渇愛）は，無限につづくものである。渇愛は人生の執着となり，煩悩の炎となってもえさかる。そして，この現実の人間生活の上に，苦というかたちとなって現われる。渇愛に限りがないゆえに，それの解決できない現実世界は苦にみちることになる。

　それでは，苦の原因である渇愛をとりのぞくことができたらどうであろうか。人間生活におけるさまざまの願望をすてさり，滅ぼし去ることがで

---

22）一切皆苦という。

きたとき，何ものへの執着もなくなり，苦はとりのぞかれるはずである。第3の滅諦は，この真理を解明する。

ところで，欲望を滅ぼし去るといっても，それは容易なことではないであろう。そのためには正しい実践が必要である。それは，先にのべた八正道を行なうことにある（道諦）。こうして，はじめて，快にかたよらず苦に悩まず，正しくものを把握する智慧（般若）をえて，無我の境地，涅槃寂静の世界に到達する。人生の根本的態度は，以上のように解明せられ，それによって，人間の幸福をうる道が教示されたのである。

**世界のありかた―三法印―** 人生の真相を正しくとらえるということは，一層根本的には，この世界のありかたを，どのようなすがたでとらえるかということにある。世界観の問題であり，同時に，人間のありかたの問題でもある。仏教では，これを，三法印とよんでいる。[23]

その第1は，諸行無常ということである。諸宗教で世界のありかたを把えるには，さまざまの角度がある。仏教では，世界を造物主によって造られたものとは考えない。世界における一切の現象は，因縁によってつくられ，常に，生まれては消えてゆく一つの流れを形成し，一刻も同じところにとどまることはない。この世界に生まれ出でたものは，そのままに存在することはない。必ず滅びゆくものである。諸現象（諸行）は常ならぬものなのである，ということである。[24]

この現実世界に恒常であるものは，一つもないという事実は，人生における苦を導き出す。すべての現象が無常であるために，人間存在は詮ずるところ苦に帰してしまう。楽しいことは，これをつづけたいという人間の根本的なねがいも，常に変化してやまぬ世界の現象の前には，やがて苦と

---

23) 三法印のたてかたは経典によって異なる。三法印に一切皆苦を加えて四法印とすることもある。

24) 諸行無常はさらに次のように分析され展開する。諸行無常，是生滅法，生滅滅已，寂滅為楽。

なるであろう。富みさかえた人も必ず衰えゆき，美貌の若さにはやがて老醜が訪れる。これが，この世界の実相であり，人間存在のありかたである。

第2は，諸法無我である。仏教の根本真理は法 (dharma) である。法は真理であり，また，いろいろの意味を備えている。根本的には，永遠の真理をあらわす究極の境地であるが，ある場合には，法則の意味に用いられる。仏陀の教えそのものをさして，法とよぶ場合もある。また，存在するもの一般について，これを法という場合もある。いずれにしても，どの場合も，根本真理ということを中心として，相互に関連し合っているのである。

諸法無我の場合の法は，存在するもの一般のことと考えてよいであろう。存在するものは，すべて無我である，というのが，この第2の考えかたである。この自分というものについて正しく考え極めるとき，諸行無常の現象通りわれという一個の存在はないのである。流れゆくすべての現象とともに，このわれも，わがもののすべても，常の存在としては存在しない。ところが，人間は，普通自分の存在にだけは確信をもっている。仏教では，人間を構成する要素を五蘊（五取蘊）と称している。人間の身体（色），感覚・印象（受），知覚表象（想），意志作用（行），意識（識）である。人間は，そのいずれについても，そこに，われという人間存在をみると思っている。しかし，それは，人間の迷いである。肉体のどの部門についてみても，精神のどの作用についても，「われ」という存在はないのである。「われ」というのは，肉体と精神の総合（五蘊）についてはじめてみることができる。しかし個々のものはわれではない。それをわがものと思うことから苦が出発する。真にこの世界を見，その真理を把握するものは，「われ」という存在を離れてみなければならない。この意味で諸法は無我である。

このように現象を把握することができれば，やがて，人間は，すべての人間的苦悩を脱し，煩悩の燃えさかる火を消して，理想的な境地に達しうるであろう。それは宗教的最高の境地である。涅槃（nirvāna）である。そこに至ることが，人間の問題の解決であり，人間の幸福を把握できる境地である。最高の理想的境地である。第3の涅槃寂静はこの境地を示すものである。

**もののありかた —縁起—** このような世界のありかたと人生の真相は，諸事物の存在のしかたにかかわっている。これを理論的にとらえたのが縁起観である。事物は常に，互に相依り相関係して存在するというありかたを表わすのを縁起という。人間存在を常にあやまった考えかたに基礎づける迷いは，人生の真のありかたに対する無知（無明）から出発する。無知なるがゆえに苦が生じる。その苦が何によっておこるかという根源をたずね，これを滅すれば，解脱にいたることができる。そのためには正しく事物の関係を把握しなければならない。

事物は，一つ一つが互に相依り相関係して存在する。歴史的な時間と関係して生滅する。したがって，事物の間の関係と，事物のおこるもととをたずね，それが相互に縁によって生じ縁によって滅しているということに目ざめれば，この世界のありかたがはっきり把握されるのである。「これあるによって彼あり，これ滅するによって彼滅す」という経典の言葉は，この真相を示しているものである。縁起観には，のちに十二支縁起という[25]

---

25) 縁起を十二の段階にわけて説明する方法。無明→行→識→名色→六入→触→受→愛→取→有→生→老病死苦。簡単に説明すれば，人生に対する無知（無明）から人間の行動（行）および意識活動（識）がおこり，それは自己という個体の感じ（名色）をもち，それゆえ諸感覚を活動させ（六入），欲の対象に接して（触）苦楽を受け（受），また欲望を増長し（愛）これが執着をうみ（取），一定の身分に対する固執となり（有），それが生存という生命の欲求になり（生），それゆえ老病死に対して苦しみをいだくことになる。木村泰賢『印度思想史』他参照。

考えかたなどが行なわれた。いずれにせよ，事物の存在に対する明晰な論理的分析を行なっているのである。

## 3 原始仏教から部派仏教へ

**教団の成立** 仏陀となったシャカのまわりには，日を数えるごとに，この教えにしたがう者が数をましていった。これらの弟子たちは，系統だった組織をもってはいなかったが，自然に，相集って集団を形成した。その当時，すでに，1000を数える教団ができていたとされている。この教団のメンバーは，出家をした比丘・比丘尼が中心であるが，広い意味では在家のままこの教えのもとに集って来た優婆塞（男），優婆夷（女）たちもふくまれる。もっとも，在家の信者は，出家とことなり，教団に対する義務も権利ももたない。ただ出家と同じく，戒律を守り，仏・法・僧の三宝に帰依することが要請されていた。真理（法）を体得して覚者となった仏陀と，その根本真理をあらわす法，そして，これを体得することを目ざして修行する人々，この三つの要素は，仏教にとって，欠くことのできないものである。これに対する尊敬が，まず，信者たちにもとめられたのである。

一方，出家した者にとっては，教団のメンバーとしての生活はきわめてきびしいものであった。身には少しの衣服しかまとわず，粗食に甘んじ戒律を守った。日常の起臥もきびしく規制され，一般信者からの布施がその

---

26) 成年に達するまでは沙弥，沙弥尼とよび，20才で具足戒（入団の儀式）をうけて一人前の比丘，比丘尼となる。

27) 出家に対する戒律はきびしく，その数も多い。その中，五戒（生きものを殺す，盗み，男女の道にはずれた行為，嘘をつく，飲酒の五つを禁ずる）は，男女，出家，在家に共通である。

生活の基礎をなしていた。当初は，雨期以外は旅に出て説教をするのがならわしであったが，やがて，僧院において修行することが多くなった。したがって，僧院を中心とする仏教教団のありかたは，社会的にも，大きな役割をもつものであった。

　仏教教団は，このようにして，階級制度のきびしいインドの社会において，徹底した人間平等主義をとっていた。それは，開祖である仏陀のおしえ，「人は生まれによって高貴なものなのではない」をその指針としていたのである。したがって，バラモン教の階級制度は，仏教教団内では通用せず，出家前の階級的身分は，何らの力ももたなかった。教団では，ただ，出家後の修行の実績がものをいったのである。

　また，政治的な理想としては，人民に対して暴威をふるう王の支配をさけて，自分たちの手で理想社会をつくることをめざしていたので，現実には困難が伴ったにせよ，少なくとも初期の仏教教団のメンバーたちは，教団による社会の精神的感化に重点をおき，これに心血をそそいでいたとみられる。仏教教団は，このようにして仏陀の入滅後は，次第に発展の途上にあった。とくに，政治的権力のつよかった地方では，著しい発展をとげ，やがて，単にインド国内にとどまらず，外国へものびてゆく機会をもつにいたった。その中でも，もっとも大きな展開をとげたのは，紀元前3世紀の頃，マウリヤ王朝のアショーカ王の時代である。

　仏教教団のことを，サンスクリットの音訳を用いて，僧伽（Saṃgha）とよんでいる。[28]

　**経典の結集**　シャカの死は，指導者を失った僧伽にとって大きな打撃であった。残された弟子たちにとっての問題は，シャカの教えをどう維持し，どうやって伝えてゆくかということにある。困難な事態を克服して，

---

28）僧というのは，インドでは僧伽のことで，4人以上の教団を意味する複数である。

シャカの意図を保持してゆくのが，残された者のすすむべき道である。そこで弟子たちは，長老マハーカーシャパ（摩訶迦葉，大迦葉），アーナンダ（阿難陀），ウパリ（優波利）らを中心として，今後のありかたについて協議をしたのである。そして，シャカが，45年の伝道の旅でのこした教えを，場所，時，対象，内容ごとに検討し，決定することが，まず行なわれた。一種の経典編集会議ともいうべきもので，500人の弟子たちが王舎城に集まって，これを行なったのである。こうして，シャカの言行をもっとも適確につたえる『阿含経』[29]と，戒律についての経典が，その基礎をあきらかにしたのであった。この集りを結集とよんでいる。

結集は，その後も何回も行なわれている。第2回からは，主として，仏教教団の内部の分裂や，誹謗に対して，これを退け，新たに仏教の教法と戒律を確認し，整理することが目的であった。長い時間に，次第につみ重なってきた夾雑物をとりのぞき，仏陀の教説の根本精神にもどすことが，その主要な目的であった。結集によって整備された仏陀の教説（経）僧伽の戒律（律），仏教の学問的研究（論）の三つを，三蔵という。

**アショーカ王の仏教興隆**　アショーカ王（阿育王 Aśoka, B.C. 268～232 在位）が生まれた頃は，ガンジス河を中心として，マウリヤ王朝が全盛であった。マウリヤ王朝は，アショーカ王の祖父の時代に，ナンダ王朝をほろぼして，その勢力を西南インドから，インド全域におよぼしたのである。仏陀の時代の大国マガダ国も，この時にマウリヤ王朝の支配下に入った。

アショーカ王は，青少年時代，狂暴な性格のもち主であった。はじめバラモン教を奉じていたが，即位後間もなく在家の仏教信者となった。その

---

29) 阿含経はサンスクリット Āgama の音訳。伝来したものの意。漢訳は長阿含経，中阿含経，雑阿含経，増一阿含経の四部。パーリ語では五部（長部，中部，相応部，増支部，雑部）である。この時に完成したのではない。木村泰賢『印度思想史』，『原始仏教思想論』，その他種々の研究書がある。

後，東南海岸のカリンガ国を平定したが，その戦いは，血なまぐさく彩られた。この時の惨状を目のあたりにして以来，王は熱心な仏教の帰依者となった。かれを目覚めさせたのは，慈悲の心であり，仏教のとく法の世界であった。それ以来，王の治政は理法の実現という理想目標のもとに行なわれた。国の経済・交通など，文化の進展に力を入れ，具体的には，治水，灌漑，道路の整備，旅人の為の施設等，公共のための仕事を次々にはこんだ。人間苦を離れて正しい生活を歩むように，貧しい者や病人には，すくいの手をさしのべもした。と同時に，仏教の精神を広げることを怠らず，各地，各処に経文の一句を刻んだ碑を建立した。また，寺や塔を建立

阿育王法勅拓本（カールシー）

し，仏教ゆかりの地に自ら巡拝するなど，仏教興隆にいとまがなかった。[30]

王の時代は，インドの歴史の上でも，大きな勢力をもった時代であり，

---

30) アショーカ王ののこした石塔その他で遺跡は1356年イスラム侵入の際，発見されたが，のちイギリス人プリンセプによって，1937年にはじめて解読され漢文資料との照合で王の時代のものであることがみとめられた。渡辺照宏『仏教』p. 16

その勢は，単に国内にとどまらず，遠く，国外にもおよんだ。遠くは，小アジア，エジプト，ギリシャ等に至った。王はその子を，セイロンに派遣したが，これが，セイロンにおける仏教の基礎をつくった。

仏教は仏陀の死後，マガダ国を中心として，主として，東部インドの都市の貴族や商人などの間に盛んであったが，アショーカ王の手厚い庇護によりインド全域から外国にまで普及したのである。このことは，仏教が，単に，民族宗教としてではなく，世界宗教として発展してゆく，その端緒をひらいたものとして，意義あるものである。

**仏陀の理想化**　シャカはその生存中に，真理を体得して仏陀，覚者となった。かれは人間でありながら，普通の人間ではなかなか到達しえない境地をきりひらいたのである。真理の具現者としての仏陀は，その意味では，人間をこえるすぐれた力の所有者である。

このようなものの考えかたは，何も，仏教に限ったことではない。およそ，きわだってすぐれた人間によって成就され，きわめられた境地は，やがて，その人間自身をも超人間的な境地に高めてしまう。万人と同じ次元では，その人格は把握できなくなり，そこに理想化した姿を描き出してしまうのである。シャカの場合とて，その例にもれなかった。人間シャカは，生前は，その温い人格で弟子たちに，直接感化を及ぼしていた。しかし，死後，時を経て，その面影がうすれ，更にまた，直接面識をうけた者が減ってゆくにつれ，一個の人格としての価値が消えて，それに代わるに一個の理想像ができ上っていったのである。神格化された仏陀観がそれである。[31]

このことは，また仏陀にまつわる数多くの本生譚をも生むにいたった。

---

[31] 仏陀自身が人間をすくうためにその対象に応じてかりに姿をあらわしたのが応身仏，仏になるための行をつんで，その報いとして功徳を授かった仏陀を報身仏，仏の本身である永遠の法を法身という。

仏陀になったシャカは，単に普通の人としての一生を送り，大悟したのではない。過去において，すでに，非常な善行，功徳を行なった結果，そのような力をそなえて，現世に生まれ来ったのであるという想定のもとにつづられたシャカの前世におけるいくつかの挿話である。これは当時，インドのバラモン教を支配していた輪廻の思想を基にしている。過去，現在，未来への時間的推移と，人間存在のありかたとの緊密なつながりかたが，一つの理想として，輪廻―業の束縛を脱した境地への憧憬となって，これをなしとげた人の理想化という形をとったものといえよう。

教理の上にも，理想的人間としての仏陀観は，大きな影をおとしている。従来，仏陀の到達した，涅槃の状態は，苦を滅することにより得られた。煩悩の火の消えた究極の境地である。しかし，このような最高理想の究極的境地は，理想の具現者である仏陀によってのみ達せられる状態である。普通一般の人びとは，いくら修行をつんだところで，この現世においては，到達できない。もし現世で体得できるとしても，それは，完全なものではない。

これに到るには，限りない努力精進が必要である。しかもその結果，達しうるのは阿羅漢の状態で，仏陀ではない。真に仏陀の状態に入るのは，死によってのみである。肉体の死によって，はじめて，すべての煩悩の火の消えつきた最高理想の境地がおとずれる。このような解釈が涅槃に対するいくつかの考えかたを生むにいたった。[32]

**保守派と革新派―上座部と大衆部―**　いずれの宗教であれ，施政者の保護ほどその教勢の発展に力をかすものはないであろう。アショーカ王時代の保護によって，仏教教団が著しい展開をとげたのも，その例にもれな

---

32) 部派仏教には，有余依涅槃（生存している内に涅槃にいたる），無余依涅槃（肉体の死によって涅槃にいたる）という思想がある。有余依涅槃はまだ完全なものではなく，修行の結果これに到達したのを阿羅漢という。

い。しかし，その勢力が拡大するにつれ，これ又，例にもれず，やがて内部に紛争がおこった。いずれの時代のいずれの集団にもみられるような保守派と革新派の対立である。教団の膨張が，ややもすると安易逸楽に流れるのを防いで，夾雑物をとりのぞき，純正なおしえと戒律中心でゆくために行なわれた結集で，高い知識をもった長老たち（上座）の意見と，これを承服しないで教団からの独立を叫んだ大衆とが，真向から衝突したのである。こうして，上座部と大衆部とが分裂した。[33]

この2派は，さらに紀元前100年頃までの間に，各々多数の部派に分裂した。上座部12派，大衆部8派が生じたというが，上座部の中では，説一切有部が，もっとも強力であった。[34]分裂した各部派は，それぞれ，自分の説が正しいことを主張し，これを権威づけるために，各部派ごとに，経典の再編集がなされた。そして，これらを更に注釈し研究する経典研究書ともいうべきものが，次々に作られていった。これをアビダルマ（阿毘達磨 Abhidharma 法の研究の意）と呼ぶ。部派仏教の時代は，国から経済的援助をうけ，広大な荘園を有して，何の不自由もなく修行専一の僧たちが多かったので，自然，教理の体系が考究されるようになったのである。しかしその結果，すぐれた「論」はでき上った代わりに，仏教教団は，いたずらに雲の上で霞をくって生きるような隠遁的でもあり，貴族的でもある性格をそなえるようにもなった。具体的な人間生活から足が宙にういてしまったのである。

以上のような部派仏教の成立は，歴史的必然性の上にたっている。仏陀

---

33) ヴァッジ族（Vajji）の比丘のたてた十種の新しい規定（十事）を非事として長老ヤサが援護したといわれている。
34) 一般に小乗二十部と称するが，そのうち上座部系統に犢子部，正量部，化地部，経量部，説一切有部がある。大衆部も，細かく分裂している。これらは，年月をかけて分裂していったものであること，また，南伝（パーリ語）と北伝（サンスクリット語）によって異なることを注意する必要がある。

の教説が，すぐれた宗教的価値を有しながら，歴史的経過のうちに，担い手である信奉者とその社会によって，自由に解釈されてしまったのである。仏陀の体験の境地は一つである。しかし，それをどう受けとるか，どう理解するかということになると，多数の異なった見解が生じてくる。かつてのさとりの内容は，抽象化され，理想化される。加えて，そこに個人的価値判断も付加される。教団の分裂は，かくして，起こりうべくしておこったものであり，それは，さらに，大乗仏教という別の分裂をもおこすに至ったのである。

## 4　大乗仏教の興隆と仏教哲学

**大乗と小乗**　上座部と大衆部の分裂から，数百年をへた頃，仏教の上には，また，著しい変化が生じた。大乗仏教の興隆である。

原始仏教の諸派は，その保持する教説の考えかたに多少の異同はあったにせよ，根本的な思想には，さほど変りはなかった。が，やがて，その中から，少しく変化のある展開をみせた流れがおこってきた。それは，主として，教団の大衆の中から生じて，次第により集って大きな勢力となったものである。この運動に参加した人びとは，自分たちのゆきかたに，確固とした信念をもち，この考えかたこそ，もっともすぐれ，大きく広いものであると考えたので，これを称して，大乗とよんだ。乗とは乗物のことである。そして従来の伝統的な部派仏教をけなして，小乗とよんだのである[35]。

大乗仏教が，古いものから派生して，新たな動きとなったには，原因となるものがある。仏教の歴史は，これを，さまざまに取扱っている。それ

---

35) 大乗（Mahāyāna），小乗（Hīnayāna）。大乗仏教の側から小乗とけなされるのをきらって，小乗の側では上座部（Theravāda）と称している。

らのもののいくつかをまとめてみると，概略次のようなことがいえるのではないか。

その一つは，従来，仏教教団に属するものは，出家在家の別をとわず，大体が社会的にも経済的にも高い階級の者によって占められていたことである。仏陀の根本精神は，人間中心であり，人間の属する身分をとわず，万人平等にあつかうところにあった。しかしながら，深遠にして高邁な仏教の教えを真に理解し，これを体得できるのは，やはり，ある程度の知識をもつ人びとに限られていた。真に教えを求め，輪廻の業からのがれて，人間の問題の解決をねがう一般大衆には，やや高嶺の花的な感があったのである。また，仏陀の教えの内容の論理体系は，四諦八正道，五蘊，六処，十二縁起[36]というように，その思想の展開が，極めて理路整然としている。仏陀自身は，直観的な直接体験によって体得した境地を，他に伝えるには詳細にわたる分析が必要であった。分析は明晰であったが，大衆にとっては，やや難解のものになった。

一方，論理的展開をみせる教説の内容が，ややもすると，教団の人びとによって，いたずらに記憶によって暗誦的に反復され，そこに，あまり深い探究も洞察も行なわれていないという実状が，一般大衆の目にも，生命のない理論のための理論としてしかうつらなくなってきた。これに対しては深い反省がなされなければならなかったのである。

第3は，従来の仏教教団における一種の個人主義にかかわる。仏教の教説は，自己，人間個人が，現実世界のありかたを注視し，理想的境地に至るための人間形成を行なうことを説いている。それは，一個の人間の完成を，外力にたのまず，自分の力で行なうことを示している。しかし，実際には，人間は，只一人生きるものではない。必ず，他人とのつながりをもち，社会との連関を保つ。自然，社会，文化との関係なしに，人間は生存

---

36) 仏教には，この外にも，数による観念の説明が極めて多い。

しえない。したがって，個人としての人間は，同時に社会人としての役割を担っている。ところが原始仏教における出家の考えかたは，これを無視するものであった。ただ一人出家修行の生活をして，さとりの境地に入ればいいという態度があからさまの者が多かったのである。自己のみならず，他をも導き，すべての人をして，人間をとりまく苦から救って彼岸に達せさせねばならないという自覚がなかった。したがって，社会とともに生きる大衆には，役にたたない面があったのである。[37]

大体以上のようなことがつみかさなり，やがて，大乗仏教成立への機運がかもし出され，たかめられたのである。それは，まさしく，大衆の中から自然におこってきた道を求める声であった。

菩薩　このような傾向の上にたった大乗仏教はその中心思想として菩薩の観念を抱いている。

菩薩道とは，人間が，自己をさとりの境地にもってゆくと同時に，他人をも，理想の実現におもむかせしめることをいう。自己の人間の問題の解決ばかりでなく，他の人びとの問題にも手をさしのべる道である。むしろ自己がさとりの境地に赴く前に，他人を救うことをしなければならない。したがって，小乗仏教が自利行であるのに対し，大乗仏教は，自利とともに利他をそなえた道であると称した。そして，この道を実践する人びとを，菩薩（bodhisattva）とよぶ。

菩薩には，貴賤貧富の差はない。人間誰でもあれ，多くの人びとをその人間の問題解決におもむかせることを誓願して，これを実行にうつしている人は，菩薩なのである。

菩薩への道は，誰にでも実践できるものでありながら，しかし，実際には，一般人にとっては，実現がなかなかむつかしい。その点から，自分が

---

37) これを声聞（仏陀のおしえをきいてさとる）という。また，自身でさとりに入るのを縁覚という。

菩薩になるのでなく，諸仏，諸菩薩を信仰し，それによって救われるという方法が考え出された。そして，真理の体得者であるシャカの外，過去世において，あらわれた七仏や，未来世にあらわれ，衆生を救うと想定される弥勒菩薩への信仰が起って来たのである。薬師如来，阿弥陀如来，大日如来が信仰され，また，菩薩も崇拝されて，観世音菩薩，文珠菩薩，普賢菩薩等は，それぞれの機能をもちながら慈悲の権化として，大衆の救済に力をかすというように，あつく信奉されはじめたのである。

　このような考えかたは，やがて，抽象的な理想像を具体化する方向へとすすむ。そして現われたのが，多数の仏像である。仏像の製作が，次第に仏教美術を生み，石塔，寺院等の建築とともに，東洋における大きな文化遺産となるに至った。[38]

　**大乗経典**　大乗仏教は，部派仏教の保守的形式主義に反撥するところに起こった一種の新しい動きである。したがって，これを担う人びとは部派仏教の固守する思想を打破して，自由な立場から，仏陀の根本精神を体して，これに基づく新しい教典を編み出した。『般若経』をはじめとして，『華厳経』，『阿弥陀経』，『大無量寿経』，『法華経』等，多数の大乗経典が出現した。[39] これらは，それぞれ，文学的な修飾をほしいままにしたもの，仏教説話をとり入れたもの，戯曲的作品などとその特色はさまざまであるが，一貫していることは，小乗の経典である『阿含経』が仏陀の言行録であるのに対し，一つの文芸作品的色彩をおびていることである。いずれもサンスクリット語が用いられている。以上のような大乗経典に対して，伝統派である小乗からはげしい非難と批判の声がおこったのは当然である。

　**龍樹と中観派**　このようにして，新しい経典をつくり，大衆の中に盛

---

38) 偶像崇拝的要素がつよくなったのもこれゆえである。

39) 般若経は空の思想を，華厳経は菩薩行を，阿弥陀経・大無量寿経は浄土思想を，そして法華経は久遠の本仏としての仏陀と，声聞，縁覚，菩薩の三乗が一つであるという一乗思想をそれぞれ強調している。

## 大乗仏教の興隆と仏教哲学 159

り上ってきた大乗の動きは、まもなく、1人の人の出現によって、哲学的な基礎をかためられるに至った。それをなしとげたのが、竜樹 (Nāgārjuna, 約150～250) である。竜樹は、大乗仏教がまず展開の萌しをみせた南インドの人である。はじめは外道(げどう)[40]に従事していたが、のち仏教に帰依し、大きな足跡を仏教思想の上にのこした。[41]

　原始仏教以来の考えかたに空の思想がある。それによるとあらゆる事物現象は、すべて空で、何ら固定的実体をもたない。大乗仏教でも、般若経典では、空観を重要視し、修行実践の基礎においている。竜樹は、般若経を研究し空を中心とする中論をうちたてた。中論では、現象界のすべての存在は、互に相依り相助けながら、空の状態にあるのが、真のありかたである。しかし、経験世界では、その空をよりどころとして存在をとく。それは矛盾である。諸法実相の世界、すなわち空の世界を理解しえてはじめて、中道の世界が開けるとした。この思想は、竜樹以後、ますます理論化体系化され、中観派として、大乗仏教に、一つの学問的裏付けをする役割をもったのである。[42]

　**唯識説**　一切存在を空として把握し、そこから出発する中観派のゆきかたに対し、人間の現実を直視して、その分析を体系的に行なった1派がある。無著 (Asaṅga, 約310～390)、世親 (Vasubandhu, 320～400) 兄弟によって大成された唯識思想である。

　原始仏教の教説は、人間存在のすべてに関するものであり、人間を綿密に分析し解明しているが、人間の意識下のありかたについては思いいたっていなかった。唯識派はこの点を中心にするものである。すなわち、現実の人間行動を左右するのは、意識下の自己のはたらきによるとして、意識

---

40) 仏教興隆前に行なわれた非バラモン教的色彩の強い思想。
41) 後世の仏教に著しい影響をおよぼしたので八宗の祖といわれている。
42) 竜樹の主著に『中論頌』、『十二門論』、『大智度論』などがある。

分析を行なったのであり，今日でいえば，さしずめ，フロイドやユングなどの深層心理学のごとき解明をしたのである。唯識は，諸法実相をあらわす空の原理について考察した末，諸現象が，現実にあらわれるのは，人間の心に可能性として存在する要素（種子(しゅうじ)）の力であるとする。種子は，有でもなく無でもない。実現可能の空である。人間が外界の存在をみるのは，その意識作用（識）によって実は空であるものを仮りのあらわれとしてとらえているのである。ところで，識作用は大別すると三種になる。現実の意識は五官（眼，耳，鼻，舌，身）に，意識を加えた六識としてあらわれる。しかし，人間は，さらに思量のはたらきがある，第七識末那識(まな)をもつ。そして末那識は，さらに，一層根本であるアーラヤ識（阿頼耶識）の作用によって動かされている。アーラヤ識は，すべての現象の可能因である種子の集合したものである。このように識（とくにアーラヤ識）の作用をはなれては，すべては存在しないということから唯識という説をたてたのである。[43]

**如来蔵思想**　唯識思想ほど盛ではなかったが，如来蔵思想も，この時代の仏教思想の特質を示すものである。

如来蔵とは，人間が如来となりうる可能性（仏性）の問題にかかわる。馬鳴(めみょう)（Aśvaghoṣa）の『大乗起信論』によってアーラヤ識論と融合して大成された。如来蔵では人間の心の本来の部分と活動する部分とにわけ不生不滅の絶対界と生滅する相対界との相互作用によって，一切の法のもととしている。[44]

以上のような思想を根柢において，その上に，数多くの学者たちの手に

---

43) 瑜伽行を実践する人びとによって行なわれたのでこの派を瑜伽行者派ともよぶ。唯識については『解深密経』，『大乗阿毘達磨経』にとかれている外，無著に『摂大乗論』その他，世親に『唯識二十論』『唯識三十頌』等の著作がある。

44) 唯識説の研究には，結城令聞『唯識の研究』等があり，如来蔵思想については玉城康四郎の研究がある。

よって，仏教哲学が築き上げられていった。それらは，主として，中国において盛んになり，やがて，日本にも伝えられて，研究された。かくして仏教は，この方面においては，学問的に著しい展開をみせた代わり，実践的にはやや手薄になった感がある。このことは，仏教が次第に別の面をきり開いてすすんでゆかねばならぬことを意味しているのである。

## 5 密教のおこりとインドにおける仏教の衰亡

**国の興亡とともに**　マウリヤ王朝のアショーカ王の時代が，インドにおいては，仏教の全盛期であった。当時仏教は，都市の貴族階級，商工業者，農民に信仰されていた。王家の人びとは熱烈な信仰のあまり，僧に多額の財を寄進し荘園をあたえ，塔をたてて舎利（仏陀の遺骨）をまつり，華麗な装飾をほどこした。それらは，仏教美術の粋をきわめ，今日もなお，ブッダガヤの遺蹟等に，その面影をとどめている。このように，マウリヤ王朝時代には，その勢にまかせて，仏教は経済的に厚い保護をうけたが，一方，これが原因となり，次第に，王朝が傾き，紀元前180年頃には滅亡してしまった。これに代わって，シュンガ王朝時代になると，仏教は王朝の保護のもとを次第に離れなければならず，プシャミトラ王時代には，バラモン教を信奉して，仏教を弾圧した。次のカーヌヴァ王朝（前1世紀）時代には，バラモン教復興の呼び声が次第に強くなってきた。[45]

　北インド地方では，ギリシャの侵入により，ギリシャ文化の影響がつよかったが，その中で，アフガニスタンから中部インドを支配したメナンドロス王（前2世紀）は仏教の信奉者であった。また，諸王の中には，ひそかに仏教に帰依する者も多かった。

---

45）こうして新しくヒンドゥ教がおこる。第七章インド人の宗教参照。

インド東南部は，カリンガ国の支配下にあった。ここでは諸宗教を差別なく崇敬した。

クシャーナ王朝のカニシカ王の時代（2世紀）は，北インドから中央アジア，イランにわたって勢力がのび，広大な領土のもとに，政治，経済，文化がさかえた。カニシカ王自身も側近ともども仏教に帰依し，莫大な財政的援助をあたえている。安定した社会の中で，僧伽は一種の不干渉地帯となり，保護をうけたので，修行実践には大いに役立ったが，この安定がやがて，無気力を生むのである。

戦いをくりかえしては，強者が覇をとなえて国を統一してゆくインドに320年頃に南北インドを統一した強力国家が生じた。グプタ王朝である。しかし，グプタ王朝があえなくくずれ去ったあと，ふたたび，分裂さわぎのインドでは，仏教は，ただ，政治的社会的状勢の変転に身をゆだねているばかりであった。したがって，仏教の社会的な勢は変転しながら，少しずつ衰運にむかい，これに代わって，学問的研究が次々にあらわれて，その理論的基礎を固めていったのである。しかしながら，仏教に，徹底的な打撃をあたえたのは，西洋における西ローマ帝国の滅亡（476）である。これにより，西洋との交通貿易が著しい衰運を来した。貨幣経済の没落により，産業資本をその背景にもっていた仏教は，衰勢を余儀なくされるにいたったのである。

このような時勢のもとに，仏教が，その活路を見出すとすれば，それは，別の方面への適応でなければならない。その適応は，没落したバラモン教や新興ヒンドゥ教におけるように，呪術的要素をとり入れ，民間信仰と混合した方向へすすむことである。かくして，一般大衆には，多くの帰依者をもっていた仏教に，密教がとりいれられるようになったのである。

仏教は，政治上の国の転変とともに，少しずつその運命をかえていったが，一般には，やはり，相当盛んに信奉されていたのである。

**密教のおこり**[46]　バラモン教は，その建前として，ヴェーダ聖典を持して，その権威のもとに，神観を展開させていた。一方，一般民衆の間には，さまざまの俗信が行なわれ，この双方がむすびついた新しい信仰形態が形成されていった。例えば，バラモン教の崇拝の対象であるシヴァ神やヴィシュヌ神は，独立して，その機能を強調する信仰の対象となったごときものである。ヒンドゥ教[47]は，このような情勢の中に，展開していったのであるが，その中の諸種の俗信的要素が，大乗仏教の中に流入して，新しい形態のものを形成するようになった[48]。歴史の変遷と，時代の推移による政治的・社会的状勢が，仏教の上にも著しい変化をもたらしたのである。原始仏教教団で，かたく禁止していた呪術密法が，その姿をあらわして，次第に仏教を変容させ，遂には，これを中心とする経典すら成立するようになった。ダラニ（陀羅尼 dhāranī）がそれである。

　密教は，もともと，古く，ヴェーダの思想の中にある。しかし，原始仏教は，仏陀によって，すべて外側の力のはたらきをたのむ方法を禁止されていたから，そこに入りこむ隙は，まずなかった。しかし，仏陀の入滅後，教団の拡大につれ，バラモン教からの回心者もその数をますと，かれらの日常信仰であったいろいろの呪法は，しらずしらずに仏教の中に潜入し，これにとけこんでいった。わざわいをしりぞけ，幸福をまねく呪法であるマントラ（Mantra 真言）がそのまま用いられるようにすらなったのである。これを真言陀羅尼という。真言陀羅尼の成立は，さまざまなかたちで密教の展開を促進した。呪文の口誦の方法や祭式，印契による呪力の発揮，絵画で曼陀羅を表現するなど，次第に，明瞭なかたちをとってきた。真言密教は，しかしながら，まだ，仏教の中の一つの流れにすぎなかったが，や

---

46) 密教については栂尾祥雲『秘密仏教史』参照。
47) 本書 p. 129 参照。
48) 大乗仏教の中，華厳経の哲学とむすびつき密教の形態をとるようになった。

がて大日如来を中心とする金剛乗（仏陀の教説を大日如来の説いたものと考えるゆきかた）をたてて、さかんにこれを行なうようになった。

これは、7世紀頃には、西部インドからインドのほとんど全域にわたってひろがっていった。

密教が、衰退したのは、整然と統一されたかにみえたその体系が分裂したことにはじまる。それは、煩悩の克服をせずに、これを肯定する方向にあったその教義から生じた挫折であった。すなわち、世俗的な要素のとり入れが、邪教的要素の跳梁に変化すると、左道密教として、人びとの享楽肯定の方向にむいて、一時繁栄した。しかし、やがて、自らの手で墓穴を掘ったごとく、次第に没落の運命を担っていったのである。

金剛界曼陀羅（カシミール）

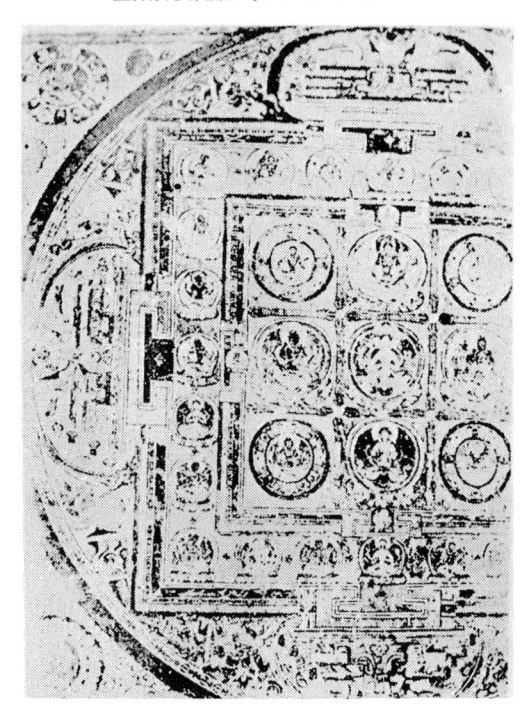

**インドにおける仏教の末路**　シャカが創唱して以来、原始仏教から、部派仏教への分裂、大乗仏教の勃興、そして密教への展開というように、長い年月をかけて、多種多様に変化し発展してきた仏教が、その発祥の地インドから去る日は、意外に早く来た。その直接の動機となったのは、ヒンドゥ教の興隆と、イスラムの侵入である。ヒンドゥ教は、信仰の力によ

って，下方からインドの人びとから仏教を奪った。8世紀から12世紀にわたるイスラムの侵入は，上方から，政治的・社会的に仏教の勢力を駆逐したのである。インド人の手になった仏教は，かえってその手をはなれて，他民族[49]の中へと進出し，結実していったのである。しかし，これは，仏教が，一民族をこえる世界宗教としての展開をなす一つの契機でもあった。

## 6 諸国への伝播

**アジア諸国への伝播**　インドから姿を消す前に仏教は東洋の他の国々へ伝えられることによって，その活路を見出していた。

アショーカ王の時代に，セイロンに伝えられたのは，上座部であったが，これは，のちにのべるように，東南アジア諸国へ入り，今日のいくつかの仏教国の基礎を開いた。

また，第1世紀の頃に，中央アジアでは，都市国家に仏教がさかんに行なわれていたが，南北をへだてる交通路にそって，北に小乗，南に大乗が行なわれていた。中国に伝わったものは，中央アジアからシルク・ロードを経て入ったとされ，のち，玄奘のように，インドに留学した中国僧や，逆に中国を訪れた鳩摩羅什(くまらじゅう)等によって，中国における仏教は，非常に発展した[50]。とくに学問的研究が活発であった。一方7世紀頃には，チベット，蒙古にも仏教の勢がのびていったが，これは主として密教系のもので，ラマ教として展開している[51]。

中国からは，南北朝のころ，朝鮮半島をへて，日本へ仏教が伝来した。

---

49) 現在，インドでは仏教の信者はまったくないわけではないが，その数は極めて少ない。
50) 第九章中国人の宗教参照。
51) 同　　上

当時の新しい大陸文化として，奈良朝には，大いに栄え，以来，日本文化の進展とともに，特色ある発展をとげている。[52]

東南アジア諸国に仏教が入ったのは，5世紀の頃からという。インドシナ半島の国々および，インドネシアに，大乗仏教が，まず伝えられた。ジャワやアンコールワットで盛んに行なわれていたのは，これである。しかし，やがて，イスラムの東南アジア侵入とともに，大乗系の仏教はほろび，これに代わって，セイロンに伝わっていた小乗仏教が行なわれるようになったのである。ビルマ，タイ，セイロン，カンボジャの諸国では，この時代に，上座部系統の仏教を国教と定めている。東南アジアの諸国中，ヴェトナムは，その歴史的影響もあって，中国系の大乗仏教を奉じていた。一般に，インドから北のアジアの諸国へ伝わったものを，北方仏教，南方へのものを南方仏教とよんでいる。

**現状**　ところで，仏教の現状は，どうであろうか。中国，日本は別として，セイロンおよび東南アジア諸国では，現在，仏教を国教としている国がある。これらの戦後新しく独立した諸国については，一般にまだ，組織だった研究がおこなわれておらず，内状をしる資料に乏しい。したがって，以下は，各国の仏教の現状のごく大要にすぎない。

**セイロン**　セイロンは，歴史的にも，仏教の伝来が早かった。したがって，アジアの国々の中では，典型的な仏教国である。僧の社会的地位が高く，政治への発言力もつよい。セイロンではパーリ語による経典を多数有している。これは，北方系のサンスクリット文献にくらべると内容も豊富であり，仏教研究の上には，重要な地位を占めているといえよう。

**ビルマおよびタイ**　セイロンにつぐ仏教国はビルマである。この国は，11世紀頃セイロンから上座部系統が伝来し，それまでの大乗仏教を追放した。現在，仏教を国教とし，85パーセントは，仏教徒ということであ

---

52) 第十一章日本人の宗教 Ⅱ 参照。

る。

　ビルマとならんで，タイも早くから仏教国であった。歴史的には，ビルマとまったく同じく，大乗から小乗に変った国である。タイでは，国王は憲法で仏教徒となることを規定されているという。国民の95パーセントが仏教徒で，僧を中心とした，日常をおくっている。寺院の数も多数にのぼり，仏教が制度的にもゆきわたっている。僧は，国民の崇敬のまとで，それだけに戒律生活もきびしく規制されている。仏教文化もさかんで，国民生活に仏教が深く透入している。

タイ仏教のプラケオ寺院（バンコック）

　タイには多数のヴェトナム人や華僑がいるが，彼等の奉じるのは，大乗仏教である。

　**その他の国々**　　ヴェトナム，カンボジャ，ラオス等の国々でも，仏教は盛んに行なわれている。これらの国々への伝来は，主として，華僑，タイ国人によっている。南ヴェトナムでは，とくに，中国系の仏教がさかんに行なわれている。これらの国々は，第2次世界大戦前は，諸外国の植民地であったから，その統治国の宗教の影響も強い。南ヴェトナムでは，カトリックの信徒と，仏教徒の衝突が絶え間なく行なわれ，政治上の問題をひきおこした。これは一例であるが，東南アジアの国々では，その政治のありかたが宗教にいちじるしい影響をおよぼし，宗教が政治に反映するの

で，歴史の回転のめまぐるしさとともに，進展，衰微の気運が，つねに目前に横たわっているといえよう。しかし，現在，上座部系の仏教をもつ国々では，仏教徒の生活は，きわめてきびしく規制され，戒律中心の生活がおこなわれている。[53)]

## 7 仏教の特質

　仏教は，人間シャカの究極的な体験の境地である真理の体得をその根本においてたてられた宗教である。これは，宗教としては，いかなる形態のもので，いかなる特質をもつものであろうか。この体系を分析してみたときに，それは，宗教の諸形態の中で，どのような類型に属するものと考えられるか。ここで，むすびの問題として，今暫く，これらいくつかの点について考察してみよう。

　**神をたてない宗教**　　その一つは，神観念の問題である。およそ，どの宗教においても，神という観念がつきものである。それは，宗教により，さまざまの形相を呈しているとはいえ，宗教にとっては，何らかのかたちの神観念，いわば，人間を超越したものの存在に対する意識は，重要な要素の一つとなっている。この点を仏教についてみると，仏教には世界の創造主としての神というような考えかたはない。造物主として人間を超越した神の存在を考えないから，したがって，人間を支配する唯一絶対なる者の存在もない。すべての人間は，同じ立場にたって，平等にとりあつかわれる。特殊な体験の境地に到達して，真理の具現者となった仏陀は，一個の

---

53) 例えば，ラオスでは小乗仏教が行なわれているので，僧はもっぱら求道に日をおくっている。ところが，となりの南ヴェトナムは，中国系の大乗仏教が行なわれ，政治に対する僧の発言力は非常につよく，よい対照を示している。

人間であった。一個の人間でありながら，その特殊性のゆえに理想化されてはいる。しかし，仏陀は，他の宗教にみられるような，「神」的存在ではない。この意味で仏教は，有神論的体系の宗教ではない。神をたてない宗教である。仏教の思想体系には，神観念は入っていない。後世になって展開した仏教の教派の中には，有神論的色彩の強いものもある。しかし，仏教の根本思想は，有神論ではない。

**人間中心の宗教**　第2は，世界観，人間観の問題である。仏教では，この世界を諸行無常という相でとらえる。現実世界は，一刻，一刹那といえども，けっしてとどまるところをしらない。たえずうつりゆき，創り出されてゆく。その世界の中に生を享けて，人間もまた，うつろいゆく。そこにはけっして，永劫不変の我というものはない。

諸行無常，諸法無我の世界にあって，人間は，どう生きてゆくか。仏教では，この点について，各自が，あたえられた環境をそのままうけ入れ，楽しきに溺れず，苦しきにまどわず，真直な心のもちかたによって，正しくものを見，判断することを教える。それに徹することが，人間の幸福をうる道であるというのである。人間が，諸々の要因でおこる人間の問題を究極的に解決し，人生の究極的意義をあきらかにするのにあたえられた方法は，仏教においては，人間自身の内面の態度のありかたにかかわってくる。ゆきづまりになった問題場面は，外力によって解決せずに，自己の内側から，環境のうけとりかたを変えることによって解決するのである。したがって，仏教においては，中心課題は，宗教的態度，信仰体制にしぼられてくるのである。

**信仰体制**　この信仰体制という視点にたって仏教の機構を考えてみると，これは，明らかに，内奥の境地を中心とする型に属するといってよいであろう。外側の超自然力にたのむことによって，切り拓くべき道を強調するのではない。ある理想をたててこれの実現に邁進するということに重

点をおく型でもない。また，自己を，大いなるものと融合一致させるところに，喜びと安心の境地を見出すものでもない。むしろ，仏教の強調するのは，自らの手で，新しい価値体制をきりひらいてゆくことによって到達できる境地である。仏教の中には，他の要素がまったくないとはいえないが，もっとも重要視されているのは，この点なのである。[54] その境地は，簡単に到達できるものではない。したがって，それに達する段階としての修行が要請される。仏教が，しばしば，キリスト教等の預言者的宗教に対して，神秘主義的宗教として考えられるのは，それゆえである。

**東洋文化の中で**　仏教は，その発生以来，主として，東洋文化の中で，その自然的条件，人間，社会を担い手として育ち，展開してきた。その思想の基盤となったものは，インドの文化である。と同時に，時間的推移と，環境の変化によって，仏教は，東洋諸国の異なる文化の中で，洗煉され成長してきた。インドに生まれた仏教が，その文化をはなれて，今日生きつづけているゆえんは，各時代の各国の文化の中に，仏教の根本的精神がみごとに生かされてきたからである。それは，仏教のもつきめ手であるその信仰体制が，担い手であるアジア諸国の文化とともに織りあげていったものである。

　民族をこえて，各文化の中にひろがっていった仏教は，世界宗教とみなされる。世界宗教でありながら，仏教文化圏は，やはり東洋にかぎられている。西洋において，仏教が注目されはじめてからまだ日は浅い。西洋文化に育った宗教とは異質のものが，東洋に胚胎した仏教には著しい。一口にいえば，これは，人間中心の宗教という点にあるといってよいであろう。

　　　　　　　　　　　　　　　　　　　　　　　（高木きよ子）

---

[54) 岸本英夫『宗教学』では，このようなタイプを諦住態と称している。本書総説参照。

# 第九章　中国人の宗教

    1　中国の風土と文化
    2　漢民族の宗教
    3　チベット人の宗教
    4　中国社会の近代化と宗教

## 1　中国の風土と文化

　アジア大陸の中央から東南にかけて，北は寒冷と乾燥の砂漠，南は湿潤の亜熱帯，西は険しい山岳，東には肥沃な大平野をひかえた広大な大陸，これが中国である。「茫々漠々」というような表現が，この国の言葉にあるように，まことに雄大な風土である。

　中国とは，もと漢民族が自らの国土をたたえた美称であり，それ自体，かれらの民族性を示す言葉である。西方の国々からは，China, Sina, Sin などと称せられてきた。今日では，中華民国（台湾）を含めて中華人民共和国を，一般に中国と呼んでいる。

　この中国は，隣接諸民族と交渉をもちながら，古くよりユニークな文化圏として発展してきた。西方文化圏に接地した大陸国家でありながら，種々な条件に支えられた中国の文化は，エジプト，バビロニア，ギリシャ，ローマ，或いは同じアジアのインドのそれとも，明らかな一線を画するのである。それは近年，比較文化や比較思想の研究が進むにつれて，特に明

らかにされてきた。[1]

ところで，この文化を創造した中国人とは，いかなる民族であろうか。今日，一口に中国人といっても，それは，きわめて雑多な人種の混成である。漢民族をはじめ，モンゴール・チベット人，満洲族，回族，ウィグル人など，その他数多くの民族から成る複合体が，中国人である。それゆえ中国文化もまた，複合文化と言わねばならない。

**漢民族とその文化**　しかしその中で，中国文化の担い手として最も重要な役割を果たしたのは，漢民族であった。かれらと，中国最古の人間といわれる北京原人との直接的関係は，いまだ明らかでない。しかし，少なくとも原シナ人（Proto-Chinese）といわれる漢民族の祖先は，アジア内陸で半遊牧・半農耕の生活をしていたらしく，新石器時代には黄河中流に進出し，やがて青銅器の使用と共に，農耕灌漑の技術と軍事力とによって，華北平野に進んだ。殷から周への時代である。春秋・戦国の世には，四川盆地に進み，秦の統一後は，江北一帯を支配し，五胡の侵入に際しては江南の地に移り，唐末には，更に南方の福建をひらき，清朝治下には，満洲，台湾に及んだ。

漢民族が主として活動したのは，新疆，蒙古，チベットなどの辺地から

---

1) 中国を含め東洋と西洋の比較思想的研究は，第1回東西哲学者会議（1939，ハワイ）以来，急速に進み，今日に及んでいる。

区別される，かつてのシナ本部（China-proper）である。この地帯は，南北にのびる秦嶺線によって，畑作中心の乾燥の華北と，水稲中心のモンスーン地帯・華中華南とに分けられる。俗に南船北馬という特色ある風土の上に，漢民族は幾多の王朝を変遷させながら，豊かな文化を築きあげてきた。初期の氏族制度の時代から征服・併合をくりかえし，中央集権国家を建設すると，専制政治の下に，すぐれた官僚組織，高度の貴族的教養体系を作りあげた。時には，北方の遊牧民王朝に支配されたこともあったが，文化の上では，むしろ逆にこれを同化し，周囲民族に対して，文化的優越を自負してきた。中華思想とは，この優越感の現われに外ならない。

　こうした漢民族の，旧中国における政治・経済・文化の全般を特色づけるのは，きわめて実際的，現世的な態度である。例えば，長城や大運河の建設から，瑣末な道徳・儀礼・呪術に至るまで，かれらの文化には問題の此岸的解決という方式が一貫している。それは，抗しがたい大自然の威圧にさらされながらも，可能なかぎりの工夫をこころみて，自然の運行に順応し，その恵みを受けようと努めてきた，長い間に培われた処世の術である。それゆえ現世の幸福のためには，執拗なまでの努力を惜しまない。しかし，ひとたびその限界を知ると，思いの外単純にあきらめる。「没法子」（メーファアズ）である。来世のしあわせは，殆んど問題にされない。かれらにとって未来とは，今日に続く現実の明日である。現世を超えた来世ではなかった。言いかえれば漢民族の文化的特徴は，人間中心的・此岸的であり，更にそこから派生して，個人主義的・個物的・即物的・形而下的・楽天的・実利的・形式的・伝統主義的などのものを含んでいると言えよう。[2]

---

2）　中国人の民族性については多くの旅行者の報告がある。思惟形式の特色については中村元『東洋人の思惟方法（シナ人の部）』選集第2巻参照。又，中国人の価値観については，旧中国では，個別主義的・所属本位の価値が重んぜられるという。パースンズ『社会成層理論への分析的アプローチ，再論』1954

**チベット人とその文化**　　これに対して西南奥地のチベット高原には，異なった文化の形態が見られる。平均標高4000mという高原に住むチベット人は，漢民族と一応区別される南方アジア系の民族である[3]。ヒマラヤに続く高地に，遊牧や原始的農耕をいとなみ，漢民族からは西戎として蔑視されてきた。異なる文化の民族を，すべて蕃人と評する中華思想の所有者から，このように蔑視されたこと自体が，チベット人と漢民族との間に，文化的差異のあった証拠であろう。

　チベット人の生活様式は，漢民族より蒙古人に類似する。かれらは天恵の少ない風土のゆえに，閉鎖的な部族社会を形成してきた。一妻多夫制の伝えられたように，人格的結合意識の稀薄なことが，かれら社会の特徴とされている。地理的にはインド文化圏にも接し，天険を縫うルートを伝わって，アジア西南方の文化にふれた。仏教の受容にあたっては，幅広くインド論理学をうけいれ，チベット語文典を作りあげた。チベット人の思惟の形式は，漢民族に比して，きわめて論理的であると言う[4]。同じ中国文化に属し，かなりの類似・共通点をもちながら，チベットの文化は，漢民族のそれとやはり根底において異質的である。

　**中国宗教史上の漢・チベット両民族**　　微視的にみれば，種族独自の文化の存在は，中国人を構成する他の少数民族それぞれについても主張されることである。しかしまた人種の違いが，そのまま文化の差であるとも限らない。多くの少数民族の中には，長い間に他民族の有力文化に同化されて，自らの文化的個性を失ってしまうものも多いからである。

　今日の「中国人」とは，政治的・国家的立場からの規定である。宗教現象を人間の営みとして考えるとき，「中国人の宗教」を担う主体は，政治的・国家的な中国人でなく，中国文化を担う中国人として捉えることが必

---

　3）　チベット・ビルマ族に属す。漢民族はモンゴリア種南系。
　4）　中村元『東洋人の思惟方法（チベット人の部）』選集第4巻　参照。

要である。その中国文化が，大きくは中国的特色で包まれながらも，なお内部において，漢民族とチベット人の文化とが対比的な特色をもつとすれば，宗教も又，この両民族の文化差を検討しながら考察されるべきであろう。

中国の宗教史を見わたすとき，かれらが果した重要な役割は二つある。一つは，かれらが土着の原始信仰から出発して，外来文化の影響をうけつつ，民族宗教たる儒教，道教を成立させたことである。他の一つは，仏教，キリスト教，イスラムなどの世界宗教受容にあたり，これらを自らの風土と生活に合うように，巧みに中国化して展開させたことである。大乗仏教，ラマ教，天主教などの展開である。

これらの点に，最も創造的な貢献をしたのは，漢・チベットの両民族であった。むろん他の民族にも，宗教的に注目すべき点は少なくない。しかし上記両民族ほどには，創造的意味での重要性はとぼしい。それゆえ本稿は，漢・チベット両民族を中心にその宗教を考察し，あわせて中国人全般の宗教にふれてゆきたい。

## 2 漢 民 族 の 宗 教

**儒教成立以前**　古くより東北アジア一帯の遊牧民の間には，アニミズムやシャマニズムの信仰が強く根をはっていた。数千年の昔，漢民族が半牧・半農の状態から，黄河中流の地に農耕民族として定住したころ，すでにかれらも，こうした文化に染まっていたと思われる。河や岳が，水神や山神として畏敬され，自然現象の中に，精霊・鬼神が認められていた。[5)]

中国最初の王朝・殷（B.C.約1400〜1100）の遺跡・殷墟から出土した甲

---

5) 多くは人面獣身の異様なる神相をもった。

骨文字をみると，王は，亀甲や獣骨を焼いて天意を占わしめるシャマン的存在であった。卜辞に「帝は雨をして年(みの)らしむべし」とあるように，風雨を主宰し，勝敗を制し，禍福を司る全能な存在・帝が信ぜられ，巫祝たる王が帝の神意を占う，一種の神託政治が行なわれていた。帝は上帝ともいわれ，いまだ殷代初期においては，具体的な人格神としての様相を示さなかった。アニミズム的な多神観の中に，ただ優位をしめるものと考えられていたにすぎない。

しかし時代が下ると，殷民族に対する帝の守護神的性格は，もっぱら祖先の力と考えられ，祖先を呼ぶ場合には，「帝某々」と称するようになった。農耕を基本とする殷の氏族社会では，土地穀物の神（社稷）を祀ることと共に，宗廟の祖霊に豊作や外敵からの加護を祈ることが重要だったのである。こうして帝は，殷人の宗祖神として，氏族的祭祀共同体の中心となった。

アジア内陸の民には，早くより天神崇拝があった。殷末から周（B.C. 1120〜256西周亡）の初期，至上神としての天の称号が現われた。周における中国的封建制の発展と共に，天に万物を支配する人格神的性格が強まり，これを頂点とする多神観のヒェラルキーが成立した。天は普遍的な支配神となり，超氏族的性格をおびて，政治・道徳の原理へと発展した。そして人間に天命を下し，王や王国を監視し，人間の世界の長たる王によって，祀らるべきものと考えられた。後に王は，天の子・天子と称するようになった。

こうした天の思想の変化は，周人の天神崇拝思想と，封建国家体制からの政治的要請とが重なったからであった。周の為政者たちは，天の信仰に

---

6) 卜辞 363 片。
7) 殷の文化については，貝塚茂樹『古代殷帝国』1957 参照。
8) 石田英一郎『文化人類学ノート』1955

徳の観念を結びつけ，治世の策とした。徳ある者には，天の加護があると言うのである。こうした伝統は，「徳を修めれば，天の助けにより身は安らかに国は治まり，天下は泰平である」という思想を固定した。他方，周代でも，祖神崇拝は盛んであった。封建制度下に宗法が生まれると，本家の家長・宗子は，宗廟において宗祖神を祀り，宗族の団結をはかった。王の宗廟は国家的なものであり，王の祖は天帝に併祠された。もともと周の封建制は，血縁関係に基礎をおき，祖先崇拝は，社会構造の上からも支えられていたのである。宗廟が祭祀の中心となり，その祭祀に伴い，種々の礼が定められたと推察するのも難くない。

このようにみると，周代には，天及び祖神崇拝の中に，後年の儒教成立につながるものを感ずることが出来よう。

**儒教の成立**　周室東遷以後の中国社会は，春秋・戦国の時代（B.C. 770〜220）と言う。この5世紀間は，中国社会が分裂・動揺した時代である。覇道を唱える諸侯は，富国強兵の名の下に人材を集め，政治体制の強化をはかった。一方，宗法や氏族の力が衰えて身分秩序の変化が生じ，動乱の中から自覚をうながされた新たなる知識階級は，この人材登用の波にのって，政治社会への進出をこころみようとしていた。とりどりに主義・主張の花が咲き，思想は絢爛たる対立を競った。

孔子（B.C.551〜479）が出現したのは，正にこうした春秋の世の末である。[11]彼が説いたところは，治者階級の政治的実践の道徳であった。忠恕という実践を通して，理想的人格たる仁者・聖人への完成を念願とし，まず身を修めることから出発して，漸次，国家天下の治に及ぼうとするのであ

---

9）　郭沫若「天の思想」（岩波講座『東洋思潮』）
10）　この思想は逆説的に「徳なきものには，天命があらたまる」革命思想を生んだ。
11）　孔子については，津田左右吉『論語と孔子の思想』1946，貝塚茂樹『孔子』（岩波新書）などを参照。

る。

　鬼神については「怪力乱神を語らず」と言い，死については「いまだ生を知らず，いづくんぞ死を知らん」と答え，神秘的要素はきわめて少ない。合理主義の立場から，殷代以来の神託政治も否定した。このようにかれの思想は，現世主義・人間主義につらぬかれ，一見したところでは，きわめて非宗教的である。しかしそれにもかかわらず，その思想の根底には，天命への宗教的ともいえる自覚が流れている。天の思想は，孔子において，大きな転回をとげた。しかし彼の天は，倫理的活動の源泉にまで高められながら，他方では依然，運命の根元としての天から脱けでた訳ではなかった。

　かれにおいて天とは，ただ祀りさえすれば幸をもたらすのでなく，人の為すべき道を行なえば，天は自ずからこれをたすけて，幸を下すと言うのである。かれほど天命を重んじた者も少なかった。天命を知るとは，「天が己れを生じ，己れに命ずる所以と，己れが天に背かざることを自覚することである」という。[12]

　孔子は，別に鬼神をたてての宗教は説かなかったが，「朝に道をきかば夕に死すとも可なり」と，天命を自覚した者の，究極的確信にみちた態度を，人生の理想として主張した。この点に関する限り，彼の思想の中にも，やはり一つの宗教を感じない訳にはゆかない。

　かれは特に自らの思想を体系づけなかったが，従来の伝統的な原始信仰が，漢民族の典型的な思惟特徴をもった1人の天才的知識人によって，ここに，天命を中心に整理されたと見ることが出来る。

　その後，孔子の教えは門弟たちによって大成され，儒教として展開した。儒教は，道徳・経世の学として理論化され，孔子の中に息づいていた宗教的情緒を失い，やがて学問的教養体系・儒学へ発展した。

---

12) 狩野直喜『中国哲学史』1953

他方，死後の孔子は，生前の彼の主張と逆に，教祖的性格が付されて廟に祀られ，祭祀の対象となって呪術的民間信仰が結合し，宗教的儀礼や俗信性が強まった。

　儒教は，こうした二つの面をもつ。そして，専制社会における士大夫以上の教養人にうけいれられ，家族制度や封建政治の支柱となった。民衆との接触は，わずかにその呪術的民間信仰との習合において為されたにすぎない。漢帝国が出現すると，儒教は，武帝（B. C. 141～87）のとき国教に指定された。天子が天命をうけて祭政一致の政治を行なう世界観が，国家的に承認されて，正式に天下統一の理念となったのである。

　武帝に儒教を国教として奨めたのは，公羊学者の董仲舒（生没年不明）である。かれによって漢代の儒教は，漢室を権威づけるため，さまざまな民間信仰がとり入れられた。例えば，すでにその頃流布されていた天人相感説，陰陽・五行思想[13]，讖緯説[14]などである。いずれもこれらは，天体の運行や瑞祥によって，漢室支配権の絶対性を正当化しようとしたのであった。

　しかし儒教が国教化したので，戦国以来の思想界の華やかさは消え，続いて儒教も又，国教化と共に官僚支配の政治理念と化し，或いは，瑣末な解釈の学に走って，宗教的役割を失った。

　**呪術の園**　儒教成立の際の網の目からもれた原始信仰は，当時の不安定な民衆生活の中に，生きゆくための技術としてとり残された。呪術は，科学の母（primitive science）とも言われるように，きわめて現実的な効果を要求する。中には，農法，医術，天文学，化学などに発展したものもあったが，多くは除災招福の術として，民衆の中に残った。占星，祈雨，予言，禁忌，易，卜筮から五行，讖緯あるいは鬼神の行使に至るまで，枚挙につきない。

---

13) 小林信昭『陰陽五行思想の研究』参照。
14) 災異の予言思想。讖は予言，緯は横糸で，経書を補足するの意味。

しかし現世主義的な漢民族にとって，除災招福の最も具体的な内容は，何と言っても，不老長寿にあった。これに応えてか，戦国の末，山東半島を中心に神仙思想が広まり，種々な雑信仰をまじえて，長生の秘術を説く方術士なるものが出現した。

かれらの説くところによれば，不老不死の仙人（真人・神人）は実在するのであり，何びとも修法・服薬の宜しきを得れば，自由に仙境を飛翔できるとされた。この強い願望は，遂に洋上はるか三神山が存在するという幻想となった。秦の始皇帝が，海中に仙薬を求めさせたという伝説は有名である。[15]

こうした広汎な呪術的雰囲気が，少数の支配階級と結んだ儒教をとり囲んで醞醸していた。この呪術的雰囲気のみちた社会——呪術の園（Zaubergarten）こそ，後述する道教や民間仏教が発展する地盤であった。

**仏教の伝来**　漢帝国は，西暦紀元の前後を通じ，長く統一国家としての支配体制をうちたてた。しばしば四隣に外征をこころみ，特に北方の匈奴に対抗するため，張騫（～B. C. 114）や班超（32～102）らが派遣されて，西域（中央アジア）地方の経営が行なわれた。漢帝国の文化は，強大な政治力の支持下に辺境地方へ拡大し，その威令は，遠く西方の大秦国（ローマ）にまで聞える程であった。

しかし西域への進出は，すでにそこへ浸透していた仏教文化との接触となった。

漢民族社会に，仏教がいつごろ伝えられたかは明らかでない。恐らく砂漠の隊商たちによって，東西交易のかたわら，徐々にもたらされたと見るべきであろう。[16] しかし後漢の明帝の代，楚王英が熱心な仏教信者であった

---

15) 徐福が仙薬をもとめて，蓬萊島（三神山の一つ）へ向かい，日本へ漂着したという伝説もある。

16) 仏教伝来の諸説については，春日礼智「支那仏教初伝に関する諸研究」（『支那仏教史学』2－4）参照。

ところをみると[17]，すでに西暦１世紀には，たとえ呪術的な信仰であれ，仏教は漢の王族の支持をうける程の位置にあった。

仏教は，インドの釈迦の教えである。その教えの底には，一切をみな空とする思想がある。それはインドの風土の上に，アーリヤ人の深い哲学的思索によって成立した。この全く異質的な文化が，はげしい抵抗もなく，漢人社会に受けいれられたのは何故であろうか。

当時，国教化した儒教は，すでに宗教的生命を失い，人心は固定した経学より，超俗性の強い道家思想に傾いていた。道家とは，老荘の流れを汲む人びとのことである[18]。かれらは，道徳，名誉，権力，財宝すべてを無価値とし，生死すら自然界の一現象とみた。いたずらなる人為を排し，無や自然を尊重した。

こうした道家思想の無や隠遁的性格は，皮相的には仏教の空や出家主義との近似を思わしめた。後漢の桓帝（147～167）は，宮中に老子と仏陀を祀ったといわれ，初期仏教は，こうした老荘思想との類似を地盤にして信仰されたのである[19]。これに応じて後には，仏教の側からも，道家思想の用語を借りて仏教教理を解釈する格義仏教が現われた。

こうした仏教受容の地盤に加えて，西域僧の渡来する者が多くなり，胡語から大・小乗の経典が訳出された[20]。中国の仏教は，インドより直接伝来したものでなく，一度西域を経由，濾過されたものである。しかし文字の国の漢人社会では，胡語からの漢訳仏典が，そのまま仏陀の教えとしての威厳をもって迎えられた。こうして大・小乗の両経典が，漢民族の前に提出されたのである。このことは，後の中国仏教の性格に，大きな影響を与えたといわれる[21]。それは後に述べよう。

---

17)　「英は浮屠（仏陀）の仁祠を尚び，云々」(『後漢書』楚王英伝)
18)　詳しくは，武内義雄『老子と荘子』1930
19)　この期には，老荘思想に近い般若部経典が重んぜられた。
20)　例えば安世高(あんせいこう)は小乗経典を，支婁迦讖(しるかせん)は大乗経典を訳出した。

**道教の成立**　民衆の間に広く根を下していた呪術信仰は，後漢末の社会変動期に，新来の仏教に刺激されて，宗教集団への組織化をうながされた。宦官の専横，豪族の大土地私有，加えて北方異民族の跳梁により，窮迫した民衆は，河南・河北を中心に，反漢室的宗教集団・太平道に結集した。その首領は，黄巾の賊として知られる張角（～184）である。

また張陵（生没年不詳）は，四川を中心に人を集め，旅人の無料施設（義舎）をつくるなど，社会的活動を行なった。その集団は，五斗米の寄進をうけたことから，五斗米道（後に天師道）と称せられた。

そのいずれもが，符水（お札）の服用や内省の法により，治病延命を説いたため，次第に民衆に広がり，魏・晋の頃には，貴族階級の支持をも受けるにいたった。富貴にみちたりた貴族にとって，余すところは只一つ，不老長命の願いだけであったから。

東晋の人，葛洪（283～343頃）の『抱朴子』をみると，仙術・養生・煉丹の理論が詳しく述べられている。特に，善因は善果を生むとし，積善による長寿の策が説かれ，一種の功利的な倫理観が展開している。こうした書物の存在は，道教教説が成立してゆく一つの過程を示すものであろう。やがて仏教の隆盛に促され，北魏の道士・寇謙之（365～448）は，仏教的要素を加えて，新天師道を組織した。これが宗教集団として，道教の大成した始めである。

道教の内容は，複雑で摑みがたい。一口に言えば，現世的幸福をねがう漢民族の辟邪招福の呪術が，道家思想によって飾られ，仏教の形式にならって体系化されたものである。窪徳忠氏は，以上のような立場から，道教の内容を，次の4部門にわけて説明されている。

---

21)　仏教史学会編『仏教史概説・中国篇』1960　p.10　参照。
22)　『抱朴子』　内篇20巻（邦訳，石島快隆，岩波文庫）
23)　「道教講座」（『東方宗教』2号）

第1は，哲学の面であり，ここには道家思想を中心に，易，陰陽，五行の説などが援用され，道教神学を形成している。第2は，占いや禁忌などの方術的面である。神仙，卜筮，巫祝，讖緯などの説が混入し，除災招福の術を構成する。符は特に呪力あるものとして重んぜられた。第3は，医術的な面である。不老長生のための手段として，服餌（丹薬服用）・調息（呼吸調整）・導引（筋肉運動）などの方法が工夫された。第4に倫理的な面がある。儒・仏の影響をうけながらも道教は，独自な功利的倫理観を形成した。人間の寿命は，すでに司命の神によって握られており，悪をなすことの多い者ほど，それだけ寿命が縮められる。鬼や竈神は，天に昇って人の過失を司命の神に告げるから，長寿を願う者は，ただ仙薬を服するばかりでなく，善を積まねばならぬというのである。この現実的な倫理観は，後の善書といわれるものに発展し，長く民衆生活の支えとなった。[24]

このように，全部門にわたって道教には，現世利益の性格が強い。ことごとくが終局的には，福（子孫の繁栄）・禄（財宝）・寿（長命）の目的へとつながっている。道教が，民衆特に王侯貴族の間に，支持者を得るに至ったきめ手は，正にここにあった。

すでに教団として発足した道教は，教会としての道観，僧としての道士，経典・戒律をととのえて，仏教に対応する組織を強めた。むしろ仏教を摸倣しつつ，常に対抗することにより発展しようとしていた。北魏の太武帝の代，その帰依を利用した道教は，仏教に弾圧を加えることに成功した。[25]

唐代になると，唐室が老子と同じ李姓であったため，道教は国教的保護をうけた。漢民族の形式主義は，ここにも看取されよう。

---

24) 酒井忠夫『中国善書の研究』弘文堂
25) 北周の武帝，唐の武帝，後周の世宗の弾圧と併せて，仏教側は，これを三武一宗の法難という。

唐室の保護と，安禄山乱後の不安な世相に，道教信仰は広がったが，その現世利益主義は，人の心に食い入って，教理体系を深めるには限界があった。いたずらに道観が増え，賦役をまぬかれた道士は富強を誇ったが，やがて堕落し，革新がまたれるようになった。

　**民衆の道教**　こうした教団組織をもった道教の外に，教団道教成立の地盤となりながら，未組織のまま民衆の生活に密着してとり残された道教的習俗がきわめて多い。

　例えば『荊楚歳時記』[26]により，6世紀初めの民衆の生活を見てみよう。

　元日には爆竹を鳴らし，桃の湯や屠蘇・却鬼丸を服用し，桃板の仙木を戸口にはりつけて，鬼を追いはらった。夜は戸毎に戸をうち鳴らし，鬼鳥のわたるのを避けた。5月は悪月として忌み，艾で作った人形を門にかかげて毒気をぬいた。粽をたべ，五綵の絲をかけて兵乱や流行病を避けた。6月の伏日には，湯餅を作り，8月には，朱水を子供の頭に点じて悪気をはらった。11月冬至には，疫神をさけて赤豆の粥をたべ，12月8日は，村人がうち鳴らす鼓で大疫を祓い，豚酒をもって竈神を祀った。すでに仏教の影響による盂蘭盆会や灌仏会もみられ，七夕の行事も混えてはいるが，ほとんど辟邪除災の呪術的行事でみちている。国家に生活の保証を期待できなかった当時の民衆にとって，これが唯一の生活のよりどころだったのである。

　こうした未組織のまま民衆の生活感情にとけこんだ雑多な呪術信仰も，広い意味での道教としてみとめられる。[27]

　これらは，俗信化した儒教，仏教，その他の外来宗教の呪術的面を習合し，民間信仰の主流となって，民衆社会を長く規制した。上帝，玉皇，泰

---

26) 宗懍の著。儒教的紛飾が少なく，民衆生活を知るよき資料。

27) 民衆道教として，成立（教団）道教と区別される。窪徳 忠『道教と中国社会』1948

山，十王，釈迦，観音，弥勒，達磨，孔子，老子，関帝（関羽の神化），鐘馗，西王母，竜王，蚕女，紫姑神（占いの神），娘々(にゃんにゃん)（安産・眼病の神），門神，土地神，竃神，雨師，雷公，火神，風伯，三尸，その他の財神，職祖神など，わずらわしいほど雑多な神々の信仰が，重層的にかれらの日常生活を拘束したのである。過去の中国民衆の宗教は，正にここにあり，このような重層的信仰 (syncretism) の実態を無視して，かれらの生活を語ることはできない。

　**中国仏教の成立**　3世紀より4世紀にかけて両晋の時代には，老荘の思想で仏教を説く，格義仏教が盛んであった。道家思想の流行に妥協して，仏教徒が教線を広めようとしていたからである。

　しかしこれに飽きたらぬ東晋の道安（312〜385）は，仏教の主体性を強調して，経典目録の編修や，教団の組織化に努力した。その弟子・慧遠(えおん)（334〜417）は，沙門不敬王者論を唱え，帝王の権力に対して僧侶の立場を主張し，また廬山にこもって念仏を修め，白蓮社を結んだ。[28]

　同じころ法顕(ほっけん)（339〜420頃）は，インドにおもむき仏典をもたらした。長安を発したかれは，苦心の果てにパミールを越え，グプタ王朝のインドにいり，梵本を入手して，海上を経由帰国した。[29]

　このように仏教の主体性を主張し，或いは，直接仏国インドを志向したところに，中国の仏教が外来宗教の状態から脱皮しつつある姿をみることができる。亀茲国(きゅうじ)の僧・鳩摩羅什(くまらじゅう)（344〜413）が，国師として長安に迎えられ，384巻の経典を訳したというのも，この時代である。来朝僧がつづき，訳経が進み，僧尼の数もふえた。南朝の皇帝には，仏教の帰依者が多く，特に梁の武帝（502即位）は，篤く仏教を尊崇した。後の浄土教学に大きな影響を与えた曇鸞(どんらん)（476〜542）も，かれに謁したといわれ，竺僧・

---

28)　髙峯了州「慧遠」（『龍谷大論集』343），木村英一編『慧遠研究』1962
29)　この間の記録は紀行文『仏国記』として残された。

菩提達磨が，帝と法論をまじえたことは，あまりに有名な伝説である。

これに対して，五胡十六国の乱から王朝が交替した北朝は，南方に移動した漢民族社会と文化的伝統を異にした。北朝の王の中には，道教を奉じて，激しく廃仏を行なった者もいる。

しかし仏教は，むしろ廃仏を転機として教勢を拡大し，支配階級の支持をうけ，遂に北魏仏教の興隆となった。王侯貴族が進んで伽藍を建立し，洛陽は，一大仏教都市の観を呈した。先帝の菩提と懺悔滅罪のために，巨費を投じて造られた雲崗・竜門の石窟は，こうした北方貴族仏教の遺跡であり，北方民族の雄大素朴な中に，ガンダーラからグプタに至るインド芸術の様式をとどめている。30)

**宗派の発達**　多くの経典が漢訳されると共に，自ずからその中より，特定の経典を選択して重んずることが行なわれはじめた。仏教受容にあたり，はじめて経典に対する批判的態度が発生した訳である。これは，ある特定の仏教者が，自らの宗教体験にもとづいて選択した経典により，教学をたてるところから，必然的に宗派の発達をうながした。

こうした萌芽は，すでに劉宋の慧観(368～438頃)に始まったといわれるが，隋・唐を中心に古代統一国家が再現され，漢民族による東アジア文明圏が完成される過程において，一層具体的に進行した。

例えば，天台，華厳，律，浄土，禅などの諸宗派の成立である。これらは，それぞれに特定の経典を重んじ，独自の教学を主張した。内容に差こそあれ，そのいずれもが，漢民族の思考様式によって，自らの風土と生活に合うように教義をたてたのであり，ここにはじめて，中国仏教が成立したと言いうる。31)

---

30) 水野清一・長広敏雄『雲岡』1951, 同『龍門石窟の研究』1941　など参照。
31) 天台宗…智顗により法華経による。華厳宗…法蔵により華厳経による。律宗…道宣により戒律を重んず。浄土宗…善導が大成，無量寿経，阿弥陀経などによる。

俱舎，三論，法相などの，インド仏教の亜流とも言うべき諸宗派は，一時栄えたこともあったが，結局，民衆の中へは浸透しなかった。漢人社会で繁栄したのは，かれら自身の手でひらかれた上述の宗派にすぎなかった。特にその代表的なものは，浄土教と禅宗である。

元来，天に特別な宗教的感情をいだいていた漢民族にとって，仏教経典に説かれる浄土や兜率天は，案外うけいれやすい対象だったと思われる。弥陀如来や弥勒菩薩の信仰が，釈尊信仰と平行して行なわれた。

すでに4世紀，慧遠が廬山に白蓮社を結び，念仏を修めたと述べたが，隋から唐にかけて，末法思想の時代観に支えられた浄土教は[32]，宗派として非常な発展をみせた。称名念仏による平易な他力請願の信仰が，末法の世の民衆に歓迎されたのである。長安に布教した善導（613～681）の周囲は，帰依する者の群で市の如くであったという。

しかしこのような念仏は，本来，インドにはなかった。中国の浄土教は，その経典漢訳の当初より，道家思想に影響され，呪術的要素を混入していた。そして念仏は，現世の幸福——不老長命を祈る唱えごととして，民衆に広がった。浄土経典たる無量寿経も，民衆にとっては，延命の呪文と何の変わりもなかった。呪術性を排したインドの浄土教も，漢民族社会の文化の中ではこうした変容をとげてこそ，民心にうけいれられたのである[33]。

禅宗は，実践による禅定（dhyāna）を重んじる。坐禅により悟りの境地を得，主体の側において，問題解決の活路を見いだす自力の宗教である。小乗の禅法は古く伝わったが，梁の武帝の代に来朝したという菩提達磨の禅風は，二祖慧可（487～593）を経て，次第に発展した。

---

32) 正・像・末三時の預言思想。配当年数には諸説があるが，六朝仏教界では，末法到来は6世紀半ばと考えられ，仏教の新しい展開を促進した。
  澆季相応の教法を主張した三階教の発達もその一つである。
  矢吹慶輝『三階教之研究』1927 参照。
33) 中村元　前掲書

禅宗では，特別な経典をたてない。多くは山中に道場を設け，厳しい生活の規範（清規）にのっとり修行した。百丈懐海（720～814）の清規は，特に有名である。

禅宗は後に五派に分かれ[34]，宋・元に及んだが，その間に多くの逸材や語録を生んだ[35]。元来，不立文字をかかげながら，禅家では，その悟りの体験を，しばしば詩文の形式（頌・偈）に表現した。その端的・直截な禅的表現は，文章を愛好する上流教養社会の嗜好に合い，かれらの間に支持をうけた。ただ禅宗は，そうした文字を，単なる知的理解の対象とせず，教えはもっぱら師より弟子へ，体験を通して相承されたから，禅宗は，たびたびの廃仏にもかかわらず，比較的に打撃をうけることが少なかった。

禅の自力主義は，漢民族の楽天思想を基盤とし，その現実主義，人間中心主義，即物主義に支えられている。しかしそれ故にまた，それが形式化するとき，神秘的傾向に陥りやすい可能性をも併せもった。

一般に禅宗は，王・貴族の帰依をうけ，禅院の内では，帝王や万民の福寿が祈られ，追善供養の儀礼も営まれた。きびしい修行はもっぱら叢林内の師弟間に限られ，禅本来の姿での民衆との接触は少なかった。むしろ禅宗は，祈祷や儀礼の面を通して，広く庶民の生活にとけいった。そして浄土教的要素をも併せ，禅・浄融合思想として，中国仏教の主流となった。

このように漢民族社会に成立した中国仏教は，インド仏教とは異なったものになった。この変容の一つの原因として，中村元氏は，漢訳経典の意義を指摘されている[36]。それによると，高度の文化を自負する漢民族は，経

---

34) 唐末五代に臨済，曹洞，潙仰，雲門，法眼の五派にわかれた。
   臨済，曹洞の法脈は我国に入って新たな展開をとげた。
   増永霊鳳「中国禅宗史における五家の地位と性格」（駒沢大学研究紀要14）参照。五家に，楊岐，黄龍の二派を加えて七宗とも言う。
35) たとえば，『臨済録』（臨済義玄），『碧巌録』（仏果圜悟），『従容録』（万松行秀），『無門関』（無門慧開）など。
36) 中村元　選集2巻 p. 6

典が一たび自国語に漢訳されると，以後一切それに頼り，もはや原典を顧みようとしなかった。そして，原語を表音的に写したにすぎない漢訳経典の文字に，哲学的意味をもとめて，表意的解釈を加えたというのである。インド仏教から中国仏教が分かれてゆく一つの原因は，ここにもあったと思われる。

**儒・仏・道の対立と融合**　元来，仏教の出家主義と道教の現世主義とは，相容れなかった。それゆえにこそ仏教は，漢民族社会で大きな変容をとげたのであったが，南北朝から宋代にかけて，両者は，しばしば論争をこころみた。これに儒教が参加して，いわゆる三教の対立となった。

しかし，宋が異民族の侵略をうけて，政治的危機に直面すると，宋の士大夫の間に，経学としての儒教が再認識されてきた。この気運の中で，老荘思想の影響をうけ，特に禅宗の感化をうけて，新しい儒教が発生した。理・気二元から宇宙生成の原理をつかんで，人間本性を明らかにしようとする一派である。朱子（1130～1200）により大成された宋学である。[37]

この宋学成立の事情にみられるように，宋代の宗教思想には，初めから三教調和の傾向があった。思想的に平板な漢民族伝統の宗教は，仏教の深い哲学的性格を欲したのであり，禅・浄土の実践的仏教は，儒・道の儀礼や現実主義に接近しようとしたのである。

こうして対立の三教は，逆に調和融合の方向をとった。禅宗は，老荘思想や儒教儀礼をとりいれて，伝統的社会へ浸透し，道教も又，北宋の真宗（998～1022）の代，道蔵が編集された。道蔵とは，仏教の大蔵経をまねた，道教の一切経である。

南宋になると，王重陽（1120～70）により，新道教教団・全真教が成立した。彼は，仏・儒に通じ，門弟に般若経や道徳経の読誦をすすめたという人物である。この教団は，明らかに三教合一主義をとり，禅宗的な内省

---

37) 武内義雄「宋学の由来及びその特性」（『東洋思潮』）参照。

を重んじて，呪術・仙道をしりぞけた。

　当時，延命祈祷がもっぱらの既成道教（正一教）に心酔して，自ら教主・道君皇帝と称し，風流悦楽の生活に耽っていた，徽宗皇帝（1098～1125）治下の宋社会は，地方経済が破綻し，農民の窮乏がはげしかった。こうした国政の頽廃に乗じて，北満の女真族・金が侵入し，徽宗以下多数が北へ拉し去られた。

　全真教団は，こうした直後に成立したのである。それゆえに，宋社会に弊風をまいた旧派道教に対し，きわめて革新的な性格をもち，士族庶民に浸透した。

　**民族宗教の成立**　　一般に宋代の文化は，庶民的であった。商業や手工業が発達し，同業組合による利益の独占もすすんだ。庶民的芸術も盛んとなった。

　こうした民衆生活の向上を反映して，南宋では居士禅がおこり，在家のまま参禅する者がふえた。道教では，福報のために善行をつむ思想が民間に広まり，『太上感応篇』[38]や『功過格』[39]が支持され，後における善書の流行をうんだ。

　蒙古民族の侵攻により，漢民族社会は，一時，ラマ教を国教視する元朝（1279～1368）の支配下に入ったが，元の宗教政策は寛大であったため，かれらの宗教に大きな変化はなかった。

　こうした事情の下に，漢民族の宗教は，三教融合という性格を崩すことなく，宋から明へ推移した。しかし，停滞した社会の構造と，三教融合という妥協的態度によって，各教団は，創立期の純粋と鋭さを失って俗化した。仏教も宗派的特色がうすれ，禅と念仏が習合した。旧中国にみられた

---

38)　李昌齢の作，12世紀における勧善の書。
39)　延命のため，功（善）と過（悪）を計量的に計算して年間の罪禍を知る表の如きもの。中国の民衆道徳の規準となる。

寺院の多くは、禅林の外見を備えても、その内容は、ほとんど浄土念仏であったという[40]。各地に結ばれた僧侶の念仏結社も、道教的民間信仰をまぜ、阿弥陀仏や弥勒仏までが、道教神として祀られる有様であった。

こうした三教の融合は、それぞれの宗教が、たがいに寛容・包摂的であるためと言うよりも、これを受けいれる民衆側の現実主義的性格に、その地盤があった。この現実主義的性格こそ、漢民族宗教の真面目とみることができる。三教の調和融合をもって、漢民族社会における民族宗教の成立といえよう。

このようにかれらの宗教的要求は常に現実的であったから、国家体制がかれらの要求をみたさないとき、しばしば反国家的宗教運動へ発展した。元末から清朝にかけて数次にわたり、弥勒下生の信仰の下に蜂起した白蓮教徒の乱[41]、少し下っては、キリスト教信仰に固有の天思想をまじえ、新国家建設を目標に、清朝に反抗した太平天国の乱[42]などは、その好例である。

しかし、こうした宗教的政治闘争も、本質的には神秘的要素にみち、停滞した社会を近代化するものではなかった。こうして中国の民族宗教は、清朝国家が先進資本主義勢力と対決し、内外から近代化を迫られるまで、大幅な変化もなく、惰性的に持続した。

**キリスト教・その他**　漢民族が、仏教以外に接した外来宗教は、キリスト教、イスラム、ゾロアスター教（祆教）、マニ（摩尼）教などである[43]。これらは、いずれもオリエントの世界に展開し、それに接地する中国とは、いずれ何らかの関係をもつ可能性はあった。

キリスト教が、中国社会に接触した主な時点は、三つある。

---

40) 道端良秀『中国仏教史』p. 281
41) 念仏の秘密結社。圧政下の貧民を結集し、紅巾の乱といわれた。義和団もこの系統に属す。
42) 増井経夫『太平天国』岩波新書　1951 参照。
43) 詳細は各別章参照。

第1は，635年，ペルシャを経て長安にもたらされた唐代のネストリウス派(Nestorianism)の伝来である。第2は，1294年，フランチェスコ派宣教師コルヴィーノ(G. M. Corvino)の伝道から，1582年の耶蘇会士マテオ・リッチ(Matteo Ricci)が来るまでの，元から明末にかけてのカトリックの活動である。第3は，南京条約(1842)による開港以後の清朝社会におけるキリスト教，特にプロテスタントの伝道である。

そのいずれの宣教師たちも，危険を顧りみず，進んで異国に伝道した。特に，第1，第2の場合においては，漢民族伝統の思想を尊重し，儒・仏・道の教理に接近し，或いは，西洋の科学や技術を供給するなど，中国社会への積極的な適応をこころみた。その結果，例えば7世紀には，大秦教景教寺院として長安に進出し，16世紀には，天主教として，中国伝統の上帝信仰と習合し，祖先崇拝・偶像信仰と矛盾することなく，漢民族社会に広がった。

しかし，それにもかかわらずキリスト教は，仏教のごとく漢民族の風土にとけいって，民族宗教化することができなかった。それは，プロテスタントでも同様であった。

何が，このようにキリスト教の進出を阻むのであろうか。それには，色々の原因が考えられる。多神教と一神教との相異も，その一つであろう。しかし，何かもっと西洋と中国文化との底に潜んでいるような，根本的な問題があるのではなかろうか。

例えば，西洋のキリスト教的人間観と，儒教に代表される中国の人間観との相異である。生まれながらの人間をそのまま肯定し，そこから修養によって，徐々に理想的人格が完成されてゆくとみる儒教のオプティミズム

---

44) 景教ともいわれる。佐伯好郎『景教の研究』1935 参照。

45) 新教伝道については，石原謙「中国プロテスタント伝道史における時代区分について」(『宗教研究』137)

は，人間は，「罪の子」であり，神の前に一度否定されねばならないとするキリスト教の人間観と，真向から対立する。W・ジェイムズが，一度生まれ型（once-born）と二度生まれ型（twice-born）とに分けた，対比されるべき人間の類型が，はからずも儒教とキリスト教の人間観にあてはまる。この人間観の相異もまた，中国にキリスト教の進出を阻んだ一因であったと思われる。

イスラム，ゾロアスター教，マニ教も，ネストリウス派の伝来と前後して，唐代社会の一部に行なわれていた。いずれも，トルコ，ペルシャ，アラビア系の商人や兵士たちによって，もたらされたものである。

特にイスラムは，天山南・北路と南海経由とで，唐社会に伝えられた。はじめ大食法といわれたが，五代（10世紀）の頃，ウィグル（回紇）人に広まってからイスラムと呼ばれた。その後，これを信奉する色目人たちが，漢人と混血するに及んで，漢人社会の都市下層民に定着した。イスラム教徒自信は，清真教と称し，その寺院を清真寺・真教寺と呼んだ。かれらは礼拝，断食，豚肉禁忌などの宗教的生活をおくり，閉鎖的性格の強いイスラム集落を形成した。元・明の時代には，西方イスラム世界の繁栄を浴びて，河北から雲南，新疆，甘粛方面に分布，近世に及んだ。

マニ教は，仏教や道教化して民衆の信仰を得た。しかしゾロアスター教は，さほど見るべき展開をとげなかった。

---

46) M. Weber : Gesammelte Aufsätze zur Religionssoziologie, Bd. 1. この点については，大塚久雄氏も指摘されている。「東西文化交流における宗教社会学の意義」（『思想史の方法と対象』1961）参照。
47) W. James : The Varieties of Religious Experience, 1902
48) 中国イスラム教徒は戦闘的布教手段によらず，移住により東漸してコロニーを形成した。
49) 矢吹慶輝「摩尼教」（『東洋思潮』）p. 21以下

## 3　チベット人の宗教

**固有信仰・ボン教**　険しい山岳と激しい気象の変化，不安な遊牧生活の中に，古代チベット人は，さまざまな呪術信仰をいだいていた。アニミズムやシャマニズムが浸透し，不可思議なものは，すべて悪魔の仕業と考えられていた。そのため降魔や卜占の呪法が発達し，いかにも高原の国らしい鳥卜や鳥葬の風習も生んだ。

こうした呪術の執行者を，ボンポ（Bon-Po）と呼び，その宗教をボン（Bon）教と言った。ボンポは，蓬髪に不潔な服装をした典型的なシャマンである。暗夜，祭壇に牛馬を犠牲とし，その腸を抉って天地山川の神に捧げ，部族の盟約を誓ったという。後に述べるように，やがてボン教は仏教と習合したが，ラマ法王の勢力外であった東チベットの奥地では，このような原始ボン教が残存した。かれらは黒ボンといわれ，反抗的であり，近年まで厳しい弾圧をうけてきた。[50]

**仏教の伝来**　チベットの歴史は，7世紀頃から明らかとなる。ラサを中心に成立したソンツェン・ガンポ（Sron btsan sgam po, 617〜651）の王朝の頃である。王は仏教の篤信者で，重臣トンミ・サンボータ（Thonmi Sambhota）をインドへ派遣し，仏教を輸入せしめた。これがチベットへの仏教公伝といわれ，経典と共に文字がもたらされ，チベット文法がつくられた。

その後，チースロン・デトサン王（Khri-sroṅ-lde-btsan, 755〜781）の時，仏教はチベットの国教とされ，インドから多くの仏僧がまねかれた。そのなかに，学匠シャーンティラクシタ（Śāntirakṣita）やパドマサンバァ（Pad-

---

50）岩井大慧「西蔵の文化」（『東洋思潮』）参照。

masambhava) がいた。かれらは，密教的秘術に長じ，伝統のボン教と習合することにより，僧団を結成，勢力を広めた。チベットの仏教は，固有信仰たるボン教に対立的でなく，インド仏教中で最も呪術的傾向の強い秘密仏教が，南インドのタントラ教[51]の要素をまじえて，ボン教の社会地盤に展開したのである。こうしてラマ教の基礎が成立した。

**ラマ教** ラマ (Bla-ma) とは，サンスクリットの guru (師) を意味する。覚者（仏）と真理（法）と，それを求める修行者（僧）に対し，真理を伝える師（ラマ）をたてて四宝となし，これに帰依するのである。それゆえ，もともと仏教の一派である。チベット人自身は，ラマ教とは言わない。それは，外部からの呼称なのである。

最初から密教的性格をもったチベットの仏教では，秘密裡に師より弟子へ法を相伝する，生きた人間としてのラマ（師）は，絶対的な尊重をうけた。しかし間もなく，密教的なるがゆえの弊害も現われた。元来，一妻多夫制などが行なわれていたチベット社会では，人間関係に性的要素が強かった。インドから伝来した密教は，この面を排除することができず，かえってこれと結びつき，種々な弊害を生んだ。

10世紀，インドより招かれたアティーシャ (Atiśa, 980〜1052) は，こうした性的要素を斥けて，新密教を成立した。これがカーダン派である。カーダン派より分かれたサッキヤ派のパグパ (Hphags-pa, 1239〜80) は，ラマ教の首長たると共に政権をにぎり，法王国家として教線をのばした。彼は，当時，大帝国を建設しつつあった元の世祖から，国師として迎えられた。この時より，蒙古人の間に，ラマ教が国教的な力をもって広がった。

蒙古人もチベット人と同じく遊牧民であり，類似した生活様式をもっていた。かれらの基礎的信仰はシャマニズムであり，ボン教を地盤として成

---

51) インドにおける性力崇拝の一派。別章インド人の宗教 参照。

立したチベットのラマ教は，蒙古人の間にも，同じく浸透する可能性があった。特に，国王延命や帝国隆昌のためのきらびやかな密法は，元朝君主を魅了したらしく，歴代の王はラマを奉じ，その広大な領土がラマ教の影響下に入った。元が明に敗れて北に退くと，中国本土では，外来宗教たるラマ教はおとろえたが，北方の蒙古人の間では，民族主義の波にのって，民衆の中にゆきわたった。

15世紀，ツォンカパ（Tson-kha-pa, 1357～1419）は，現世利益的呪法を排し，戒律を重んじて，改革を断行した。この派は，ラサの東南にあるガンデン寺を本拠とし，従来のラマ教の紅帽，原始ボン教の黒帽に対し，黄帽派と呼ばれた。

チベット高原に聳えるラマ教の塔

輪廻の思想はインドの宗教にその特色をもつが，仏教と共にチベットに入ってから，なお特異な展開をとげた。特にツォンカパは，戒律を守って僧の妻帯を許さなかったから，輪廻転生の説によって，後継者を得ようとした。彼の死後，黄帽派が，ラサのポダラ寺と中

央チベット・シガツェのタルシンポ寺とに分裂したとき，2人の弟子・ダライ（Dalai）とパンチェン（Panchen）とが，ラマの尊号をうけて宗教的君主となった。かれらは，代々転生することによって法脈を持続，今日に及んでいる。[52]

両ラマは，民衆より素朴に観音・弥陀の再来として尊崇され，チベットにおける聖・俗両権の絶対的支配者として君臨した。

特に満洲王朝たる清朝治下では，チベット・蒙古民族の文化は厚遇されて，ラマ教も保護政策がとられたため，北京や熱河にもラマ廟がたてられ，やがて東北部にも広がった。

## 4 中国社会の近代化と宗教

**ゆらぐ旧中国** 満洲出身の清朝は，すぐれた官僚組織をもって内政を整え，辺境を統治し，文化事業にも輝しい業績をのこした。

しかしこの頃より，西欧資本主義諸国の圧迫が強まり，社会不安から白蓮教の乱が続発し，その文運の隆盛にもかかわらず，清朝社会は，ようやく動揺の兆しを示した。それは阿片戦争，太平天国の乱によって激化され，官紀の腐敗，漢人による反満民族運動の下に，更に19世紀末の清仏・日清両戦役，戊戌政変，義和団事件等を経て，清朝衰亡を促進した。

この清朝治下に，キリスト教は典礼問題をめぐって，ローマ法王と清朝皇帝が対立し，1717年，康熙帝により禁教を布告された。[53] これは耶蘇会の

---

52) ダライ・ラマは現在14世。1956年，チベット民の中共への反乱に関連して，インドへ亡命中。パンチェン・ラマは現在9世。
　ラマの死は，生を他へ移したにすぎず，その死と共に，新生の神童がラマの化身として迎えられる。
53) 「清代のアジア」（『東洋文化史大系』）p. 276　以下参照。

伝道以来、中国思想に妥協することによってのみ布教してきたカトリックが、はじめて自己を主張し、中国思想と対立したものであり、中国におけるキリスト教の覚醒として、注目すべきことであった。

清朝は、ローマ教会とは対立したが、他の既成教団には、統治上寛大な方針をとり、慣習化した宗教行事を保護したので、儒・仏・道の融合した民間信仰が普遍化した。

しかし、こうした民間信仰は、現世利益に対しては呪術的な積極性を示したが、本来、非合理的なる性格のゆえに、すでに対外戦争、海外貿易、被植民地化が進行していた清朝社会に、自ら経済倫理のエネルギーとなって、民族資本の形成に参加し、外国資本と対抗するということができなかった。かえって呪術の温床をあたため、社会停滞の一因となった。中国の近代化は、具体的には清朝打倒の形式をとったが、その眼は直ちに、こうした呪術的宗教への批判に転ぜられた。[54]

**変革期の宗教**　辛亥革命 (1911) により、漢民族中心の中華民国が成立した。革命そのものには問題は残されたが、高揚した革新的気運の中から、旧体制へのさまざまな批判がなされた。民主主義、科学主義のスローガンがあがり、陳独秀 (1879〜1940) や胡適 (1891〜1962) らによって、文学革命が叫ばれた。この文化主義思潮は、反帝国主義運動に結びつき、1919年の五・四運動へ発展した。一部知識人の間ではあったが、旧文化批判の一環として、封建道徳・儒教の廃止、迷信打倒がさけばれた。

国民党政府による北伐 (1926〜28) 完了後も、三民主義実現に平行して、民間信仰対策がとられ、1928年、民間邪教を整理する神祠存廃標準が発表された。これは五・四運動の迷信排斥をうけつぐものの、そこで否定された儒教が、再び民族伝統の宗教として尊重され、伝統打破という点で

---

54) この点は、まず自らを近代化することによって、社会の近代化をリードし得なかった中国宗教の悲劇である。

は，保守的な国民党の性格を物語っている。つづいて，廟産興学の名の下に，寺廟は学校，図書館，授産場などの社会福利施設に利用された。しかしこれを機に，他方では，仏教界の一部に刷新の気風がおこった。[55]

こうした改革にもかかわらず，政情の不安定な民国社会では，依然，呪術的信仰が根強かった。民国初年以来，華北・華中に流行した新興の民衆道教・一貫道は，白蓮教や義和団の系統をひく宗教秘密結社であり，無生老母による現世利益を説いて，民心をあつめていた。又，仏・道両教の信徒たちも，各廟節には，祈福攘災の祈願をする者が多く，1945年の大石橋娘々廟参りの報告にも，種々雑多な俗信の混淆が記録されている。[56]

第2次大戦後，中華人民共和国が成立 (1949)，人民民主主義を国策とする新国家が発足すると，中国の宗教界は，チベット，蒙古その他の辺境地区を含め，大きな変貌をよぎなくされた。

中共の宗教政策は，基本的には信仰の自由をみとめている。[57] 反革命的活動にならぬ限り，信仰の自由は保障されている。又，特に少数民族保護の上から，ラマ教，イスラム，その他の部族宗教にも，保護政策がとられている。

しかし解放が進むにつれ，宗教結社内の反革命分子の一掃，[58] 迷信打破の運動に平行して，寺廟の土地所有が廃され，布教活動は教会内に限られる等，種々な改革や制約が加えられた。

こうした国家体制の変化に応じて，儒・仏・道・基の各教団の内からも，それぞれ自己改革が行なわれ，民族主義的傾向のつよい平和運動や愛国運動をうちだし，或いは，生産合作社設立などの変容をみせるにいたった。キリスト教の三自運動，[59] 中国仏教会の設立，峨嵋山仏教徒茶生産合作

---

55) 例えば，大虚の教団改革運動。
56) 内田智雄「大石橋娘々廟まいり」(『東方宗教』2号) 参照。
57) 同国憲法88条。
58) 中共治下では一貫道が禁止された。
59) 自治 (政治自由)，自養 (外国思想からの独立)，自伝 (自己資本による伝道)

社などは，その一例である。これは，中国の諸宗教が，社会主義体制下に存続しうるため，とらざるを得なかった適応といえよう。

しかし中共の治下においても，民衆の間には依然おみくじや易などが跡を絶たず，中共政府はそうしたものを高圧的に統制せず，しばらくは下からの自発的な解消に待つ方針をとってきた。また民族文化を重んずる政策の上から，信仰とは別途に，宗教的名勝や旧蹟を保護整備している。

しかし1966年来，反動思想や旧体制の残滓をより徹底的に追放しようとする文化大革命が進行すると，多少とも温存されてきた中国の諸宗教は更に大きな非宗教化の波にもまれるにいたった。こうして中共治下においては，伝統的形式での宗教は急速に衰えてゆくであろうと思われる。

しかし宗教は，社会的制度としての面をもつと共に，人間の内面にかかわる問題でもある。国家の建設が進み民衆の生活が向上するとき，自ずとかれらは呪術の園から解放されるであろう。しかし一般に人間心理のメカニズムは，制度の改革や環境の改造が比較的容易なのに対し，なかなか変わりがたい特質をもっている。例えば，科学的実践を標榜する毛沢東への民衆の態度の中に，皮肉にも宗教的と思われる個人崇拝や権威信仰の傾向を見ることができると言ったら過言であろうか。このような点をふくめて，中国民衆の宗教はいづこへ行くのか，今後の興味ある課題である。

（松本晧一）

---

60) 中濃教篤『中国共産党の宗教政策』理想社 1958, p.28以下。

# 第十章　日本人の宗教 I

1　日本列島の自然と人文
2　古代日本の文化と宗教
3　古神道の展開と神祇制度の確立
4　神道理論の展開
5　現代神道

## 1　日本列島の自然と人文

　アジアの東方海上に，火山を伴いながら大きく弧を画く大小の列島が日本である。歴史的にこの国は，文化の受容が容易な程度に大陸に近く，外敵に侵略されない程度に大陸から隔離された位置にあった。同じ島国といってもその地勢は，なだらかな英国あたりと比較にならない。隨所に1000メートル以上の山々を持ち，平地に乏しく可耕地が少ない。

　この国は中緯度に位置するため，四季の変化が明確で，夏冬の天候は概して持続的であるが，春秋は低気圧や前線の通過のため，気候は変わりやすい。東アジアのモンスーン地帯に属し，温暖湿潤で，豊かな自然の恵みに浴し得るところから，自然との調和に生きる国民性が展開した。[1]

　日本近海の代表的な海流は，黒潮，すなわち日本海流で，高温清澄，濃

---

1) 風土と日本文化の関係については，和辻哲郎の『風土』のほか，岸本英夫「日本文化の問題」(『文化の心理』中山書店 1959)，稲富栄次郎『日本人と日本文化』理想社 1963，などが優れている。

藍色の黒みを帯び，幅数十キロの大河のように，平均2〜3ノットの流速で，台湾東方から日本南岸を北東進する。これに対し，親潮，または千島海流は，千島・北海道沖から，ゆるやかに南西に下る寒流で，濁りを帯び，魚類を養う有機物を豊富に含有する。日本海側を見ると，黒潮の分岐である対馬海流が，日本列島の西海岸沿いに北上し，逆に，朝鮮半島の東岸を，北鮮寒流が南下している。

**仮説としての先史時代**　この日本に，いついかにして人間が住みついたか，明らかでない。恐らくは，季節風や叙上の海流のどれかに乗って，偶然にこの国に渡来した人びとによって，最初の文明のあけぼのが開かれたことであろう。

日本人の人種的構成は，従って，次々にこの国に渡来または漂着した，幾多の周囲民族の複合体というほかはない。形質人類学者の仮説に従えば，その主流を占めるものはマレー系と蒙古系諸民族であり，これがアイヌなど北方民族と混合して，今日の日本人が形づくられたという。

日本における縄紋(じょうもん)時代以前の文化，または旧石器時代文化の存在は，最近実証されるに至ったが，その実体はまだ明らかでない。わが国の新石器時代は，縄紋時代と，それにつづく弥生(やよい)時代に分かたれる。

岡正雄を中心としたグループの民族学的・考古学的研究によれば，日本の先史時代は次のように仮説される。

**縄紋時代**　縄紋時代は西歴紀元前1万年頃から約6千年続き，初めは2種の異系統文化が並立している。その第1は，関東から九州にかけて回転文系土器を残した種族文化で，狩猟を主とし，低度の農耕を行なった母権社会であった。その第2は，北海道，奥羽，関東，中部に貝殻文系土器を分布せしめた北方的狩猟・漁撈文化で，シベリア骨器文化の波及と考えられる。宗教的には，供犠の仕方に独特なものを持ち，獣頭，心臓，肝臓，耳，鼻を供え物として狩猟神に捧げたことが想定されている。

中期縄紋時代は隆線文・渦巻文土器を伴い，西日本から東進した母権的農耕社会で，村落共同体を形成し，水・陸稲など若干の穀物栽培と狩猟を業とし，母系的母処的家族，訪婚，秘密結社が見られた。天照大神，とくに天の岩戸神話，殺された月神の屍体から種を得る穀物起原神話，マレビト信仰，神々の来訪，母系的な死者崇拝から出た祖先崇拝などが，この文化の特色とされる。この母権的農耕村落文化は，例えば天の岩戸神話と全く同一のモチーフが南支の苗族，印緬国境のカーシ族，ナガ族の神話に見られる事実が示すように，南支から渡来したものと推定され，東南アジアからオセアニアにかけて存在した古い文化層との繋がりが考えられる。

**弥生時代**　西歴紀元前4世紀頃から紀元3世紀頃までと推測される弥生時代の文化は，一つの混合文化であり，朝鮮や南満洲につながる要素を含んではいるが，その主流はオーストロネシア（太平洋中南部諸島）系文化と見られる。弥生式文化の最も重要な特徴は，米の栽培と金属器の使用である。この文化は，開闢神話としての天地分離神話（南支・インドネシアに同一類型），洪水神話（南支・東南アジア・インドネシア系），海幸山幸神話（南海諸島系），稲羽の白兎説話（インドネシア系）などを通して南方につながり，父権的社会，強い部落結合，年齢階級制度をもち，稲粟の耕作と漁撈を生業としていた。宗教的には，海のかなたや海底を祖霊の国とし，霊魂の信仰，漁撈の神への儀礼，稲作儀礼などがあった。

**古墳時代**　弥生時代の末期から古墳時代前期にかけて，すなわち西歴3～4世紀ごろ，東南満洲から朝鮮半島を経て，大規模な大陸系種族の来住があった。この新種族は，その制度・社会構造・文化一般において，著しく古代朝鮮諸国と類似した父権的社会に支えられ，アルタイ系言語（満洲・蒙古・トルコ語系統）を日本にもたらした。その特色は，政治的軍事的組織をもち，父長権的大家族の大氏族連合を構成し，馬匹や鉄鍛冶をもった半農半牧の文化であり，氏族的身分的な職業集団を有していた。

高皇産霊神(たかみむすびのかみ)を中心とする高天原と中津国平定神話,八咫烏(やたがらす)の先導による神武天皇の建国神話,山や樹木を象徴とする神の降臨,父系祖先的な祖先崇拝,英雄の神化祖神化,シャマニズム,殉死の風習,古墳などが,主要な宗教的特徴であった。

　この父権的種族の代表が皇室で,4～5世紀ごろにはじまる後期古墳時代になると,各地の母権的農耕種族や,半農半漁の年齢階級的社会を形成した種族を統合し,またそれらと融合同化し,統一国家を打ち建てた。国家統一の進行に伴い,氏族内または村落内の封鎖性が打破されて生活圏が拡大し,異質種族文化の混合による等質化が急速に進行し,ここに日本民族が形成され,日本文化が誕生するに至るのである。[2]

## 2　古代日本の文化と宗教

**中国史書による古代日本**　　古代日本の姿を伝える最古の信憑性ある文献は,1世紀末,後漢の班固の編である『前漢書地理志』[3]で,

　楽浪(らくろう)の海中,倭(わ)人あり,分ちて百余国となす。歳時を以て来りて献見すといふ。

とある。楽浪は,前漢の武帝が西紀前108年,いわゆる古朝鮮を滅ぼして,その地に置いた四郡の一つであり,およそ今日の大同江岸平壌(へいじょう)附近にあった。古代日本における中国文化の輸入は,この楽浪郡の全盛時代,南

---

[2]　岡正雄・八幡一郎・江上波夫「日本民族＝文化の原流と日本国家の形成(『民族学研究』13の3,1949),岡正雄「日本民族」(『日本社会民俗辞典』3,1957 pp. 1094～97)

[3]　中国古代の地理書『山海経(せんがいきょう)』は,『前漢書』より更に古いといわれるが,部分的に後人の加筆があり,製作年代が疑問視されるので,ここには取らない。

朝鮮，対馬，壱岐を通じてなされた。

有名な『魏志倭人伝』は，3世紀，晋の陳寿の撰であるが，わが国の政治・宗教の状態を

> その国，もと，また男子をもって王となす。住すること七八十年，倭国は乱れ，相攻伐して年を歴たり。すなはち共に一女子を立てて王となす。名を卑弥呼（ヒミコまたはヒメコ）といふ。鬼道を事とし，よく衆を惑はす。年すでに長大なるも夫婿なし。男弟あり，佐けて国を治む。

と述べている。鬼道とは，今日いうシャマニズムかと思われるが，明らかではない。

**古神道の社会的背景** 日本側の資料である『古事記』，『日本書紀』，『風土記』，『万葉集』などは，8世紀の文献であるが，儒教・仏教渡来以前の古伝承を比較的良く保存している。

古典に記された先住民族，国栖，土蜘蛛，八掬脛，蝦夷などを追って，まず，日本の中央部に勢力を占めたものは，出雲系諸氏族であった。やがて，出雲系諸氏族と同じ種族と伝えられている日向系の人々の東征により，古代日本の統一が成就された。文化の中心は，概ね大和の中央部である高市，十市，磯城郡にあり，皇居は一代ごとに宮殿を営みながら，この範囲内にある氏族集団の散在地を移動した。

まだ人に支配されたことの無い河流は，雨ふる毎に溢れて，思うがままに土地を潤した。見渡すかぎりの広い平野には，葦が一面に生えていて，秋風の白い穂波が重く靡いた。おのずからにして成れる百枝の稲も，喜ばしき瑞穂の兆を示した。人びとは足結を濡らしつつ，水のほとりに新しき地を求め，葦原を見ては新たに田を墾いた。[4)]

中央政府で国政を掌る者は臣・連であり，地方には国造・県主・稲置等が置かれて，行政の任に当ることになっていた。しかしながら，こう

---

4) 武田祐吉『上代日本文学』博文館 1935, p.21

した政治組織の根柢となったのは，言うまでもなく氏族制度だった。氏族制度は氏と部との２組織から成り立つものと考えられる。氏とは，同一の血縁意識に支えられた集団で，族長である氏上が，これを統轄していた。部とは，必ずしも同一の血族から成り立つ訳ではないが，団結して氏上に従属することが多かった。矢作部，鏡作部，忌部のごとく，一定の職業または職務をもつ者の団結がそれである。また，御子代部，御名代部のごとく，特殊の目的で結集された部もあった。百済部，佐伯部のように，特定の人種で結成された集団もあった。

**神観念**　"古神道"の語は一般に，仏教の影響がまだあまり顕著でなかった８世紀中期ごろまでの神道を指す言葉である。さきにも触れた通り，日本民族は周囲民族の複合体であり，その宗教思想や儀礼は，周囲民族のそれと同じ類型に入るものが少なくないが，これらが渾然と融合して，いわゆる古神道が形づくられた。

古代日本人にとって，カミ（神）とは，「尋常ならずすぐれたる徳のありて可畏き物」[5]であった。神秘と畏敬の念を起させる存在は，ことごとくカミと呼ばれた。

神には第１に，山，海，水，大地，動植物などを神格化した自然神がある。大山津見神（山の神），綿津見神（海の神），罔象女または水分神（水の神）などがそれである。

神には第２に，偉人，英雄，長上などに神性を見出した，人間神がある。もと実在の文化的英雄と想像される大国主神は，その一例かと思われる。

神の類型の第３は，抽象的な力や観念を司るとされた，観念神である。事物の生成や創造にはたらく産霊の２神（髙皇産霊尊，神皇産霊尊），生殖力の表現と見られる伊邪那岐命，伊邪那美命，思慮を司る思兼神，腕

---

[5)]　本居宣長『古事記伝』巻３

力を表現する手力男神,吉凶の根源と考えられた直日神,禍津日神などがそれである。

氏族の統合の中心となった氏神は,必ずしもその氏族と血縁的つながりをもつ祖神ばかりでなく,自然神や観念神が氏神として信仰された場合が少なくなかった。平安初期に完成の『新撰姓氏録』に掲げられた諸氏の始祖神の中に,おびただしい産霊の神が存在することは,こうした実例として注意しておく必要がある。

**祭場と儀礼**　神道は,もと常設の神殿なく,祭のたびごとに聖地に神籬,磐境のようなシンボルをもうけ,神の降臨を乞うた。やがて常設の社殿が建てられるに及び,神常在の観念が生じた。神社建築の最古のタイプは,伊勢の神宮の御正殿に見られる神明造りと,出雲大社の本殿に見られる大社造りである。前者がもと倉庫,恐らくは穀倉から発した平入りの神殿であるのに対し,後者は古代住居から発した妻入りの社殿であった。

伊勢の神宮御正殿

古神道の儀礼の中心は,農耕儀礼にあった。中にも春,稲作開始に先立って,五穀の豊饒を祈る祈年祭と,秋,神に新穀のみのりを感謝する新嘗の祭が,中核をなしていた。個としての人間問題解決の場は,集団の連

帯性の中に求められていた。氏族や聚落の繁栄自体が，個人の幸福でもあった。その中にあって，もちろん，個人的祈願もなされた。

出雲大社本殿

庭中の阿須波(にわなか あすは)の神に小柴(こしば)さし
吾(あれ)は斎(いは)はむ帰り来(く)までに[6]

庭に臨時に立てた神籬(ひもろぎ)の前に，愛する人の旅の安全を祈るのは，妻であろうか。それとも乙女であろうか。

祭りは，神霊の降臨を乞い，あたかも貴人を歓待するごとく，衣服，飲食，日用器具など供え，音楽歌舞した。その目的は，神の加護を祈り，またはその怒りを和らげることが主だった。

古神道の宗教的態度は，神に祈願することによって環境を打開し，直面した人間問題を解消しようとする，現世利益的な請願態であったかと思われる。

禊・祓(みそぎはらえ) 心の罪や穢れを除去する方法として禊祓が行なわれた。禊(みそぎ)は身滌(みすす)ぎで，海中または川流に入って身を洗う。祓(はらえ)は身体に付着した塵を払い除くことをモチーフとした。これらはともに肉体の浄化を媒介にして，心の浄化をはかる象徴的行為である。

禊祓に2種あり，一つは神事に先立って心身を清めるため，参加する人

---

6) 『万葉集』巻20

の自発的意志で行なう宗教的儀式で，善解除(よしはらえ)とよばれた。

他の一つは，犯罪者に対し強制的に命令して行なわしめる悪解除(あしはらえ)で，祓に使う物資その他を賠償として犯人から出さしめた。すなわち一種の刑罰である。

**世界観**　古神道には，2種の異質的な世界観が並存していた。第1は，高天原(たかまのはら)—中津国(なかつくに)—黄泉(よみ)の垂直的三元的世界観で，満蒙から北方アジアのシャマニズム文化圏のそれと同一の類型に属し，日本神話の主流を占めている。高天原は天上の神々の国，中津国は人間の住む現世，狭くは日本を意味した。黄泉は，死者の行くべき地下の国で，その描写は古墳内部からの連想と思われる。

世界観の第2は，現世と常世(とこよ)という水平的世界観で，東南アジア方面のそれとつながりをもち，神話よりはむしろ，常民の他界観念に顕著に現われた。常世とは，そのはじめは単なる海上遙かな遠い国であったが，やがて『常陸風土記(ひたちふどき)』に見るごとき，五穀豊饒の楽土と考えられた。

**人生観**　こうした世界観にもかかわらず，古神道は，現世以外に優越した世界を考えていない。神々の世界とされた高天原も，何程かは桃源郷と考えられた常世も，ともに現世に即して描かれ，特に現世以上の価値を与えられてはいない。黄泉のごときは，暗く汚ない厭わしい所とされ，死後の世界は遂に美化されることがなかった。現世こそは，過去，現在，未来のうち，最も価値ある世界，理想の達成せらるべき最善の場所という，素朴な現世中心主義が支配的であった。

古神道の人生観の，もう一つの大きな特色は，明るい楽天観である。現世中心的な思潮は，必然的に現実肯定的でもあった。そこには，印度神話に見られるような，厭世的傾向は微塵もない。日本古典の随所に散見される朗らかさ，無邪気さ，若々しさは，ギリシャのホメロスの詩篇にも似た自然人の，素朴な生のよろこびをたたえていた。

## 3 古神道の展開と神祇制度の確立

　前節で述べた古神道は，その後も長く一般民衆の間に伝承され，相次いで渡来した中国・印度の思想や信仰と複雑に絡み合いながら，民間信仰の主流を形成した。しかも，古神道に見られる素朴で純真な若々しい生命の息吹(いぶ)きは，のち長く神道史上の底流となり，江戸時代中期以降，復古神道によって更に強調された。

　**古神道の発展**　一方，古神道後期に至ると，殊に儒教の触発を受けて，それまで未分化であった道徳意識が顕著になり，在来の自然主義的傾向に反省が加えられてゆくことは，『古事記』と『日本書紀』における同じ事件の描写法を比較検討した村岡典嗣の研究によっても明らかである。[7)]

　神は人を守り導き給うもの，という確信から，古来の迷信や宗教的弊害の種々——たとえば河神の生贄(いけにえ)に人を捧げることや殉死の風習——が廃止された。『古事記』応神天皇の条には，約束を果さなかった兄を戒めて，母なる人が

　　我(あ)が御世(みよ)の事能(ことよ)くこそ神習(かみなら)はめ　又うつしき青人草(あをひとくさ)習へや　其の物償(ものつぐの)はぬ

と述べている。人間は神に規範を求めて行動すべきもの，どうしていつわり多き世俗の人々を，模範として良かろうか，という趣旨である。神代の物語である神話が，次第に規範性を帯びて来るのも，この時期のことかと思われる。

　こうした時代の動きに対応して，他方では又，古神道の内部に，その上部構造として，国家の統合にかかわる種々の現象が展開して行った。

---

　7)　『日本思想史研究』第1巻ならびに『神道史』参照。

**神話の統合と「神人分離」**　その第1は，皇室を中心とする神話の統合である。もと諸氏族は，それぞれの神話をもっていた。彼等の政治的軍事的勢力が統合されて，日本という統一国家が出現すると，諸氏族の神話を皇室のそれに統合して，体系的な日本神話を構成する試みが進められた。『古事記』序文に，天武天皇の命令で，諸家に伝わる神話伝説や歴史が検討されたというのは，こうした一面を物語るものであろう。

第2は，いわゆる「神人分離」である。伝承によれば，もと皇居内の神々を祀る場所は，天皇の住む場所と「同床共殿」であった。崇神天皇の御代，これらの神々のうち，天照大神を笠縫邑に，倭大国魂神を市磯邑に，佐士布都神を石上邑に遷し祭った。こうした社は，のち，それぞれ伊勢の神宮，大和神社，石上神宮となるものであるが，問題点は，それまで皇室の守護神であった神々が，皇室から外部に遷されることにより，国民の神・国家守護の神という機能を合わせもってゆくことである。

**神祇制度の確立**　氏族制度の時代，皇室は各氏族の統合者であった。あたかも各地方に数多の小氏を有する大氏が存在したように，皇室は大氏上としての地位にあった。この関係は，皇室が興隆し，国家的組織が整備するに従って，次第に確乎たるものになり，各氏族の神話や守護神（氏神）は，皇室中心に再編成されて行った。天照大神をはじめとする皇室の神々は，一般民衆の尊崇の対象となった。同時に又，各氏族の氏神に対して，祭のたびに皇室国家から捧げ物が奉献された。このような制度（いわゆる神祇制度）の背後に見られる宗教政策は，権力を持つ者が力で自己の信仰を強制するのでなく，逆に，諸氏族の氏神を尊重し，これを広く国家と国民生活の守り神として迎え入れる方式であった。

神祇制度の成立は大化改新の時代に遡ると言われるが，近江令，大宝律令ともに滅びて世に伝わらないので，その内容について現在知り得られる最古の史料は養老令である。

養老令によれば，中央政府に太政官とは別個に神祇官があり，その長官を伯という。神祇官の職務は，神々に対する国家としての祭祀，神職および社領地の農民の戸籍が主なものであった。

神祇官の行なう恒例祭祀としては，2月祈年祭(としごいのまつり)，3月鎮花祭(はなしずめのまつり)，4月神衣祭(かんみそのまつり)，三枝祭(さいぐさのまつり)，大忌祭(おおいみのまつり)，風神祭(かぜのかみのまつり)，6月月次祭(つきなみのまつり)，道饗祭(みちあえのまつり)，鎮火祭(ひしずめのまつり)，7月大忌祭，風神祭，9月神衣祭，神嘗祭(かんにえのまつり)，11月相嘗祭(さいにえのまつり)，鎮魂祭(たましずめのまつり)，大嘗祭(おおにえのまつり)，12月月次祭，道饗祭，鎮火祭が規定され，他に6月・12月晦日の大祓(おおはらえ)が行なわれた。臨時祭としては，天皇の御即位式後の最初の11月に行なわれる大規模な収穫感謝祭である大嘗祭(おおにえのまつり)があげられる。[8]

神祇制度は，平安時代のはじめ，927年に撰進された延喜式によって，その完成の姿を窺うことができる。延喜式は，当時の根本法たる大宝令の制を運用実施するための細則50巻より成り，当時の文化と社会を知るに欠くことのできない貴重な資料である。うち最初の10巻は，神道関係の記事にあてられているので，特に神祇式ともいう。すなわち，その第1・2巻は恒例行事としての祭，第3巻は種々の臨時祭，第4巻は伊勢の神宮，第5巻は伊勢の神宮に奉仕する皇女（斎宮(さいぐう)），第6巻は賀茂の社に仕える皇女（斎院(さいいん)），第7巻は践祚大嘗祭に関する規定である。第8巻は神々に対する祈願の言葉二十数編を集めたもので，上代における祝詞(のりと)の概要は，ここに初めて明らかになった。第9・10巻は世に神名帳(じんみょうちょう)と呼ばれる。神祇官が直接祭る神々737座（五畿内に集中）と，地方の国司が祭る2395座，合計3132座の官社（いわゆる式内社(しきないしゃ)）の神々のリストがこれであって，この名簿により当時の主要神社の全国分布や，交通路文化圏の概況など推定することができる。

---

8) 毎年の恒例祭祀として，天皇が行なう新穀感謝祭も，同じく大嘗祭と呼ばれたが，延喜式以降では新嘗祭(にいなめのまつり)と改称された。御一代一度の臨時祭としての大嘗祭は，現代でも同じ名で行なわれている。

## 4　神道理論の展開

　諸宗教における教学（神学）の展開は，まず，その神話の解釈からはじまる。神話がわれわれに語りかけ，訴えようとした真の精神は，何であるか。これを知るためには，新しい時代の光の下で，古い神話の意味を再検討・再解釈・再評価することが必要なのである。神道においても，8世紀初期の『古事記』，『日本書紀』編纂から約百年後，弘仁年間（810〜823）に『日本書紀』の研究会が宮廷で開かれ，『弘仁私記』が撰述された。しかしながら，自主的な教理体系を組織するには程遠く，鎌倉時代に至るまで，神道の教学は仏教的解釈に支配された状態であった。

　**神仏習合**　紀元538年，百済（くだら）の聖明王（せいめいおう）を通じて伝来された仏教は，はじめ蕃神（となりぐにのかみ）と考えられ，わが国在来の神々と，深くは区別されなかったが，やがてそのもたらした造形芸術や荘厳な法会が人心を魅惑し，内的には無常観，来世観，運命観などが，人々の人生観に影響した。仏教は奈良時代まではむしろ神道に劣らず国家教的であり，現世仏教・国家仏教として栄えたが，平安時代に入ると密教的行法を中心とする祈祷仏教となり，弥陀の信仰，浄土の欣求，厭世思想が深く国民の心を支配した。

　しかし仏教も，民族宗教として国民の間に行なわれていた神道の存在を無視することはできなかった。当然，両者の間に接触と交渉が起こり，これが日本文化史を彩る顕著な問題として，種々の現象を生んで行った。

　神仏習合には，次の3段階がある。その第1は，護法神の観念である。すなわち，神道の神々は仏法を守護するという思想で，奈良時代，東大寺の大仏鋳造に際して，宇佐八幡がこれを擁護のため，神々を率いて入京されたということが喧伝された。この出来事は，東大寺八幡という寺院鎮守

の社が勧請される発端になるのであるが，同様な寺院の鎮守は，法隆寺のための竜田神社の分社をはじめ，全国に多くの例を見るところである。

　神仏習合の第2段階は，神々の解脱という観念である。つまり，仏教者の解釈によれば，神は宿業によりまだ輪廻転生の苦界に止っている。その位置は六道（迷界）の最上位である天（梵天・帝釈天などと同じ deva）であり，苦悩甚だ深いので，仏法を聞いて解脱を望んでいる。信仰者にとって，神への最大の奉仕は，神々に仏道修行の因縁を与えるため神宮寺・神願寺を建立し，神前で読経することであるとした。この段階の早い例として，伊勢の大神宮寺は文武天皇2年（698）からと伝えられるが，鹿島神宮寺は天平勝宝年間，気比神宮寺は遅くも天平宝字年間の建立であり，神々のための読経がなされた。しかし，伊勢の神宮のごときは，神宮寺は遂に勢力を振うことができなかった。

　第3段階は，本地垂迹思想である。神の本体は仏であり，神々は仏が現象界に仮に出現した姿（すなわち権現）であるという。ここに至ると，神は，衆生の一つという観念は跡を断ち，菩薩の垂迹と説明された。[9] この思想は，第2段階のうちに徐々に育くまれ，平安時代中期から後期に著しく現われたが，[10] この立場に立って，神社の本殿に御神体のかわりに本地仏や僧形の神像を祀ることが行なわれた。

　**仏教的神道**　　神仏習合という現象を土台にして，その理論づけを試みたものが仏教的神道である。仏教的神道には，天台系，真言系，日蓮宗系，

---

9) Bodhisattva. 小乗仏教では悟りに到達する一歩手前の仏陀をいうが，大乗仏教では弥勒，観音，文珠，薬師，地蔵など，慈悲を行なうため地上にとどまっている一種の仏陀を意味する。

10) 垂迹の語は859年，『三代実録』に見え，神に菩薩号をつける例は早く783年，宇佐八幡に対して行なっていることが，『扶桑略記』に出ている。権現については，812年の作といわれる『走湯山縁起』（伊豆山神社）に走湯山権現とあるが，一般には西暦1000年ごろから普及したらしい。

浄土真宗系など種々あるが、最も代表的なものは天台宗の本拠比叡山の天台神道（山王一実神道）と、真言宗の本山高野山を中心とする真言神道（両部習合神道）である。両者はともに開山の祖、最澄・空海によって始められたというが、理論的展開は鎌倉時代に入ってからのことであった。

山王一実神道によれば、宇宙の多様な諸現象の背後に、それらと究極的には時間的・空間的因果関係をもちながら、超越的で不可視な存在の統合体がある。これが根本的仏陀（釈迦如来）で、諸神はその垂迹（根本的仏性の表現）であるとする。この教は本山の守護神である山王の文字の解釈（三諦即一・一心三観）とも結合し、山王の神こそは釈迦如来が民衆救済のため出現した姿であり、従って日吉（ひえ）の社は諸神の中での根本、天下一の名社であると説いた。

しかしながら、天台神道よりも一層影響力の強大であったのは、三輪流神道の流れを汲む両部習合神道である。両部神道においては、世の中に存在する一切万有は、太陽に象徴される宇宙的本体、大日如来（だいにちにょらい）(Mahāvirocana)の現われであるとした。真言教学によれば、大日如来も一切の事物も、金剛界・胎蔵界という二つの相（すがた）を有している。前者は全ての煩悩を打ち砕く堅い智慧であり、後者はあらゆるものに内在する永遠なさとりの本質であるという。また、金剛界を男性的・静的・精神的要素とすれば、胎蔵界は女性的・動的・物質的要素であるとする。かような二元論を諸社の神々にあてはめ、例えば伊勢の内宮は胎蔵界大日如来、外宮は金剛界大日如来がその本体であると解釈した。いずれの場合にも、その根本的な発想法は本地垂迹説であり、密教的な儀礼によって、多分に請願態的な信仰が、庶民の間には行なわれたことが推察される。

**反本地垂迹説**　神仏習合の第2段階から第3段階にかけて、神道の神々の位置は、単なる一個の衆生から仏の垂迹にまで昇格したけれども、この解釈はあくまで仏教本位の解釈であり、神道をその下位に従属せしめる

感がないとは言えなかったので，鎌倉時代に入ると，神道の内部からこれに対抗し，自主的に神道のための神道教学を樹立しようとする動きが出て来た。仏教神道の理論的完成は鎌倉末期のことであるが，この時代にはすでに伊勢の外宮を中心とする度会神道(わたらい)（伊勢神道）が展開していたのである。

**度会神道** 度会神道は，神道が自主的主体的立場から形成した最初の教学で，外宮の神主家，度会氏を中心にはじめられた。その主要なテキストともいうべき神道五部書[11]は，平安末期から鎌倉中期にかけての作と推定される五種の書物から成り，純然たる神道書というよりは，むしろ神社誌に類するが，その中に仏教的神道とは別個の神道中心的な思想体系がうかがわれる。

その主要な教説は，まず，宇宙の一元的本体として「混沌」[12]があり，これが内外二宮の根本神であるとする。第2に，神，道，人の三者は結局本体たる「混沌」に帰着すること。第3に，神道と仏教の間には本末の分があり，神道が立てる根本神が本体で，仏は印度におけるその垂迹であるとした神本仏迹説（反本地垂迹説）。第4に，神道の特質は清浄にあるとし，禊祓を通しての心身の浄化が強調された。第5に，本体たる根本神に合一するため，正直（こんにちの高潔・正義にあたる）と祈り（行法）に力点を置いた修行が説かれている。[13]

度会神道は，教団というより学派であるが，その教説に見られる宗教態

---

11) 『伊勢二所皇太神宮御鎮座次第記』，『伊勢二所皇太神宮御鎮座伝記』，『豊受皇太神御鎮座本紀』，『造伊勢二所皇太神宮宝基本紀』，『倭姫命世記』の五部から成っている。

12) 現象界に事物が発現する一歩手前の，未分化な原初を意味するもので，度会家行の『類聚神祇本源』(1320)では同じ観念が「機前」と表現されている。

13) 度会神道の主な学者としては，度会行忠（1236～1305），同常昌（1263～1339），同家行（1256～1351），慈遍（生没年不明だが，1350年に70余才で健在）北畠親房（1293～1354）などがある。

度には注目すべきものがある。たとえば康安元年（1361）参宮した京都の医者坂十仏は度会家行に会い，その著『伊勢太神宮参詣記』の中で，次のように述べている。

> 就中当宮参詣のふかき習は，念珠をもとらず，幣帛をもささげずして，心にいのる所なきを内清浄といふ。潮をかき水をあびて，身にけがれたる所なきを外清浄といへり。内外清浄になりぬれば，神の心と我心と隔なし。すでに神明に同じなば，何を望てか祈請のこころ有るべきや。是真実の参宮也と承し程に，渇仰の涙とどめがたし。

より大きな本体の中に，自我が解消されてゆく。自己と神との神秘的な融合の体験を通して，人生を生き抜く生命力が新たにされる。こうした意味で，度合神道の宗教的態度は，典型的な融合態と言えるかと思われる。

**吉田神道**　度会神道の影響を顕著に受けながら，続いて室町時代に出現した学派に吉田神道がある。その大成者は，京都の吉田神社に仕えた卜部（吉田ともいう）兼倶（1435〜1511）で，祖先代々学問の道に精しく，度会神道の慈遍（吉田兼好の兄）も，この家の出身だった。

兼倶によれば，当時，3種類の神道が行なわれている。その第1は，本迹縁起神道（又は社例伝記神道）で，各神社ごとに行なわれる創立の由来，歴史的沿革，祭祀等に対する解釈をいう。第2は，両部習合神道で，単に真言神道のみならず，本地垂迹説に立脚する仏教的神道を指している。第3は，元本宗源神道（唯一神道）で，宇宙の根本原理にもとづいた最高の神道であり，神代から吉田家に伝わる唯一の正しい道統という。[14]

こうした強い自負心のもとに，兼倶は自己の神道を顕露教と隠幽教に分けている。前者は外部に顕露された教，具体的には天地開闢や神代の事蹟などの神話研究，王臣の系譜その他神道史の研究，外面的な祭祀行法の修錬等を指し，その道場を斎庭（または外場）といった。後者はこれに対

---

14）『唯一神道名法要集』

し，神道の最も神秘とする究極の教を意味し，その道場を斎場（内場）という。今も吉田山上に現存する大元宮(だいげんきゆう)がそれで，宇宙の根本神（太元尊神(たいげんそんじん)）を祀り，周囲に伊勢をはじめ式内社の神々全部が祀られている。

太元尊神とは，天地に先だち天地を定め，無量無辺，無始無終，不変にして神代に常住する根本神格で，日本書紀に最初に出現する国常立尊(くにのとこたちのみこと)が，それであり，天地間の森羅万象は，全てこの神のなすところ。天地にあっては神となり，万物にあっては霊，人においては心となるという。

この根本神格からの派生である法則・規範としての道は，世界に存在する一切万行の起原であり，元本宗源(げんぽんそうげん)の唯一の法である。これを樹木にたとえれば神道は根幹にあたり，仏教は花実，儒教は枝葉に相当する（三教枝葉花実根本説）と述べて，反本地垂迹の立場を明らかにした。

人間観については，人は形は天地と同じ要素から構成され，心は若し純粋に浄化されるなら，神がそこに宿り給うべき舎(みあらか)であるという。この意味で，人の行動は起居進退の一々に至るまで，ことごとく神に通ずるものでなければならぬ。神道は心を守る道であり，究極的には自己の心に宿る神を，みずから祭る道である。この神秘的境地こそ内清浄であり，吉田神道の極意である，とした。

かような教説は，すでに道教思想の影響下にあった度会神道の延長で，教学面での宗教的態度は融合態であるが，顕露教・隠幽教の区別は真言哲学の二元論の援用であり，密教的な護摩(ごま)，灌頂(かんじよう)，加持(かじ)，火燒(ひたき)神事等を採用して庶民の請願態的な要請にも応えた。しかしながら中世末期の混乱期によく主体的な教学を樹立して朝廷，公家，将軍等の信仰を得，神職養成機関を設置して全国主要神社の神職を教育するなど，見るべき功績が少なくなかった。[15]

---

15) 神職養成は，それまで各社ごとの後継者養成教育のほか，白川家（平安末から神祇伯を世襲）の教育機関があるだけだった。

吉田神道の門流は，兼倶の没後も有能な学者が輩出し，神道界の大勢力として，江戸時代後期まで神職の大半を支配した。

この学統を汲む神道家が好んで使用した教化資料に，三社託宣がある。三社託宣とは，伊勢，八幡，春日の神々の託宣という形式で，心の清浄，正直，慈悲など，神道の教説を説明したもので，兼倶のやや前から行なわれ，江戸時代に至って益々広く巷間に普及した。

**儒家神道**　江戸時代に入ると，儒教と神道との間にも，新しい交渉がはじまった。その端緒はすでに度会神道に開かれていたが，徳川幕府の官学となった朱子学を中心に，陽明学，古学等の学者が，それぞれの立場から神道の解釈を企てた。朱子学者には藤原惺窩，林道春などあり，朱子の性理説を論拠とした。陽明学者としては中江藤樹，熊沢蕃山等で，王陽明の良知説によった。しかしながら，彼等に共通する理想は神儒合一であり，形式的には神仏習合と大差なかったが，儒家神道の場合，多く理論的研鑽だけで，仏教的神道に見られるほど神社での儀礼や実践には展開し得なかった。

**吉川神道**　吉川神道は，後述する垂加神道と共に，儒家神道の代表的学派である。その創立者，吉川惟足（1616〜1694）は，吉田神道を究め，これに朱子学的解釈を加えて一派を立てた。のち召されて幕府に仕え，徳川頼宣，保科正之等にその説を伝えた。

惟足によれば，神道には2種あり，一つを行法神道という。一般神社の神職が指導している宗教的儀礼や行法が，その主たる内容である。これに対し，第2は理学神道で，天下を治める道をいい，三種神器に象徴される帝王の道と，忠を最高とする国民道徳，ならびに武芸を強調して，神道の本旨はここにある，とした。

その教学は，第1に，朱子学における究極の実在である太極（宇宙の理法・絶対的原理であると共に規範の根源）こそが，神道の神々の一元的神

理であるとし，これを国常立尊(くにのとこたちのみこと)と同一視する。すなわち太極とは，形ある神でなく，天地に先立って存し，天地を生ぜしめた理であり，神々はその理の具現であるとする。

第2に，神道は天地をもって書籍とし，日月をもって証明とし，三種神器をもって象徴とするもので，人心の分別をもって教えることなく，自然に人倫の道が備わっているという。

第3に，人は神をその心に受けて生まれたもの。心は神明の舎であり，「混沌」の宮である。だから，心は神そのものではないが，心の本源は神である。私欲を没却して，心の本質を発揮するための修養を怠ってはならないとする。

第4に天人一貫を説いている。天地も人も，その根本においては一貫の理法から発したもの。同根一体である。天は人の大なるもの，人は天の小なるもので，従って天と人とは一つであるという。

第5は，彼の死生観である。有限な肉体は，死後，土になるが，心は不滅で高天原に帰る。生死はあたかも昼夜の如く，一日の用事をつとめて夜寝床につくことが死で，ここに嬉しい悲しいの念慮はない。根本の神より出た心は，又もとの一霊に帰するのであるが，日と共に現われて天地の造化を助ける，と述べている。[16]

第6に神籬磐境の伝がある。神話によれば，高天原から天照大神の御孫にあたる瓊々杵尊(ににぎのみこと)が中津国に降臨される時，高皇産霊尊(たかみむすびのみこと)は天児屋命(あめのこやねのみこと)，太玉命(ふとたまのみこと)に勅して，地上の国においても神籬(ひもろぎ)，磐境(いわさか)をたて，皇孫のために祭をするようにと言われたとある。惟足はこの神勅を特に重視し，国家統合の道としての神道を強調したのであった。

**垂加神道**　儒家神道の第2の代表は，垂加(すいが)神道である。その創立者山崎闇斎（1618〜1632）は，幼少のころ仏門に入ったが，25才で朱子学者と

---

16) 吉川惟足『生死伝秘』,『生死落着』

なり，公卿諸侯以下門人数千人といわれたが，50才頃から吉川惟足と度会延佳（度会神道中興の祖といわれる）について神道を学び，遂に一派を開いた。

その説くところの第1は，垂加の名である。度会神道の神道五部書に，

神（の恵）は垂るるに祈禱を以て先となし，冥（神慮）は加うるに正直を以て本となす

とあるが，この垂・加の2字が闇斎の神道のスローガンとなった。すなわち度会神道に見られるごとき祈りと正直の強調である。

第2の天人唯一の伝は，吉川惟足の天人一貫説を更に発展せしめたものである。闇斎によれば，天人唯一とは，両者が必ずしも合一であることでなく，道が天・人を貫いていることをいう。同一の理法の弧線を内から見れば神の造化となり，外から見れば人の活動とされる。

第3は，生活態度としての敬である。自己を慎んで謙虚であることが，信仰の神秘に触れる必須の要件とされた。しかしながらこの敬の徳を強調する裏付けは，中国的宇宙構成論としての五行説に立脚した土金の伝だったので，今日では誤解を招き易い。

第4は神秘主義的な絶対信仰で，神典の内容や儀礼など，全て理性ではかり難いものは，ありのまま信ずべきである。これらは信仰をもってはじめて悟り得べき不可測の神秘である，とした。

第5に，神道とは皇祖神，天照大神の徳を学ぶことであり，その徳は三種神器に象徴されているとする。

第6に，熱烈な天皇信仰がある。その主張は神籬，磐境や三種神器に対する極秘伝となり，また天皇主権の正統性の主張ともなって，幕末における勤王思想の重要な源流の一つになった。

---

17) 宇宙構成の5要素，すなわち土，金，水，木，火を有形，無形に分け，その中の土，金を特に重んずる宇宙論。

垂加神道は，神社活動を伴うものではなかったが，儒学を奉ずる人々の間に多数の信奉者を得，各地にその学派が栄えて，復古神道の出現まで，ほとんど神道界を支配する観があった。しかも闇斎の敬虔な宗教的態度と，熱烈な尊王思想は，後世の神道人に，直接間接影響することが多かった。

しかしながら，儒家神道の拠り所はいずれも儒教哲学で，中世以来の仏教的神道と相ならんで，外来の思想体系による解釈であり，一種の混淆状態から脱し切れるものではなかった。

**復古神道**　ところが，闇斎の死後間もない元禄時代，漸く太平に馴れた人々の間に解放精神が起こり，自由討究の学問的要求が発生した。この動きの最も顕著に現われたものが，国学の運動である。その主要な方法論は文献学であり，古語を一語一語克明に研究し，それを通じて古代文化や古代思潮を究明することにあった。

**本居宣長**　契沖(1640～1701)，荷田春満(1669～1736)，賀茂真淵(1697～1769)とつづいたこの学統は，真淵の弟子，本居宣長(1730～1801)に至って大成した。宣長の完成した文献学は，往年のドイツ文献学の創立者ヴォルフ[18]やベック[19]の時代より半世紀早く，しかも全く西洋文献学と没交渉に展開したものであったが，科学の名に値する精密さにおいて，いささかもドイツ文献学に劣るところは無かった。

学問が師弟相承の秘伝とされていた当時にあって，宣長は，師の説への盲従を戒め，師の説であるからという理由で盲従するのは，ただ師をのみ尊んで道を思わない者であると非難した。また伝統は必ず再検討すべきものとし，再吟味せずに，ただ古いものを墨守するのは，学問の道に嘆かわしいことと警告している[20]。

---

18) Friedrich August Wolf (1759～1824)
19) Philipp August Böckh (1785～1867)

こうした厳しい学問精神に支えられた彼の学問は，大別して三つの分野に分けられ，いずれも古典の一語一語の註釈のうちに，おのずから形成された。その第1は，国語学で，古代国語の音韻論を中心としたものであった。第2は，文学論で，文学の本領は，もののあわれの追求にあるとした。第3は，神道論で，復古神道の基礎はここに確立された。

学者としての宣長は，あくまでも文献学者として学問的であったが，宗教的人格としての宣長は，同時に敬虔な不可知論者だった。学問と信仰は互にそれぞれ徹底して存在し，相侵すことをしなかった。古典の分析を通して明らかにされた古代日本人の信仰は，そのまま彼の宗教となり哲学となった。

その神道論の第1は，神道の定義である。それは，仏教的儒教的解釈から脱却して，古典神話の忠実な検討のうちに求めなければならない。神道は天地自然の道でもなく，人の作れる道でもない。産霊神(むすびのかみ)の御霊により，伊邪那岐命，伊邪那美命のはじめ給い，天照大神の受け，保ち，伝え給う道であるから，神道(かみのみち)という，と述べている。

第2は，神の定義である。古代日本人の神観念を分析した宣長は，カミとは「尋常(よのつね)ならずすぐれたる徳(こと)のありて可畏(かしこ)き物」という。これは今世紀ドイツの宗教学者ルドルフ・オットー[21]が諸宗教の神観念に共通する非合理的・情緒的性格を指摘して述べた内容とほぼ一致するものである。

第3は，神秘な力の信仰としての産霊(むすび)の再発見である。産霊は，古代日本人の間に，天地間の万象生成の根源であり，いのちの源泉である神秘な力（神のはたらき）の観念として，広く信じられていた。その普及の程度は，平安時代初期の諸氏族の系譜である新撰姓氏録(しんせんしょうじろく)に，多数の家々が産霊神を始祖と仰いでいる事実からも裏付けされる。ところがこの観念は，中

---

20) 『玉勝間』巻2
21) Rudolf Otto (1869～1937)，ドイツの代表的な宗教学者。

世以降全く忘れられ，漸く宣長に至って再認識された。現代神道の神学に強調される「むすび」は，彼の神学の継承である。

　第4に，天照大神を至尊の神とする信仰がある。日本神話はこの神を中心に展開し，更に大神の御子として万世一系の天皇は，大神の御心を心として理想の道を行ない給う。わが国が世界に傑出するのは，この大神の出現せられた本国であるから，という。

　第5に，人生観の問題がある。古典神話のストーリーの構成は，吉凶善悪が相次いで生起しながらも，最後は善に至り吉に止まって，神代が終わっている。宣長はこれを古代日本人の人生観の反映と見た。人の世は一時も静止することなく流動を繰り返しながら，理想をめざして前進している。悪や凶は，単なる二元論的存在でなく，次に来るべきより大きな善と吉とをもたらす要素として意味を持つ。かような流転を踏まえての生成発展・創造進化が人生であると。

　第6に，死生観がある。古典の記事をそのまま信仰した宣長によれば，人は死後，善人も悪人もことごとく黄泉(よみ)という暗い穢いじめじめした厭な場所に行くことになっていた。それで魂の安心が得られるのかと問うた弟子に対し，安心なきが安心であるとも答えるのである。彼にとって，世の中のすべては神の意志なのだから，小ざかしい人智で矛盾を論ずることなく，一切をあげて神意に任せ切ることこそが死生観を貫く本筋であった。この絶対信仰に見られる宗教的態度は，儒家神道の場合とは違った意味で，また一種の典型的な融合態かと思われる。

　**平田神道**　数ある宣長の弟子達の中で，本居神道の正統を継ぎ，これを更に発展せしめた者は，平田篤胤（1776〜1843）であった。8才の時から朱子学を学び，26才頃宣長の著作を見て，その没後の門人となった篤胤の学問は，方法論的に宣長学の祖述であり，文献学的制約の枠内に終始した。しかしながら宣長に較べて篤胤は，より合理的・倫理的・実践的であ

り，神学的に本居学の領域をこえて独自の展開を遂げた。

その第1は創造主的神観である。すなわち古事記の冒頭に出現する天御中主神を，宇宙万物主宰の絶対神とし，その神徳のダイナミックな発現である高皇産霊神，神皇産霊神は，天地を創造し人類万物を生成し，人間に至善の霊性を与える祖神であるとする。

第2は世界観で，古来の垂直的世界観と西洋天文学説との結合をはかり，高天原を太陽，中津国を地球，黄泉を月とした。人の死後の世界については本居説に反対し，空間的に現世と全く同一の国である幽世（幽冥界）を立てて，神々や祖霊の鎮る所とした。

第3は人間観である。人は本来，産霊神の霊性を享けて生まれ出たもので，その本性は善である。それにもかかわらず人が時に悪をなすのは，善神と共に存在する邪神の誘惑により自ら造る悪であって，本性から来るものではない。現世において往々善人が苦しむのは，神が人間を試み給うからであり，善悪に対する真の応報は現世になく来世にある。この意味で現世は仮の世，来世は真の世である。[22] この来世を支配し，善悪を審判する神は大国主神で，出雲大社を中心に，各地の産土神がこの来世のいとなみに結びついている，とする。

第4は，古神道の宗教的要素の儀礼化である。篤胤は，伊勢をはじめ諸国の神々や，生活と生産活動の守護神に対する祈願の詞をつくり，家々の神棚を中心に毎朝神拝すべきことを説いた。特に祖先に対しては霊屋を設

---

22) この点については，第1の創造主的神観と同様，キリスト教の影響が見られる。すなわち明の耶蘇会士（Jesuits）であった Matteo Ricci（1552～1610）の畸人十編，Didaco de Pontoja（1571～1618）の七克七書，Giulio Aleni（1592～1649）の三山論学紀の内容が，篤胤の試論，本教外編に組み入れられ，主著『古史伝』に相当な影響を与えていることが指摘される。

それにもかかわらず現世を仮の世とする観念は，篤胤以降の神道教学に全く採用されていない。また天御中主神を主宰神とする教説は，一部の弟子に踏襲され，現代にも尾を引くが，現代神道の主流はこれを受容してはいない。

け朝夕怠りなくその恵みに感謝すべきことを強調した。現世の生活を終えた人の霊は幽世に常在して、後に続く者を見守るという死後観は、わが国古来の常民が持ち伝えた他界観念に根ざし、神葬祭や神道的方式による霊祭の理論的裏付けをなしたもので、現代神道の祖先崇拝に大きく貢献している。

　第5は、強烈な天皇主義、日本中心主義である。先師宣長の説を継ぎ、江戸時代後期という特殊な時代背景のもとに、古典を解釈した篤胤は、日本は世界の本宗、神道は諸教の根源で、中国・印度の古伝はその派生という信念を持ち、現世は天皇により主宰されるべきものとした。幕府政治への批判は直接的ではなかったが、その天皇中心思想の鼓吹は幕府のとがめを受け、講説と著述を差し止められて郷里に帰され、68歳で死んだ。

　篤胤の晩年、京都の白川・吉田両家は神職教育に彼の指導を受け、以後国学の影響力は神社界に決定的となった。彼の尊皇思想はまた、幕末の弟子たちに継承されて宗教的政治運動となり、やがて島崎藤村の『夜明け前』に描写された平田塾の討幕運動に進むのである。

　**明治以後の神道**　明治維新にあたり、新政府は国家機構の基盤になった天皇制と、その背景をなした復古神道（より端的には平田神道）を、国民に啓蒙する必要を感じ、明治2年7月から大教宣布運動をはじめた。この運動の担当者は神道家と儒者であり、のちに僧侶も参加したが、結局は失敗に終わった。崩壊の原因を辿れば、欧化主義と政教分離が叫ばれていた当時の国情に適応し得なかったことも挙げられるが、より本質的には教学や組織の面で、このような大事業を行なうには神道がまだ未成熟であったことに帰着する。[23]

　明治15年1月、政府は、官社（国家の直轄下にある神社）の神職に対し、教導職（大教宣布の担当者）を兼務することと神葬祭の司祭を禁じ

---

23）村岡典嗣「明治維新の教化統制と平田神道」（『続日本思想史研究』）1939

た。この措置は，神社を国家儀礼・国民道徳の源とし，法的に一般宗教と別個の次元に置いて保護温存せしめようとするものであったが，社頭での説教活動と葬祭の禁止は，折角展開しかけた神学の萌芽を摘み取り，豊かな宗教性の開拓を妨げる一因になった。後述する教派神道13派のうち，6教団までが同じ明治15年の独立であることは，この命令に反対した神道家たちが，神道の宗教性を，神社とは別個の場で展開しようとしたものにほかならない。この法令はその後64年間継続し，昭和20年12月15日，占領軍の「神道指令」で厳しく政教分離が断行されるまで有効であった。

戦後の宗教政策は，神道に大きな変化をもたらした。律令制度の時代以前から国家や地方の血縁的地縁的共同体と密接にかかわって来た神社は[24]，歴史的に村落生活の中心であり，町村民の心を一つにまとめる機能を持って生きて来た。国家との結合も，この背景なしには成立しうるものではなかった。ところで明治から第2次大戦の終局まで，政府の神道政策はこの点を著しく強調したけれども，個としての人間問題の解決のごときは，一般宗教の問題であるとして，重要視されなかった。

これに対し戦後の宗教政策は，「神道指令」を踏襲して，神道に対しても個人性の領域にのみ生きることを許し，二千年近い年月，神道が持ち伝えた，文化的社会的諸要素諸勢力の統合と調和という機能は，政教分離の名の下にほとんど顧慮されていないところに，複雑な問題が生じている。

---

24) 宗教集団には，① 人間が社会生活を営むため自然に形成する社会集団（同族，部落，村，町など）が，そのまま宗教集団に移行しうるもの（たとえば古風な氏子集団）と，②特にある信仰を行なうため，血縁や地縁による集団とは無関係に組織されるもの（たとえば檀家組織，教会の会員グループなど）の2種がある。

　神道についてこれを見れば，教派神道は全て②に属すのに対し，神社神道は主として①に存立の基盤を置いて来た。しかし中世以降各地の大社が持ち伝えた講組織や，現代の崇敬者会は，②の類型に入るべきものである。

## 5　現代神道

**神道の種類**　この小文は，紙幅の大半を神社神道に費した。なぜなら，歴史的に神道の本流であり，普通，神道という時は，神社神道を意味することが多いからである。

しかしながら，厳密に神道という時は，神社神道以外に教派神道，民俗神道を包括しなければならない。これら三者を統括して，神道を定義づけるなら，神道とは日本に発生し，主として日本人の間に展開した伝統的な宗教的実践と，それを支えている生活態度及び理念をいう，とすべきかと思われる。神道はそのような形で，日本人の思惟や行動に深くかかわって居り，日本文化を理解するためには，仏教とともに，忘れてならない重要な問題なのである。

それならば，神道の第1のグループである神社神道とは何か。宗教学の立場から言うならば，神社神道とは，神社をその精神結合の中心としながら，人間の生きる意味を探究し，神と人とのかかわりの下に[25]，人として取るべき基本的生活態度を実践して[26]，人生の充実と，現世における理想の達成をはかるいとなみである[27]。神社神道は一個の宗教体である[28]。それは教祖

---

25) めぐみ，むすび，つながり等の言葉で理解されている。
26) まこと，すなわち自己の選びとった仕事や，周囲の対人関係において，ベストをつくそうとする態度で，その究極の源は神の前にたたずむ人の，宗教経験の中にあると考えられる。
27) 神道の理想とは神と共に永遠の道に生きて，日本ならびに世界に平和，福祉，繁栄をもたらすことであり，これを目標に現在という一刻一刻をよく生きる（充実する）ことが，神道者の使命と考えられている。
28) 宗教的人間の集まりである宗教体は，宗教的流派（文化の中にある宗教的潮流——例えば正月の初詣の習俗や，葬儀参加後の浄めの感覚のような）と，＊

をもたないが，日本古典神話の精神と，神社祭祀の伝統と，個々人の敬虔な宗教体験を中核にして，それらの再評価・再認識から導き出される教学と，実践と，氏子崇敬者の組織をもっている，とすべきであろう。

宗教集団として見た神社神道は，大部分の神社を神社本庁の下に結集（昭和50年末現在，神社数79,035・神職数17,967・信仰者数約6,000万名）していて，これに属さない神社は約400社である。

神道の第2のグループは，教派神道である。教派神道とは，日本在来の宗教伝統を基盤にして，19世紀ごろ日本に形成された13派の神道教団を中心とする神道の運動をいう。その特色として，

1. 復古神道又は個人の宗教体験をもとにして，教祖もしくは組織者を有したこと，
2. 哲学的考察よりは，むしろ信仰の実践を主としたこと，
3. その遵奉者は庶民階級で，それぞれ一個の宗派を形成したこと，

が挙げられる。

教派神道の宗派には次ページのようなものがある。

**神道の第3のグループは民俗神道である。**世の中には，社会というピラミッドの底辺に，教団的組織も指導者もなく，教義的な思想体系も持たずに，一般民衆の間で行なわれている信仰がある。これが民間信仰であるが，民俗神道とは，民間信仰の中で特に神社神道とかかわり深いものをいう。

民衆のめざす人間問題解決の場は必ずしも深遠な教義や宗教体験ばかりでなく，人々の日常生活に直結し，請願態的な宗教的態度に重点を置く，民間信仰の場に求められることが意外に多い。神道の場にこれを求めれ

---

\* 宗教集団（教団的組織のはっきりしたもの——神社本庁を中心とする神道集団もその一例）の2種に分かれる。神社神道の語は，この両者の意味をもっている。

|   |   | 独 立 年 代 | 信者数[29]（昭和50年末現在） |
|---|---|---|---|
| A | 復古神道系 | | |
| | 1. 出雲大社教 | 1882 | 1,001,450 |
| | 2. 神道大教 | 1886[30] | 206,956 |
| | 3. 神理教 | 1894 | 296,130 |
| B | 儒家神道系 | | |
| | 4. 神道修成派 | 1876 | 51,170 |
| | 5. 神道大成教 | 1882 | 108,915 |
| C | 禊系 | | |
| | 6. 神習教 | 1882 | 506,743 |
| | 7. 禊教 | 1894 | 124,960 |
| D | 山嶽信仰系 | | |
| | 8. 実行教 | 1882 | 137,880 |
| | 9. 扶桑教 | 1882 | 155,570 |
| | 10. 御嶽教 | 1882 | 682,370 |
| E | 純教祖系 | | |
| | 11. 黒住教 | 1876 | 407,858 |
| | 12. 金光教 | 1900 | 490,268 |
| | 13. 天理教 | 1908 | 2,357,786 |

ば，正月の歳神を迎える種々の習俗や，稲作に伴う春秋の田の神まつり，日待・月待，お百度，千社詣りなどが，民俗神道に入れられよう。

　神道を，現代という時点で横断的に分類すれば，以上の3種がある。しかし，これらは相互に絡み合って生きている。教派神道の信仰者は同時に神社の氏子であり，また神社神道と民俗神道との間には，学問的に境界線

29) 統計類は文化庁宗務課編，昭和51年版『宗教年鑑』昭和52年発行による。
30) 神道大教は，別派独立認可の事実がないので，教規認可の年を記した。

を引くことが困難——その両極端は相互に判然と区別されるとしても——なのである。

**神道のはたらき**　主として神社神道を中心にして，神道のにない手を見ると，それは古神道の時代から，ほとんど日本人に限られている。日本という場で，日本人の間に展開した神道は，必然的に日本人の生活と文化の中に，深くかかわって来た。

それらは，門松，雛祭りなど年中行事の中にも，「お蔭様で」とか「たべもの」（賜わった物）という日常用語の中にも，火の使用に伴うタブーの中にも，水や塩による潔（きよ）めの習俗にも，初宮詣り，七五三，成年式，結婚式など通過儀礼の中にも，田の神まつり（秋祭），地鎮祭，起工式，進水式などの儀礼の中にも見ることができる。

しかし，神道とは，かような習俗だけではない。それは，現代人に対して，一つの生きかたを示唆するものである。

現代神道によれば，神とはわれわれの祖神であり，われわれを今日かくのごとくに生かし給うおおもとである。それは単なる観念的・抽象的存在ではなく，神格をそなえられ，まことの祈りに応答される存在である。われわれは心に感謝の眼を開くとき，神はその存在を露わにされる。そして神々のはたらきを通じ，また神々とのかかわりのうちに，"神々の道" を知ることができる。

神道とは "神々の道" である。それは神々の御意志であり，神々に生きる人間の道である。神道はまた，時間空間を超越して普遍妥当な真理であるけれども，文字に表現されるがんじがらめのドグマではない。なぜなら，この真理は，神道の伝統に即しながらも，その時その時の人と神との出会いの場で，現実から離れることなく個別に認識されるべきものだからである。

このように言うと，神道には何の教えもないと誤解されるかも知れな

い。しかし，神道の教えは，古典神話の意味の解釈や，度会神道以後の神道説，ならびに個々の神道的人格の言行を通じて，最大公約数的に要約することができる。

その教えの第1は，万物の生成と発展の蔭にはたらく，神秘な力としてのむすびである。自己を取りまく大自然を支えている大きな手。歴史や人生や社会の動きの中に見られる目に見えないものの活らき。それらの認識を通して，神々の神秘な力をいただいて生きる自己を，感謝の眼で見つめてゆく生きかたである。

第2は，いのちの源としてのむすびである。人は神から与えられた生命を保持するゆえに神聖であり，相互にその人格を尊重し協力し合うべきことが説かれる。

第3は，基本的生活態度としてのまことである。まこととは，神を知り神とのかかわりを自覚した人間の，身うちに湧き上る謙虚で真心こめた生きる構えをいう。神道倫理の源泉はここにあり，この一筋の態度で周囲に接することは，人の上に立つ者になればなるほど厳しく要求される。

第4は，人生の意味に関連してのつながりである。人生の座標は，祖先から子孫への長い縦のつながりと，社会的連帯の広い横のつながりとの接点にある。自己に与えられた生活の時を力の限り充実して，周囲の人々や後につづく者にバトンタッチすることが，こうした縦横のつながりに対する人の責務と考えられる。8世紀ころの宣命（『続日本紀』にみえる天皇の詔勅）にしばしば現われる「中今」という言葉は，現在という時間に最高の価値を認める神道的歴史観であるが，限りあるいのちの一刻一刻を心ゆくまで充実させ，生きる悦びをしみじみ味わって，生きがいある毎日を送ることが，永遠に生成発展する歴史への，本当の参加の仕方であることを示唆している。

第5は，多様な文化的社会的諸要素を統合するものとしてのつながりで

ある。抱擁力豊かな日本人は，日本という土壌に，世界の諸宗教・諸文化を吸収し，おおらかな調和のもとに，日本文化を創造した。こうした個々の日本人の，外来文化受容の態度にも，神道の端的な表現が見られる。上は国民統合の象徴である天皇制から，下は村落や都市社会の氏神にいたるまで，神道の統合的調和的機能は，歴史を貫いて生きつづけて来た。古い社会組織が崩壊し，人間関係が断片化してゆく現代にこそ，諸勢力の個性を生かしながら協調的に共存共栄をはかる神道の平和精神が，意味あるものとなる，と考えられている。

宗教のきめ手ともいうべき，機能上の問題について考えて見ると，神道はいかに分析されるであろうか。宗教の普遍的機能として，われわれは，人間問題の究極的解決と，人生の究極的意味の探究という，二つを取り上げることができる。

この二つの機能を，心の中にある信仰的なかまえである信仰構造と宗教的態度の面から見てみよう。前者，すなわち信仰構造とは，人間問題をいかに受けとめるかという問題把握の方法や，人生の意味をどこに求めるかという理想（実現すべき価値）設定の基準をきめる，内心のかまえである。後者，すなわち宗教的態度は，人間問題の解決の仕方，または，理想実現の仕方を決定する内心のかまえである。

神道のこれらを，キリスト教，仏教との対比においてとらえると，およそ次の諸点が摘出できよう。

第1の人間問題の究極的解決に関連して信仰構造を見ると，キリスト教では原罪，仏教では苦諦，集諦が挙げられるのに対して，神道では未完成な自己にもかかわらず神のめぐみに生かされているという自覚が指摘される。これに対応する宗教的態度の面では，キリスト教で懺悔，祈り，無償の愛，仏教で滅諦，道諦が指摘されるのに対して，神道ではまこと，祈り，浄め（禊・祓）が挙げられる。

第2の人生の究極的意味の探究という機能については，信仰構造の面において，キリスト教はキリストの受難を通して神の恩寵を知り，神の恵みのうちに救われること，仏教では仏の慈悲に救われる（浄土系），菩薩道に生きる（禅系）という点が挙げられるかと思われるのに対して，神道ではつながりが考えられる。これらに対応すべき宗教的態度を見れば，キリスト教では懺悔，祈り，無償の愛が，仏教では悟りを通過したあとの平常心（禅系）や念仏三昧（浄土系）が挙げられるべきかと思われるのに対して，神道ではまことと「中今」の立場からの献身，奉仕を指摘することができよう。

　人間問題の究極的解決と，人生の究極的意味の探求という，諸宗教に共通の機能は，個人の場におけるものである。神道は，さらに，村まつりや天皇の御即位儀礼（大嘗祭）にみられるように，地域の住民や民族全体の連帯を深め，文化的社会的な団結と調査をはかろうとする，社会の場における機能を歴史的に強くもってきた。

　神道はいま，二つの大問題を抱えている。その一つは，信教の自由を侵すことなしに，いかにして叙上の社会的機能をもち伝えてゆくかである。他の一つは，急速な近代化に対応して，いかに信仰者を組織し，人間問題や人生の意味と取り組むかである。後者が現代の諸宗教に共通な悩みであるのに対し，前者はわが国では，日本人の固有信仰である神道のみがもつ特殊な問題といえよう。　　　　　　　　　　　　　（平井直房）

# 第十一章　日本人の宗教　Ⅱ

1　大陸宗教の受容
2　仏教の諸潮流
3　諸宗教の役割
4　現代の状況

## 1　大陸宗教の受容

**文字の使用**　日本人の文化は，大陸との接触交渉をぬきにしては考えられない。日本古代史に関する最古の文献史料は，日本国内ではなくて，かえって中国史書のうちにのこされている[1]。この事実は，日本における文化形成の由来を，象徴的に物語っている。宗教とても，もちろん例外ではなかった。

民族学などの畑では，文字の使用をもって，人類文化の発展に一段階を画するものとみている。日本では，文字の使用をたしかめうる最初の考古学的史料は，大体430年から440年代のものだといわれる。すなわち，肥後江田船山古墳出土の大刀銘文や紀伊隅田八幡神社の鏡銘文などが，それである[2]。ともにはなはだ難解であるが，いわゆる万葉仮名の初期の文体と目されるものが，ここにみられる。漢字の音訓を混用し，漢文を日本化して

---

1) 和田清・石原道博編訳『魏志倭人伝・後漢書倭伝・宋書倭国伝・隋書倭国伝』岩波文庫本　参照。
2) 藤木邦彦・井上光貞編『日本史——史料演習——』pp. 27～28　参照。

記録する術が，倭五王の当時にはすでに考案されていたわけである。

　考案の程度は，いまだ十分ではない。また，こうした文章をよくするものは，きわめて狭い範囲にかぎられたであろう。『宋書』にのせられた倭王武の上表文[3]（漢文）は，中国系の帰化人の手になるものと推測されている。同様に，これらの金石文をのこしたものも，やがて史(フヒト)とよばれるような特殊な帰化人であったろう。それにしても，こうした専門家を媒介としながら，古代人の読み書きの能力は洗錬されていった。文字使用の範囲も拡大されていったと思われる。

　文字という高度のシンボルの習得は，日本文化史上に画期的な意味をもった。一方には，これを契機として，帝紀(ていき)，旧辞(くじ)など記紀の原史料が書きはじめられ，蓄積されることになった。他方には，大陸文化の受容にあたって，技術・工芸ばかりでなく，学問・思想・宗教など，精神的な深みにまで手が届くことになった。その意味で，文字の習得は，儒教や仏教の伝来とあい表裏して，互いに因となり果となりあいながら，日本宗教史の全体を原始の段階から文化の段階へとひき上げていった。[4]

　**仏教の公伝**　　日本人の宗教に，ここまでは固有のもの，ここからは外来のものというふうな，明確な限界の一線をひくことは，非常に困難である。儒教にしても仏教にしても，それらはたしかに，そとから入ってきた。そのかぎりでは，なるほど外来のものである。しかし，それらと鋭く対立抗争するほどの宗教体系が，うち日本に固有のものとしてすでにできあがっていたかどうか，疑問である。

　『日本書紀』には，いわゆる仏教公伝[5]の際に，奉仏の可否をめぐって，

---

3) 和田・石原編訳，上掲書，pp. 86～87　参照。

4) 儒仏伝来の年代や状況に関しては，記紀その他の史料をめぐって，諸説がある。いずれにしても，帰化人による私的な儒仏の伝来や文字の伝来が，いわゆる公伝以前にかなりさかのぼることは確かであろう。

5) 書紀によると，欽明天皇13年壬申（552）に，百済の聖明王が釈迦仏金銅*

蘇我稲目の賛成論と物部尾輿，中臣鎌子の反対論とが，対立抗争した様を記している。ここに，日本人の外来新文化に対する批判的態度と，それをみずからのものに同化する苦しみの体験とを認めようとする説もある。しかし，こうした見解はおそらくは考えすぎであろう。当時，蘇我・物部両氏は，朝廷における政権争奪の場で敵対関係にあった。奉仏問題も，基本的には，これまでの政権争いに，さらにもう一つ争点を加えたにすぎなかったと見るのが，妥当なようである。

仏教なるものについてのかれらの理解の程度も，問題である。西蕃諸国のみな礼拝するものを，わが国だけが背くのはよくないとか，蕃神を拝んだりすると，国神の怒りを招くだろうとかで，意見が対立したという。ここには，大陸との対外的な政治情勢のなかで，国際外交感覚の新しさと古さ，あるいは進歩と保守との争いはみられる。しかし，大陸の新宗教に対する文化批判といえるほどのものを読みとれるかどうか，はなはだ疑問である。

むしろかれらの心を占めたのは，「相貌端厳」なる仏像への芸術的な驚異ないしは原宗教的な畏怖の情であり，この仏にはたして「福徳果報」の霊験があるかどうかという期待や不安ではなかったか，と思われる。これからすぐ後にくる仏教興隆の方向も，この線に沿ったものであった。壮麗な仏教芸術の展開と，公私にわたる御利益信仰の儀礼が，それである。

いずれにしても，外来の仏教に対して，固有信仰の立場からの対立や批判があったとは考えられない。目さきの変った不思議なものという感懐はあったであろう。しかし，これと対抗しうるほどの思想や儀礼の体系をそなえた宗教を，当時の日本人がもっていたわけではなかった。かれらは，

---

＊像一軀，幡蓋若干，経論若干に上表文をそえて朝廷に献ったとされている。しかし，この年代に関しては，『上宮聖徳法王帝説』や『元興寺伽藍縁起』などに伝えられた欽明7年戊午（538）の方が正しいとするのが，現在定説である。

むしろすなおに大陸先進文化に驚歎し追随した。その一部として仏教を受容した。そして，これを大きく推進したものが，蘇我氏の政治的権力であった。

蘇我氏の政権を下から支えるものの一つに，帰化人との深い結びつきがあった。帰化人たちは，高度の技術や知識を日本にもたらしただけではなく，政治の上でも重要な役割を演じた。朝廷における地位は低かったけれども，外交，財務，記録などの政務には，かれらの手にまたねばならぬものが多かった。そして，蘇我氏は，古くから朝廷の財務にかかわっていたところから，配下に多数の帰化人を擁していた。

これら帰化人のなかには，仏教信仰を，いわゆる公伝以前に，故国にあったときからすでに個人的に持ちつづけてきたものも，少なくなかった。[6] この点を重視すると，日本における当初の仏教信仰の問題は，日本人自身の問題というより以前に，大陸からきて日本に土着した人びとの信仰の問題であった，と考えることもできる。つまり，仏教の公伝・公許ということは，帰化人における信教の自由という問題を内包していたわけである。

当時，帰化人の人口は，かなりな数にのぼったものと推定される。のちの史料になるが，『新撰姓氏録』その他によって調査した結果では，帰化人系統の氏の数はほぼ30％を占めている。しかもこれら多数の帰化人が，大陸文化の媒介者として演じた役割は大きかった。かれらが自由に仏教信仰を営むようになれば，相当な影響が周囲に及んだものと考えられる。この場合，伝達される仏教は，生活の実際のなかにとけこんだ，こなれた形のものであったろう。聖明王から朝廷へという，いわば公式の経路のほかに，仏教は，もう一つの伝達路をもっていたわけである。そして，この二つの路をつなぐところに位置していたのが，蘇我氏であった。

---

6) 『扶桑略記』第三には，仏教公伝以前に，司馬達止（たつと）が草堂を結び本尊を安置して帰依礼拝した，という伝えが引かれている。

古代の日本人は，このようにして大陸の仏教を受容していった。そのはじめには，思想的角度からの理解とか批判とかは，いまだきわめて乏しかったといわなければなるまい。しかしながら，日本人の外来文化に対する消化力は，非常に旺盛であった。仏教の公式の伝来には，はじめから経論若干をも伴っていた。消化力は，やがて経論にも及ぶことになった。文字を通じての仏教の思想的な理解も，だんだんに深まっていった，と思われる。単なる外的な関心の対象ではなくて，内から生活意識を再構成するような，日本人自身の仏教もやがてつくりだされていくわけである。

**儒教の受容**　儒教の受容[7]については，仏教と違って，格別な軋轢の伝えはない。それだけスムースにすっと入ってきたものと思われる。古代日本人の現実の生活のなかに，儒教的な概念でもって整理されるにふさわしいような，実質的な体験がすでにあったからであろう。

儒教のなかで，特に比重の重いのは，道徳思想と政治思想である。そして，君臣・父子・朋友などの関係に代表される家族道徳や社会道徳，あるいは聖王思想に集約される政治理念などは，古代の日本人にとっても，概念的にはともかく，実質的には無縁ではなかった。

日本人は，水田耕作をはじめた時期から，一箇所に定住して，血縁的・地縁的な共同体の生活を送るようになっていた。そうした共同体の族長のなかから，やがて王となり，大王（おおきみ）となるものが現われてきた。皇室を中心とする大和政権の国家統一は，すでに大陸の政治の制度や理念に学んですすめられたものであった。

長年にわたるこうした具体的な生活経験にもとづいて，社会的国家的に

---

7) 儒教の初伝については，記紀によって，応神朝における阿直岐，王仁の話が古来有名である。そのまま史実とは認められないが，4世紀後半には何かこのようなことがあったかも知れないと推測されている。書紀の継体・欽明朝以後の記述は信頼度が高いとされるが，それによれば，6世紀初めには儒教の古典に通ずる学者（五経博士）が交替で来朝している。

さまざまな慣習・規律などは成立していたに違いない。そうしたものを概念的に整理し，体系的に強化する働きをもって，儒教は受けいれられ歓迎されたのではないかと思われる。

『古事記』および『日本書紀』における同義異伝を比較してみると，書紀の方には，儒教的立場からする古伝説の道義化・合理化のあとが認められる。佐保彦兄妹の叛乱の記事，日本武尊の物語などにおいて，儒教的な徳目が強調されているのが，それである。書紀に儒教的潤飾の著しいのは一般的であり，このような道義化・合理化の影響がいつの時代のことであるかも，なお問題である。ただ，ここに見られる儒教的影響の内容は，主として天皇家を中心とした君臣・父子・兄弟などの間柄にかかわるものである。当時の国家の実情や要請にぴったり適合した徳目である。これに反するような，たとえば天命にもとづく易姓革命の思想などは，受けいれられた形跡がない。

このような点からみても，儒教の理解や受容は，現実の生活経験と密接にからみ合う範囲で，漸次に水のしみ通るように無理なく行なわれたのではあるまいか。壮麗な偶像や施設なども伴わなかっただけに，仏教ほどのもの珍らしささえさほど意識はされなかったものと思われる。道教思想に結びついた大陸の民間信仰の系統も，同様に無理のない過程をとって，古代日本人の宗教生活に色どりを与えていったようである。

**仏教芸術**　　地理や風土の関係もあって，古代の日本人は，大陸から入ってくる文化を何でも熱心に貪欲にとりいれた。その間に，こちら側からの選択や変容がなかったわけではない。しかし，それは意識的・自覚的に行なわれたのではなかった。いわば知らず知らずの自然のうちに，現実的経験から生まれた生活の知恵がはたらいて，受容の仕方を左右したものと思われる。と同時に，反面，大陸文化の側から，日本人の生活に新しい経験領域をひらくはたらきも，大きかった。長年月にわたるこうした文化接

触の過程を経て，日本人の宗教もようやく各方面での体系化の道を歩みはじめる。原初的な民族宗教の段階から脱却して行くわけである。

そうした過程のなかで，まず最初に，きわめて顕著な動きを示すのは，宗教的文化材の方面である。大陸から渡来した仏教は，はじめのうちは宗教であるよりも先にむしろ芸術であった，といってもよいかもしれない。形ある芸術は，直接感覚に訴えてくるだけに，素朴な古代人にとっても，理解ははやく魅力は深かったであろう。宗教的な意味の理解は未熟でも，ただそれだけで，模倣創造への意欲を駆りたてるに十分であったろう。日本美術史の初頭を飾る飛鳥，白鳳，天平の時代は，こうして始まった。

飛鳥寺（法興寺・元興寺），法隆寺をはじめとする大伽藍は，あいついで建立された。そして，金銅，木彫，乾漆など様式もさまざまな仏像，彩色もあざやかな仏画，華麗精緻な荘厳の仏具，さらには，法会における音楽・儀式に至るまで，芸術の諸分野を統合して一堂に集めたのが，当時の寺院であった。

この時代の仏教芸術は，中国の北魏から隋，唐までの約400年間の様式変化をおさめ反映している。あるいは，唐を仲介として，インド，ペルシャを越え，東ローマ，さらにさかのぼればエジプト，アッシリアにまで様式のつながりをたどることができるともいわれている。いわば，広く世界史的な背景をもつわけである。

しかしながら，これらの仏教芸術が，日本のみならず世界美術史の上でも高く評価されるのは，その背景の広さによるのではない。芸術としての質の高さによっている。そして，この質の高さを生みだしたものは，実は，深い信仰の情熱ではなかったか。直接製作にあたった帰化人やその子孫をはじめ，当時の日本人は，まことに大規模な，なみなみならぬ努力をこの芸術の事業に傾注している。かれらにとっては，ことの始まりとは逆に，仏教芸術はもはや単なる「芸術」ではなく，まさに「宗教」となって

壁画における様式の比較
——インド，アジャンターの窟院（左）と法隆寺（右）——

いた。教義的理解の程度はともかく，究極なるものに寄せるかれらのひとすじな憧憬と敬虔とが，つくり出す形に滅びぬいのちをふきこんだものと思われる。

**聖徳太子**　　大陸文化の摂取にあたって，量的にも質的にもひときわ高い水準を示したのは，聖徳太子（574〜621）であった。593年，推古天皇の摂政として国政の中心に立った太子は，同時に，古代日本文化の中心に立つ人物でもあった。政治的にも文化的にも，日本史において太子の占める地位は，きわめて意義深いものがある。そして，そうした地位を決定した基礎的要因の一つが，ほかならぬ大陸文化の摂取ということであった。それは，単に消極的・受動的な受容の立場をこえて，積極的・能動的な立場から，自覚的に遂行された。これを端的に示す史実が，遣隋使の派遣であった。

政治家としての太子は，蘇我氏による崇峻天皇の暗殺という一事からもうかがわれるような，皇室大事の難局に立たされていた。この局面を打開する国政刷新の方向として，太子が理想としたところは，一口にいえば，天皇権力の確立ということであった。皇室を中心とする集権的統一国家の樹立ということであった。隋との間にいわゆる対等の国交を結ぶに成功したことは，その方向へ大きく一歩を踏みだす意味をもっていた。これによって，外交上の主導権を皇室の手におさめることができた。隋王朝の法制に学んで，冠位十二階を制定し，憲法十七条の構想を練ることもできた。こうした太子の政治理想が，やがて大化改新へと実を結ぶわけである。

　宗教史の立場から，より一層注目されるのは，思想家としての太子である。憲法十七条[8]は，全篇いたるところ，中国古典から表現をかりて構成されている。しかし，単なる糊と鋏の細工ではない。儒家・法家などの思想を十分に消化しながら，太子が理想とする政治や道徳のありかたを説いている。時勢に対する痛切な批判や反省も折りこまれている。そしてこれらを貫いて流れる根本的基調は，仏教思想にあるといってよい。「共是凡夫耳」という仏教的人間自省の立場から「篤敬三宝」に「四生之終帰，万国之極宗（化）」を見ているからである。

　ことばをかえると，憲法十七条は，主として儒教に学んで，法制的統一国家の政治理想や，公的・国家的立場からの人倫行為の規範を，述べ示している。しかし，それだけではない。さらに，内面的心情を裏づけるより深い宗教的否定の次元として，仏教的な人間理解の立場をとっている。煩悩・我執にとらわれた凡夫の自覚は，その一つであった，と思われる。天寿国繡帳にのこされた「世間虚仮，唯仏是真」ということばは，太子のそ

---

8）憲法十七条が，太子の真撰か偽撰か，はたして「憲法」と呼びうるようなものかどうか，といった問題については，昔から異論が多い。現在のところ，太子の私的な試作とみなす説が有力である。

うした思想的境位を端的に物語っている。太子の仏教理解は，当時の日本人のあいだで，思想的に群を抜いて高かったとみることができよう。古来『三経義疏』[9]の製作が太子に帰せられるのも，思想のレベルからみて理由なしとしない。

　しかしながら，思想家としての太子は，つまるところ，時流を抜いて孤独なる哲人であった。あとを継ぐものは少なかった。これに反して，政治家としての太子の理想は，やがて大化改新として完成された。古代律令国家の始まりである。そして仏教も，この律令機構のなかへ組み入れられることを通じて，また別の方向に繁栄のみちをたどることになる。仏教芸術はその一つであった。いわゆる鎮護国家の仏教もまた，それであった。

## 2　仏教の諸潮流

　**大仏開眼**　古代人の生活が，現代とはくらべものにならぬほど，さまざまの困難にとりまかれていたであろうことは，想像にかたくない。それらの困難は，いわば素朴な，それだけにまた強烈な圧力をもって，人びとに迫ったであろう。こうした環境を直接に調整して，何とか招福除災の方途を講じようとする必死の想いが，古代人を宗教に駆りたてる第一の力であったと思われる。

　この想像に無理がないとすれば，原始古代の宗教が，主として請願型をとるのは，むしろ自然であったといってよい。後代からは「現世利益的・

---

9)　『勝鬘経義疏』『維摩経義疏』『法華経義疏』の三つ。それぞれの経についての註釈書で，古来太子の作と伝えられる。しかし，その真偽については，憲法十七条以上に異論が多い。

呪術的」というふうに批判されるとしても，歴史的にみれば，古代における宗教の主要な役割は，むしろそこにあった。

　古代の日本人も，越えがたいいのちの不安を解消しようとして，不思議の霊験を神に祈り，仏に念じた。その点では，神も仏も区別はなかった。後のいわゆる神仏習合は，教説として整備される以前に，人間心理の自然のうちにすでにその根拠をもっていた。しかし外来の仏教は，文化的にあらゆる面で洗錬された先進性を備えていた。渡来後間もなく，日本の宗教界を主導するだけの実力をもっていた。

　はじめは仏教も，蘇我氏を中心とする豪族や帰化人たちのあいだで，私的な信仰をあつめるにすぎなかった。しかし，蘇我氏の政治的権力を最初の支点として，仏教はやがて公の舞台にのり出し，その文化的実力を十二分に発揮しはじめる。聖徳太子を媒介に，朝廷が仏教興隆の政策を展開するわけである。ここで仏教に期待された役割が「鎮護国家」であった。律令国家の安寧の保証であった。天皇家を中心とする国家という規模での招福除災であった。

　この動きの頂点を劇的に物語るものが，国分二寺建立に続く東大寺の大仏造営であった。「夫れ天下の富を有つ者は朕なり，天下の勢を有つ者は朕なり」と詔して起工に踏み切った聖武天皇は，6年ののち五丈三尺の盧舎那仏完成（749）にあたっては，みずから「三宝の奴」と称して，その前にひれふしたと伝えられる。開眼供養はさらに3年後，天平勝宝4年（752），孝謙天皇が文武百官を率いて盛大に行なった。こうした王者の宗教的情熱が，往時の豪華な仏教文化の推進力であった。[10]

　しかしながら，王者だけでは大工事は成就しない。これを支える民衆のエネルギーが必要である。そして，民衆のあいだに深く仏教信仰を滲透させた者に，行基（668〜749）に代表されるような菩薩道の行者も，幾人か

---

10）『続日本紀』巻十五，十七，十八　参照。

あったものと思われる。行基に関しては，大仏造営に当たって朝廷から利用されたとみる説もある。民衆の労働力を獲得するために，朝廷は行基の人望を みこんで， かれを大僧正に任じて 大仏勧進の事に当たらせた というのである。これに対して，行基の大仏勧進は，律令国家側の虚構であって，事実ではないとみる説もある。行基は，大仏造営の事業などには一顧をも与えなかったというわけである。

いずれが正しいかは，しばらくおく。民衆の労働力結集のためには，確かにさまざまな政治手段が駆使されたには違いない。それにしても，民衆のすべてが，大仏造営に無関心，あるいは反感をもったとは思われない。おそらくは民衆の側からも，大仏に托する夢はあったであろうし，すすんでの労働奉仕もあったことと思われる。民衆をこの方向に動かすだけの用意は，仏教信仰の滲透によって，ある程度はできあがっていたのではあるまいか。

ともあれ，律令国家との結びつきは，一方において，仏教に驚異的な発展をもたらした。しかし他方，仏教から宗教としての生命を奪い去るような危険をもはらんでいた。僧尼令は，信仰の自由を圧殺する武器ともなりうるものであった。僧尼たるの資格を決めるものが，道心の有無よりも，国家の法令だったからである。僧尼は，これによって，むしろ国家の官僚という位置を与えられた。玄昉・道鏡などの輩が現われる一因は，ここにあった。

国家や民衆との結びつきとは別に，当時知的好奇心の対象として仏教をとらえる行きかたもあった。南都六宗と呼ばれるものは，大体その傾向であった。三論，法相，俱舎，成実，律，華厳の六宗は，要するに学問仏教であった。宗というのも，今日の宗派とは違って，研究内容の相違を示すための学派名あるいは教室名といった意味のものである。したがって1人1宗とはかぎらず，いわゆる兼学で書斎に閉じこもるといった学風であっ

た。東大寺の大毘盧舎那仏は，このうち，特に華厳の縁起思想にもとづいて，律令制統一国家の原理を象徴するものだといわれている。

**東密と台密**　いわゆる奈良仏教は，一方では南都六宗の学問仏教として，かなり高度な仏教哲学の研究を展開した。それは，一宗に偏ったものではなく，仏教全般にわたって幅ひろく，複合的な性格のものであった。幾多の苦難をこえてようやく来朝し，日本にはじめて戒壇を建立したので有名な鑑真も「衆典に該暢せざるは無し」[11]と称せられている。律のみならず，極めて多角的な仏教学者だったわけである。かれのもたらしたものに天台の諸文があった。こうした背景のなかから，やがて最澄（767～822）が現われる。空海（774～835）にしても，やはり奈良仏教のうちにすでに伝えられていた密教から最初の教育をうけたといわれている。

最澄の天台宗，空海の真言宗は，しかしながら奈良仏教そのままの延長ではなかった。奈良仏教は，学問仏教としての歩みのほかに，他方それにもまして律令仏教としての展開をとげていた。この線からやがて，国家の政治や経済の問題ともからんで，寺院・僧侶の腐敗堕落を生んでいた。平安遷都の一つのねらいは，こうした国家仏教の弊害を国家の側から革新しようとする点にあったといわれる。国家は，従来の仏教保護政策を放棄して，むしろ弾圧の方向に向かうわけである。そして，仏教自身の内部における革新の動きとみられるものが，最澄・空海による天台・真言二宗の独立であった。

両者は同年（803）に入唐し，相前後して帰朝した。それぞれ天台法華宗，真言密教を招来した。南都の僧侶に対する態度をはじめ両者の行きかたに相違はあったが，共に弘法の情熱や民衆救済の実践的意欲などにおいて，当時の仏教界に清新の気を送りこんだ。

教義的にはしかし，奈良仏教と同様に複合的協調的包括的傾向に富んで

---

11)　『三国仏法伝通縁起』（大日本仏教全書第101所収）。

いた。とくに密教的儀礼は，真言宗はもちろん天台宗においても比重が重かった。やがて時代が進むにつれて，この両宗は平安貴族との結びつきを深くし，かれらの現当二世の幸福を保証するために，もっぱら加持祈禱を事とするようになった。口に呪言をとなえ身に印契を結ぶというような，極めて象徴的な儀礼を中核とした密教が全盛となるわけである。東寺を中心とした真言密教を東密と呼ぶのに対して，天台密教は台密と呼ばれた。平安貴族仏教の特徴は，現世利益のみならず来世浄土のしあわせをも請願して，この密教儀礼に入念なる点があったといってよいであろう。

　**末法思想**　釈迦の入滅後，だんだんに時代は悪くなり，仏法は衰微していく。正法・像法の二期を経て末法の時代に入ると，天災地変はしきりに起こり，戦乱，疫病，盗火の難があい続く。人びとはみな悪見を抱き，貪瞋癡の煩悩が盛んである。真面目に修行するものもなければ，もちろん悟りに至るものは1人としてない。もっぱら闘諍を事として，世はまさに五濁悪世，澆季溷濁の相を呈するようになる。こういった一種の下降的な歴史観が，三時あるいは五五百年の説として経典の中に記されている。[12] すでに最澄・空海も，この末法説をとりあげていた。かれらは，正・像二千年説の立場から，末法の近づいたことを警告し人びとをはげましている。その計算でいくと，末法到来は永承7年（1052）にあたる。当時一般にそう考えられていた。[13]

---

12) 三時とは，正法（教・行・証のそなわった時代），像法（証をうるものはなくなったが，教・行はなお存して正法に類似した時代），末法（教のみあって行・証ともに欠けた時代）の三つをいう。五五百年（歳）とは，1解脱（学慧）堅固，2禅定堅固，3多聞堅固，4造（塔）寺堅固，5闘諍堅固の五つの五百年のこと。1は正法，2，3，4は像法，5は末法にあたる。

13) 正法，像法はそれぞれ500年または1000年とされ，その組合せにより4説がわかれたが，正500像1000，正1000像1000の2説が有力であった。したがって，末法到来には，仏滅後1500年と2000年という2説があった。当時，仏滅は周の穆王53年（B.C. 949）と考えられていた。

10世紀も半ばに入ると，末法到来の恐れが，惻々として人びとの心に迫るようになった。いよいよ末法のこの世である。もはや現世に望みをつなぐことはできない。願うべきは浄土往生のみである。厭離穢土，欣求浄土こそ，末代頑魯のわれらが頼むべき唯一の途だ。「それ往生極楽の教行は濁世末代の目足なり」という書き出しで，源信（942〜1017）が『往生要集』をものしたのは，985年であった。

　末法到来の予言は，もともと算術計算にもとづいた単なる図式にすぎないともいえる。しかし，平安末期から鎌倉初期にかけて，いわゆる末世の相は文字通り各方面に続出した。平安の貴族仏教は形骸化におちた。天変地異はしきりに起こった。戦乱にはまた戦乱があい続いた。人びとは大きな社会不安のただなかに投げこまれた。末法万年の始まりとは，まさにかれらの実感であった。当時の物語や日記のたぐいに，この実感を記しとどめたものは数多い。

　こうした末法思想と複雑にからみ合いながら，いわゆる鎌倉仏教の華は開いていった。鎌倉時代は，日本仏教史上もっとも活力に満ちた時代だ，といわれている。革新の気にあふれたそれらの鎌倉仏教を，末法思想との関連において位置づけてみると，一応つぎのようにいうことができるであろう。

　すなわち，一方には，末法の時代観をそのままに受け容れ，むしろこれを深化し，末代劣弱の時と機とに相応した新しい行きかたをとろうとする仏教があった。新興の浄土教や日蓮宗がそれである。他方には，末法の時代観を厳しく拒否して，仏子としての自覚反省と精進努力とにより，むしろ末世を克服して正法の世を現在に実現しようとする行きかたがあった。新興の禅宗がそれであり，戒律再興の復古仏教もそれであった。

　それぞれの主張に相違はあった。しかし，奈良・平安仏教の複合的妥協的性格にくらべて，おのおのが選びとった立場を鮮明に掲げた点に，これ

らの鎌倉仏教一般に共通な特色をみることができる。それだけに，教義的にも政治的にも，教団相互のあいだに仮借ない争いは繰り返された。南都北嶺の旧仏教側の政治力によって新仏教側が蒙ったいわゆる法難は，その一つの現われであった。

**念　仏**　　浄土の教え，念仏の行(ぎょう)は，すでに奈良時代から日本に入ってきていた。平安時代に著わされた各種の『往生伝』は，この教えの一般への滲透ぶりを物語っている。天台の常行三昧は，阿弥陀仏の像をめぐりながら口にその名を称え心にその相を念ずるものであった。こうした伝統を受けて，市聖(いちのひじり)とよばれた空也（903～972）の念仏があり，源信の『往生要集』や良忍（1072～1132）の融通念仏宗があった。この流れを一層徹底させ純一化したのが，法然（1133～1212）の浄土宗であった。

法然によれば，世はすでに行・証共になき末法である。この末法の本性は，実はほかならぬわが身に深く巣喰っている。戒・定・恵の三学いずれも及びがたい自己をかえりみると，みずから「愚痴の法然房」と告白せざるをえない。かくのごとき私に，唯一の光を与えてくれたものは，阿弥陀如来の本願であった。[14]それは，迷い深く煩悩盛んなこの私を「南無阿弥陀仏」という称名念仏の一行によって，必ず浄土に救いとろうとの誓いなのだ。私と同じ悩みをもつものは，この誓いを信ずるがよい。自力の万善諸行はなげすてて，ひたすら他力の本願にすがり，もっぱら念仏をとなえるがよい。

痛切な自己省察と本願による救済の体験をとおして，法然は人びとにこのように語りかけた。それは，人間に自己の限界性・罪悪性の自覚をせまり，同時に絶対者による超越への途をさし示すものであった。いってみれば，念仏の一行をめぐって，闇と光とがきわどい均衡をたもち微妙に交錯する教えであった。自己の深淵を凝視しての闇と，如来の大悲を仰いでの

---

14)　『法然上人行状画図』第六　参照。

光とである。この教えを教義的に基礎づけたものが『選択本願念仏集』(せんちゃくほんがんねんぶつしゅう)(略称『選択集』) であった。浄土宗一門の立教開宗の書とされている。

　法然によって救われた親鸞 (1173～1262) は，この師の教えを，かれなりにさらに味わい深めていった。かれにとっては，念仏を行じ本願を信ずるその私が問題であった。如来他力の大悲の前では，「私」の一かけらも残るべきではない。ここからうまれたのが，他力廻向の思想であった。行も信も，私のいとなみではなく，実は如来から賜わったものだというのである。この他力の世界では，人間的な善悪はもはや問題にならない。むしろ「善人なをもて往生をとぐ，いはんや悪人をや」という悪人正機の逆説[15]も成立してくる。動的にはたらいてやまない他力にすべてをまかせて，おのれのはからいをまったく超えた，いわゆる絶対他力の信仰がここにあった。この境地を親鸞は「自然法爾」(じねんほうに)ともよんでいる。

　親鸞自身には，師法然の浄土宗とは別に一宗を独立させよう，という意識は毛頭なかった。しかし，弟子たちの動きのなかから，やがて浄土真宗が成立してくる。真宗にとっては，親鸞の『顕浄土真実教行証文類』(略称『教行信証』)が根本の宗典となった。

　浄土宗や真宗は，思想的には深い背景を蔵しながら，すべてを念仏という象徴的行為に集約する。それは簡潔にして行ない易い。しかも含意するところは広い。念仏する当人の心の位層に応じて，その意味は浅くもなれば深くもなる。それぞれの角度から少しでもおのれの闇をのぞき見た人びとにとっては，殊に魅力的な念仏の教えであった。南都北嶺の迫害にもめげず，燎原の火のごとくに念仏はひろまって行った。一遍 (1239～89) の時宗もまた，その一翼をになうものであった。

　**坐 禅**　巷にみちる念仏の声を評して，春の田の蛙が昼夜やかましくなくようなもので何の役にも立ちはしない，ときめつけたのは，道元 (1200

---

15)　『歎異抄』第3段　岩波文庫本 p. 47。

～53)であった。「入宋伝法沙門道元」にとっては，わが国における念仏の盛行はまったく仏の本道から逸脱したものと受けとられた。

　道元の主著『正法眼蔵』によれば，末法などということは仏道には本来ないことだ，という。自力では修行も証もかなわぬ人間——そんなものがあろうはずはない。仏祖も人なら，われも人である。およそ人であるかぎりは，般若の知恵をもともとゆたかにそなえている。ただ残る問題は，修行の真偽いかんだけである。真剣に修行するものは証にいたる。怠け者はどうにもならない。因果の道理は歴然としてあやまらない。これが仏祖の道なのだ。無論，なまやさしい道ではない。しかし，幾多の先人古仏が，名利をすて身命をなげうって，この道を進んだ。われらもまた，仏祖の行履にしたがって，この道を歩まねばならぬ。吾我を捨て万事を放下して，この道を歩みさえすればよい。

　そして，実は，仏道修行のこの歩みをおいて，ほかにどこかに証なるものがあるわけではない。証とは，限りなき歩みである。道は無窮である。この道に果てしなき歩みを続ける者が，そのまま仏にほかならない。

　道元はこれを「修証一等」[16]ということばで呼んだ。そして道元の場合，修も証も，より端的にいえば「只管打坐」にほかならなかった。つまり，すべてを超えて無念無想にただ兀兀として坐禅を組むことであった。

　浄土系の思想とは対照的に，「自己もと道中にあり」[17]という，人間の可能性への信頼がここにはある。要は，この可能性をいかにして身証するかにあった。身をもって現実化する，その仕方が問題であった。道元においては，それは坐禅のほかにはなかった。証にいたるための方法にとどまるものではなくて，それ自身目的でもあるところの坐禅であった。身心脱落の至境に諦住して迷悟を超える坐禅であった。

---

　16)　仏法には修証これ一等なり（『正法眼蔵』弁道話　岩波文庫本上巻 p. 59）。
　17)　自己本在道中（『学道用心集』　岩波文庫本では『道元禅師語録』p. 42）。

坐禅の歴史はインドにさかのぼる。中国において著しい展開をとげた。入宋して道元が伝えたのは，曹洞宗の流れであった。いわゆる黙照禅の系統である。これに対して，公案に焦点を結んで精神の沈潜をはかる，いわゆる看話禅(かんなぜん)の系統もあった。道元よりさき，栄西（1141〜1215）が伝えた臨済宗は，それであった。

日本における禅宗は，栄西，道元によって始めて一宗としての独立を獲得した。臨済宗，曹洞宗と派は分かれても，すべてが坐禅に集約される点にへだたりはなかった。坐禅は，法然の念仏にも劣らぬ簡明直截な行であった。しかも，体験的には端厳なる深みを蔵していた。感傷を知らぬ男性的気魄ともあいまって，禅宗は当時の宗教界に新しい魅力の一つとなった。蘭溪道隆（1212〜78），夢窓疎石（1275〜1351）などを経て，特に教線を拡張していったのは，臨済宗の各派であった。やがて五山文学を生んだのは，この流れであった。

**唱題** 同じく末法観を背景にしながら，しかし浄土門仏教とはまた別の角度から一つの立場を選択したものに，日蓮（1222〜82）があった。複合的妥協的な仏教を排して，おのれの立場をただ一つ選びとるという場合，その行きかたに大きく分けて二種を区別することができる。第1は，法然流である。すなわち，身はすでに末代劣弱の頑魯である。このわが身にかなう法門はどれか。こういう選択が愚痴の法然房，愚禿親鸞の行きかたであった。いわば末世の自己に絶望しながら，その自己に即して教を選び求めようとしたわけである。これに対して，第2には，主体としての自己よりもむしろ客体としての教に視点を置いて，その優劣を比較選択するという行きかたが考えられる。事実，古来のいわゆる教相判釈(はんじゃく)はこれであった。日蓮の教・機・時・国・序という五綱判もまた，ここから出発している。

若き日蓮は，仏門に入って一つの疑問につきあたったという。仏教に八

万四千の法門があるうち,「いづれかこれ真仏教」。これがその疑問であった。答えを求めて必死の勉強をつづけた結果,かれは「法華最第一」の確信に到達した。日蓮は法華経を身読した。全身全霊を法華経になげ入れた。この経のうちに説かれた諸菩薩にみずからを擬することによって,徹底した「法華経の行者」[18]となった。行者としての誇りの前には,いくたの迫害ももののの数ではなかった。そこに,幕府の権勢にも屈せぬ阿修羅の勇姿があった。よりどころをもつものの剛さがあった。それは,ひとえに経による自信であった。

　経におのれを賭けるこのような信仰を集約的に表現したものが,「南無妙法蓮華経」のいわゆる唱題である。日蓮によれば,妙法蓮華経の五字の題目は,法華経一部八巻の肝心である。のみならず,また一切経の肝心であり,あらゆる仏教のうちで頂上の正法である（教）。したがって,この題目に帰依して南無と唱えるならば,機の如何を問わず,愚者も悪人も成仏できる（機）。こうした功徳をもつ法華経の広宣流布すべき時は,まさに末世のいまであり（時）,また,ここ日本国においてなのだ（国）。日本国の一切衆生は,弥陀唱名にとってかえて,いまこそ口ぐちに題目を唱えるべきだ。それが,仏教展開における歴史的必然の順序というものだ（序）。

　このように信じて疑わない日蓮は法華経の顕正のために,仮借なく折伏の剣をふるった。「念仏無間,禅天魔,真言亡国,律国賊」とあたるをさいわい他宗をなぎたおした。理想の希求を題目に托して獅子吼する日蓮の辻説法は,やがて広く民衆の心を捉えていった。

## 3　諸宗教の役割

**民衆の宗教**　念仏にしても坐禅にしても唱題にしても,行としてはま

---

18)　日蓮は閻浮提第一の法華経の行者なり（『撰時抄』上）。

ことに単純である。いつでも誰でも簡単におこないやすい。なるほどその背後には、複雑深淵な仏教教理が裏打ちされてはいる。しかし、それらの思想的理解はともかく、ただすなおに信じてひたすらに行じさえすればよい。そこにおのずからにして、苦悩の解決と成仏への道が開けている。鎌倉新仏教の宗祖たちは、異口同音にそう説いた。

学識もなく財物も乏しい多くの民衆にとっては、入りやすくおこないやすい教えであった。浮世の波にもまれて解くすべも知らぬ人生の問題をかかえた人びとはやがてこの教えのもとに集まってきた。すっと信じて救われた者もあったろう。たとえ信じ切れなくても、単純な行をくりかえして続ける三昧は、それだけでも心を澄ませ肚を練るという心理的効果をもっている。行につれて思想的理解も深まり、あらたな人生の展望をえた者もあろう。いずれにしても、簡易にして純一なる行は、一文不知の田夫野人にも訴える魅力をもっていた。鎌倉時代の新仏教は、民衆の宗教として広がっていった。

新仏教の活潑さに刺戟されて、南都北嶺の旧仏教側にも改革の動きが盛んになる。貞慶（1154〜1213）、俊芿（1164〜1225）、叡尊（1201〜90）、高弁（1173〜1252）などに代表される戒律復興運動はそれであった。かれらの場合にも、仏教民衆化への志向は顕著であった。戒律というのも、狭く教団内部での問題として考えられたのではなかった。広く民衆と共にあって、社会事業・慈善事業に力をかたむけた。道をつくり橋を架け困った人を救けるという生きた戒律の実践が、かれらの眼目であった。庶民の側でも、かれらの人格にうたれて帰依し、みずからも同じ道を歩もうとするものは少なくなかった。

以上のような新旧諸宗派の動きとならんで、民衆の宗教として、この時代に特に盛んになってきたものがある。弥勒、観音、地蔵、あるいは太子信仰などである。いずれも前代からおこなわれたが、弥陀信仰の隆盛につ

れてますますひろまった。

　一般的な傾向として，民衆の宗教は煩瑣な教相判釈に頓着しない。生活に結びついた，いわば実用的な立場から，もろもろの神や仏や霊などが，混淆し重層した形で信仰される。その基層には，古来からの伝統的な民間信仰が横たわっている場合が多い。地蔵信仰などは，その顕著な例であった。彼岸会，盂蘭盆会などをはじめ，仏教につながる年中行事や民間習俗も数多く成立してきた。道教，仏教，神道などの諸要素を結合した修験道が，一派として確立してきたのも，鎌倉時代初期のことであった。

　このようにさまざまの信仰が習合していく過程は，鎌倉新仏教それ自身のうちにもやがて現われてくる。新仏教は，平安密教を批判して純一なる立場を選択するところから出発していた。しかし室町時代にもなると，各宗とも再び密教化の色彩を濃くしてくる。禅宗の参禅切紙，真宗の秘事法門などは，この傾向の現われであった。一休（1394～1481）や蓮如（1415～99）などが直面した課題の一つは，これをいかに再純化するかということであった。

　**切支丹**　　仏教の民衆化は，教団や寺院に世俗的権力の増大をもたらす一因ともなった。かなりな経済力・軍事力を擁して，戦国大名の脅威となるほどの教団もあった。織田信長が切支丹保護の政策をすすめたのは，一つには，それによって仏教寺院の勢力減殺に資するためであった。

　1549年，フランシスコ・サビエルの鹿児島来朝に始まった切支丹伝道は，当初華ばなしい成功をおさめた。1582年には，聖堂は大小合わせて200，信徒数は15万内外に達したと伝えられる。[19] 当時の全国人口の2％以上と推定されるほどの，まさに驚くべき躍進ぶりであった。しかし，この躍進を産みだした条件は，必ずしも単純ではなかった。

　信長にみられるような，政治的・功利的立場からの切支丹保護政策をと

---

19）日葡協会刊『耶蘇会の日本年報』第1輯　参照。

## 諸宗教の役割　257

るものは、領主諸侯のあいだに少なくなかった。切支丹によって、外国貿易の莫大な利益を仲介してもらえる。寺院勢力の牽制にも役立つ。民心安定のたすけとすることも可能だ。こういった利用価値に目をつけて、宣教師を好遇しその便宜をはかる領主たちであった。勿論、切支丹に好意を示した大名のすべてがそうだったわけではない。いわゆる切支丹大名のなかには、純粋な信仰に燃えて伝道に情熱を傾けるものもあった。

　さまざまな理由から領主たちがとった保護政策を、他方、宣教師たちも巧みに利用した。かれらは、積極的に領主たちに接近していった。異境に新入りの切支丹が、支配権力と調和することなしには、伝道のための寸土も与えられる見込みはなかったからである。それが当時の日本の政治情勢であった。そして、支配層と密接な関係をたもちながら、上からの教えの浸透をはかるという伝道方式は、ヨーロッパのイエズス会にすでにみられる傾向でもあった。領主諸侯への代償としては、法王司祭を絶対化した論理を転用して、主君への忠勤奉公を鼓吹することも不可能ではなかった。はるばる万里の波涛をも越えた伝道の情熱には、並なみならぬものがあった。宣教師たちは、心を傾けて方策を練り、身を挺して教えをのべ伝えた。長い戦乱の苦悩にさいなまれた民衆の心にも、やがて教えはしみとおっていった。

　切支丹の隆盛は、しかし長くは続かなかった。にわかに政策が逆変したからである。豊臣秀吉に始まる切支丹禁制は、徳川家康を経て家光に至るまで、強化苛酷化の一途をたどった。それは、全国統一の封建的中央政権確立の過程と、歩調をひとしくしていた。

　禁教の理由として掲げられたのは、切支丹は国を奪おうとするものだ、ということであった。宣教師自身にとっては、これは全く与り知らぬところであったろう。しかし、かれらの主観的意図とは別に、客観的な世界情勢はあった。イスパニア、ポルトガル両国の植民地獲得運動の波に便乗し

て，切支丹は日本に入ってきたという事実である。植民地競争に立ちおくれた新教国オランダあたりは，この点を巧みについて，切支丹宣教師は征服者の先鋒だ[20]，と中傷した。

確立途上の徳川中央政権にとっては，こうした対外的な危惧と並んで，対内的にも，切支丹を奉ずる封建諸侯への警戒があった。切支丹を媒介として，外国勢力との連繫，一藩の軍事力・経済力・団結力の強化，さらには大名連合の形成などが予想されるからである。封建的統一政権の立場からすれば，これは確かに脅威であった。切支丹は，実質的に国を危くするものと見なされた。1612年以降，切支丹伴天連の弾圧追放は，強化の度を深めていった。

しかしながら，ひとたび根をおろした切支丹の信仰は，容易なことでは政治権力に屈しなかった。地上の人君よりも天主としての神に究極の権威をみるのが，キリスト教本来の立場であった。神への忠誠のためには，命をも惜しまぬ信者は少なくなかった。「世界を遍く掌に握るといふ共，あにまを失ふにをひては何の益ぞ」[21]ということばを奉じて，殉教の血を流すものはあいついだ。贖罪のキリス

イタリアのチヴィタ・ヴェッキヤにある聖堂に切支丹殉教者の記念として描かれた聖マリヤ像　—1954年長谷川路可氏の筆—

---

20) レオン・パジェス（吉田小五郎訳）『日本切支丹宗門史』岩波文庫本　上巻　p. 327　参照。

21) 『ぎや・ど・ぺかどる』日本古典全集本　p. 69 —マタイ伝第16章26節のこの一句は，イエズス会の創立者イグナティウス・ロヨラやフランシスコ・サビエルの召命感の根拠となったものだといわれている。

トを想う身には，殉教がむしろ信仰を激化する結果にもなった。1637年の島原の乱を経て，幕府のとった最後の禁圧策が，鎖国であった。やがて鎖国があけたとき，切支丹は，その生命力の強靱さを実証した。俗信と化しながら潜伏しつづけた隠れ切支丹の発覚が，それであった。

　**武士道**　切支丹受容の地盤を思想的側面において用意したものの一つに，天道の信仰があった。人の世の栄枯盛衰を支配するものは，究極的には，天の道であり天の理である。これに従うものは勝ち，これに背くものは敗れねばならぬ。それは，乱世興亡の間にきざした素朴な感懐を中核として，戦国の武人たちの心を領した考えかたであった。こうした天道の観念は，やがて超越的主宰者としてのデウス（神）信仰への道を，地ならしするものでもあった。

　ひるがえって，天道信仰の形成過程には，鎌倉以来の武士層の生活実感のほかに，理論化の要因として，仏教的な因果応報観の影響もあった。さらに，儒教，殊に五山の禅僧によって伝えられた朱子学の影響もあった。

　儒教は，もともときわめて幅の広い思想体系である。下は修身から上は治国平天下にいたるまで，その関説するところは，道徳，経済，政治，宗教，文学などの諸分野にわたっている。そのうち，平安貴族のあいだに流行したものは，主として詩文の学としての一面であった。いわゆる五山文学もまた，その主流はここにあった。しかしながら，五山の禅僧を媒介として武士層に滲透していくにつれ，儒教は，また別の面での機能を顕著にしてくる。すなわち，かれらの現実体験を，道徳，政治，宗教の諸面で思想的に理論化するという役割である。

　もと戦闘集団として出発した武士たちは，やがて為政者集団へと生長していった。生長の過程につれ，かれらの直面する問題は，個人的な次元から政治・社会の次元へと拡大されていった。武勇を尊び，生死を潔ぎよくし，主従の道義に献身するというだけでは，武士たるものの面目はつくさ

れぬことになった。そのうえさらに，文武両道を兼ね備え，故実作法をわきまえ，いわば庶民の師表たるべき人格を養わねばならぬ。天命にのっとり仁義を旨として，領内に善政をしかねばならぬ。こうした現実の要請にこたえるものを，武士たちは，主として儒教の書物やシナの故事から学びとっていった。仏教的な生死観や無我の思想で，個人的な心構えを練るだけでは足りない。社会階層の最上位に立って政治的支配の座につくものの道は，儒教の政治思想・道徳思想のうちから汲みとらねばならなかった。こうして形成されてきたものが，いわゆる武士道の理念であった。[22]

**儒教の役割**　戦乱生死の間に処する弓矢の道が，平時の政治的支配層における武士道へと変貌形成されていく過程を通じて，終始，思想的原理の提供者となったのは，主として禅僧たちであった。かれらは，もとより仏者であった。のちにはしかし，武士に対してはむしろ朱子学の媒介者という役割を果すようになった。この勢のきわまるところ，やがて五山の禅林から還俗して，もっぱら儒者として立つものも現われてきた。藤原惺窩 (1561〜1619)，林羅山 (1583〜1657) などが，それである。

かれらの奉ずる朱子学は，宇宙を貫く天の主宰を根本原理とし，この天の化育をたすける参賛が人たるの道だ，と説く。具体的に展開されると，政権を握る将軍は天の代理者であり，君臣上下おのおのその分に安んじて五倫五常を守ることが，天命に則した人倫の道だ，というふうな教説にもなりうるものであった。

徳川幕府が朱子学を官学としてとりあげたのは，この点に着眼してのことであった。幕府の封建政治を基底から支えるものは，士農工商に代表されるような階層的身分的人間観であった。身分の上下によって人間の尊卑を分かち，権威と服従によって社会の秩序が保たれるところに，幕藩体制

---

22)　「武士道」ということばが一般に用いられたのは近世のことであるが，その背景には，中世武士の道の以上のような展開過程があった。

の確立があった。このような封建社会の精神的支柱としての道学を，幕府は儒教のうちに求めたわけである。儒教の側でも，幕府のこの要請に大いにこたえるところがあった。官学としての朱子学派をはじめ，陽明学派，古学派などが，徳川一代にわたってめざましい展開をとげた所以である。

幕権による思想統制の波にのって，宗教史上儒教の演じた役割には，幅広くかつ底深いものがあった。もともと儒教それ自身が，単なる道徳説・哲学説にとどまるものではなかった。ことに天の概念は，元来宗教的実体化への傾向を内にひめていた。日本陽明学の祖とされる中江藤樹（1608～48）に至ると，天は「太虚の皇上帝」とよばれて[23]，著しく人格神的な性格を帯びてきた。明治におけるキリスト教受容の地盤の一つは，こうしておもに陽明学統のうちに準備されることとなった。

惺窩，羅山にすでにみられるように，江戸時代の儒教は，仏教の否定排撃から出発した。この排撃的態度は，一般に時代とともに一層はげしさをましていった。維新の廃仏毀釈を推進した力には，神道のみならず儒教も一枚加わっていた[24]。

神道に対しては，儒教はおおむね好意的協力的であった。いわゆる儒教神道はこうした雰囲気のなかから生まれた。他方，これら神儒習合の行きかたと対立する復古神道にも，その勃興のかげには，少なくとも側面的契機として，やはり儒教の影響があったと思われる。古学派荻生徂徠（1666～1728）にみられる考証的古文辞学や古代崇拝の聖人信仰[25]などは，国学・復古神道の文献学的方法論や皇祖崇拝の思惟様式などのうちに，そのまま再現されているかの観がある。この復古神道と結んで，幕末尊王論を醸成

---

23) 『翁問答』岩波文庫本 p. 182以下，内村鑑三（鈴木俊郎訳）『代表的日本人』岩波文庫本 p. 23など参照。

24) 特に水戸学の力が強くはたらいていた。

25) 『徂徠先生答問書』には「愚老は釈迦をば信仰不仕候。聖人を信仰仕候」とある（井上哲次郎・蟹江義丸共編『日本倫理彙編』第6巻 p. 172）。

した要因には，同じく儒教の立場からする大義名分論や国史研究の展開もあった。

さらに，大阪を中心とする町人層の実用主義的な気風と結びついた儒教の動きにも，宗教史上注目されるものがあった。一つは，実証的批判的な学風を展開した懐徳堂の流れである。大乗非仏説論をとなえて，近代仏教史学の先駆をなした富永仲基（1715~46）は，ここから出た。いま一つは，石田梅巌（1685~1744）に始まる心学である。理論よりも実用をとって，神・儒・仏・道の全面的な習合主義をとなえ，武士道に対して別に「商人の道」を説いた点に，特徴があった。

このようにして，徳川一代にわたる儒教興隆の影響は，文化領域の広い範囲に及んだのみならず，社会層の深い縦層にまで滲透した。日本人の道徳・宗教・生活意識の全般を，その後もながく規定することになった。明治以後になると，特別な儒学者なるものの存在は，次第に影をひそめてくる。しかし，儒教的なもののみかたが消え去ったわけではない。それは，もはや儒教的だとは意識されないほどに一般化し日常化して，明治以降の歴史に流れこんでいった。

**廃仏毀釈**　徳川幕府は，封建道学として儒教を採用すると同時に，仏教に，いわば国教的な地位を与えた。それは，必ずしも仏教そのものを尊しとした結果ではなかった。一口にいえば，封建制度の確立・強化・維持という幕政の基本目的に沿った保護利用政策にほかならなかった。

したがって，各宗の学問奨励を謳いはしても，仏教それ自身の自由な活動を，決して認めようとはしなかった。諸寺院法度，その他の法令によっ

---

26) いわゆる大乗経典は，釈迦みずからが説いたものではなくて，後代における歴史的展開の産物だという説。現在では仏教史学の常識であるが，当時，のみならず明治20年代頃までは，伝統的宗学者たちを仰天させ慎激させるような新説であった。

27) 『都鄙問答』岩波文庫本 p. 70, p. 104など参照。

て，全国の寺院に厳格な統制の枠をかぶせ，少しでもこれからはみでるおそれのあるものは，猶予なく処断してはばからなかった[28]。こうして仏教寺院を幕権の下に隷属させただけではなく，さらに積極的に，封建政治遂行の一翼として，たくみに寺院を活用した。寺請，宗旨人別帳の制度は，それであった。

為政者の側が，その主観的意図は別としても，つまりは仏教を利用する結果になるのは，むしろ自然であった。問題は，仏教の側がこれをどう受けとめるかにあった。徳川時代の仏教は，少数の例外を除いては，幕府の御用機関と化することに甘んじている傾きがあった。なるほど宗学は著しい進展をみせたが，それは偏狭に定型化された煩瑣哲学であった。溌剌たる精神の沈滞は，蔽うべくもなかった。檀家制度の確立に伴い，外面的に教線は拡大したが，内実は形骸化・因襲化の一途をたどっていった。僧侶の腐敗堕落が世の糾弾を買った事例も，少なくなかった。

仏教界のこのような状況に対して，神道，儒教の側からも，非難の声が集中してきた。その排仏論は，もはや単なる思想的批判の域にはとどまらなくなっていた。寺院は民を惑わすのみで国家にとって無用の長物だ，というふうな政治的経済的立場からの攻撃も現われてきた。藩によっては，僧侶の淘汰，寺院の廃合を行なうところも多かった。海防論の要求にもからんで梵鐘を鋳つぶしたり，仏葬から儒葬，神葬へのきりかえを断行する藩もあった[29]。明治維新を待たずに，廃仏毀釈の実質は，幕末期にはすでに進行しつつあったわけである。

維新政府の「神仏判然令」は，令自体の趣旨をも超えて，全国的な規模で乱暴な廃仏毀釈をよび起こした。それには，しかるべき歴史的因由があ

---

28) 日蓮宗不受不施派を禁圧し，一向宗を東西に教団分裂させたごときは，その実例であった。
29) 水戸藩などがその代表例である。

った。正面の動因は，平田派復古神道による王政復古・祭政一致の理念であり，これに加えて儒教的な排仏思想もあった。と同時に，廃毀される仏教の側にも，清算しなければならぬ負い目はあった。寺院，仏像，仏具などを破壊焼却され，寺領を没収されて，仏教側もようやくこの負い目を自覚反省するようになった。徳川一代につもりつもった旧弊僧弊を一洗して，新しく出直そうとする動きが活潑になっていった。ただ問題は，再出発の方向をどこへ向けるかという点にあった。

**欧化主義と国家主義**　鎖国によってひとたびは通路を断たれたキリスト教も，維新前夜になると，西欧諸国との交渉とともにふたたび日本に入ってくることになった。と同時に，国内には，迫害にも屈せず根強く潜伏を続けた隠れ切支丹のあったことが，浦上信徒の問題を契機として明らかになった。しかしながら，切支丹カトリックにせよ，いま日本に新来のプロテスタントにせよ，要するにキリスト教は妖術めいた邪教だという偏見は，徳川一代をかけて培われてきただけに，維新政府においても容易には抜きがたいものがあった。

　政府のこの偏見は，しかし，祭政一致という大きな時代錯誤とともに，少なくとも表面上は訂正されねばならなかった。でなければ，近代西欧諸国との対等のつき合いは不可能だったからである。政教分離・信教自由の制度は，それまでの日本の未だ知らないところであった。政府は，浦上切支丹事件，条約改正問題などを機として，外国側の要求から，この制度の重要性をはじめて認識するに至った。同時に国内的には，神道の風下におしやられた仏教側から，西欧事情に学んでの要望もあった。明六社に代表されるような西洋文化に詳しい知識人たちの，啓蒙的な論評もあった。各[30]

---

30) 島地黙雷の「三条教則批判」および「大教院分離」に関する建白書や，森有礼の "Religious Freedom in Japan" などが，明治5，6年にあらわれている。

方面からのこうした気運におされて，1873（明治6）年ようやく切支丹禁制の高札は撤去され，やがて1877（明治10）年教部省の廃止にともない，教派神道独立のみちも開かれることになった。ここに一応不完全ながら，各宗教の自由なせり合いの場が設けられたとみることができる。

その後の明治宗教史をいろどるものは，文明開化をうたう欧化主義と，その反動としての国家主義との交錯摩擦であった。両者いずれも，当時の日本が，その後進性をとり戻して優位な立場から国際社会に列しようとする，必死の努力の現われであった。

鹿鳴館に象徴されるような欧化主義の波にのって進出したのは，キリスト教であった。そのキリスト教を排撃しようとして，西洋の哲学，自然科学を援用したのは，仏教であった。自由党解体にうかがわれるような反動主義の抬頭に力を得て，再び国教の地位を奪還しようと努めたのは，神道であった。各宗教のこうした競りあいに，国権の側から打ったかなめの一石が，1889（明治22）年の欽定憲法発布であった。

憲法は，ともかくも一応「信教の自由」を保証した。しかし，この自由は，天皇に対する「臣民たるの義務に背かざる限り」という条件つきの自由であった。その天皇は「神聖にして侵すべからず」とされた。そして，天皇の神聖不可侵とは，政治上の最高統治権についていわれるだけではなかった。宗教的にも天皇が絶対無上の神聖なる権威だ，という意味を含んでいた。つまり，他のもろもろの宗教的権威と同日には論じられない，全く別格のものということであった。したがって，この憲法は「神社は宗教に非ず」とする国家神道へとやがて結びつくものであった。

各宗教の自由な競りあいも，ここにおいて，事実上その勝敗は決定された。国家神道の絶対優位は，もはや動かなかった。それは，実は，他宗教に対する神道の優位ではなくて，宗教に対する国家主義の優位であった。その後大正・昭和を通じて，幾多の波瀾曲折はあった。しかし大局的にい

えば，国権に抵抗するものは圧殺された。生き続けるためには，すべての教団が，国権に順応服従しなければならなかった。むしろみずからすすんで国権に同調し，キリスト教も仏教も教派神道も，あるいは「日本化」への途をいそぎ，あるいは「日本的特性」を強調しようとするのが，大勢であった。それは，世界史の舞台に立ち遅れて登場した日本という国家に，驚異的な躍進をとげさせる一因ともなった。と同時に，第二次大戦突入への禍根を用意する一因ともなった。

## 4　現代の状況

**信教の自由**　敗戦ののち，進駐軍総司令部の宗教政策は，政教の分離，軍国主義・超国家主義の除去，信教の自由の確立，という三大原則をめざしてすすめられた。そのために，従来の宗教団体法は廃止され，いわゆる神道指令が発せられた。これによって神社神道は国家から分離され，一つの宗教として認められることになった。天皇は詔勅によってみずから現人神としての神格を否定した。こうした準備を背景に，新憲法は成立した。その第二十条は，次のように述べている。

> 信教の自由は何人に対してもこれを保障する。いかなる宗教団体も国から特権を受け，又は政治上の権力を行使してはならない。何人も宗教上の行為，祝典，儀式又は行事に参加することを強制されない。国及びその機関は宗教教育その他いかなる宗教活動もしてはならない。

この自由は，たしかに与えられたものであって，みずからかちとったものではなかった。それにしても，与えられるに至るまでには，日本人は筆舌につくせぬ辛酸をなめたはずであった。それだけに，戦時中の言論・思想・宗教などの統制から解放されて，いわば反動的に人びとはこの自由を

現代の状況　267

全国社寺教会等宗教団体・教師・信者数

(平成3年12月31日現在)

| 項目 | 宗教団体（宗教法人を含む。） | | | | | 宗教法人 | | | | | 教師 | | | 信者 |
|---|---|---|---|---|---|---|---|---|---|---|---|---|---|---|
| | 神社 | 寺院 | 教会 | 布教所 | その他 | 計 | 神社 | 寺院 | 教会 | 布教所 | その他 | 計 | 男（　） | 女（　） | 計（　） | |
| 総数 系統 | 81,543 | 77,168 | 34,366 | 30,630 | 7,315 | 231,022 | 81,424 | 75,694 | 25,182 | 225 | 954 | 183,479 | 334,688<br>(3,077) | 293,815<br>(1,132) | 665,815<br>(4,209) | 214,730,194 |
| 神道系 | 81,517 | 2 | 6,661 | 2,095 | 694 | 90,969 | 81,405 | ― | 4,128 | 108 | 140 | 85,781 | 59,551<br>(13) | 30,758<br>(13) | 90,309<br>(26) | 106,643,616 |
| 仏教系 | 6 | 77,140 | 3,158 | 3,689 | 4,570 | 88,563 | 5 | 75,668 | 1,504 | 46 | 345 | 77,568 | 157,922<br>(122) | 92,620<br>(96) | 287,854<br>(218) | 95,765,996 |
| キリスト教系 | ― | ― | 6,519 | 1,525 | 1,303 | 9,347 | ― | ― | 3,670 | 43 | 209 | 3,922 | 13,350<br>(2,846) | 3,929<br>(939) | 17,279<br>(3,785) | 1,486,588 |
| 諸教 | 20 | 26 | 18,028 | 23,321 | 748 | 42,143 | 14 | 26 | 15,880 | 28 | 260 | 16,208 | 103,865<br>(96) | 166,508<br>(84) | 270,373<br>(180) | 10,833,994 |

(注) 教師中（　）の数は、外国人教師である。教師総数欄及び仏教系欄において男女別数と合計との間に差を生じるのは、曹洞宗 (計16,848人)、真言宗御室派 (計1,124人)、真言宗大覚寺派 (計545人) 及び立正佼成会 (計18,795人)、それぞれの男女別の教師数の内訳が不明であるため。
(出典) 『宗教年鑑』(平成4年版)

享受した。その結果が，いわゆる新宗教の興隆をはじめ，各種宗教教団の簇生となって現在に及んでいる。ちなみに文化庁文化部宗務課編『宗教年鑑』から統計表をひいてみると，前頁のとおりである。

**むすび**　きわめて不十分ながらその歴史を回顧し，またこの表を眺めて，結論しうることは，日本人の宗教の基本的特色の一つがその多様性にある，ということである。「日本は生きた宗教の博物館だ」などといわれるのも，その意味であろう。それぞれの宗教が，それぞれの主張をいまや多彩に自由に展開して並びきそっている。

この多様性は，さらに，いわゆる重層性へとつながっている。ひとりの個人の信ずる宗教が，ただひとつとは限らない。朝は神棚に向かって柏手をうち，夜は仏壇に向かって掌を合わせる。神も仏も御先祖様もさほど差別は意識されない。多様な信仰が，幾重にも層をなして重なり合っている。統計表の信徒総数が日本の全人口をはるかに上廻っているのは，このためである。まったく無宗教の人びとも現在は非常に多いという事実をにらみあわせると，この重層性は，やはり，日本人の宗教の顕著な特色といわねばならないであろう。

重層性は，宗教だけにはかぎらない。日本の文化の全般が，東洋も西洋も，世界各地の文化の多様な影を宿している。洋服を着て，カレーライスを食べながら，俳句が一句心に浮ぶといったことは，日本人には珍しくない。そうした日本文化の重層性の一端が，宗教の上にも反映している。こういった方が，より正確であるのかも知れない。

さらにつっこんでいえば，むしろ多様が多様として重層が重層として意識されないところに，日本人の宗教の特色がある。水と油のように全く異質的なものを，交じりあわないそのままに重ね合わせているわけではない。本来的には異質なものも，日本人なりにこなして受けいれ，まことに器用

に活用している趣がある。

　日本人のこのような宗教的態度に対しては，妥協ばかりで厳しさに欠ける，と批判することもできる。あるいは逆に，寛容で生活の知恵にみちている，と弁護することもできよう。その実証を，それぞれ歴史の上に指摘することも困難ではない。ただ，賛否はいずれにもせよ，多様な宗教の並立・重層・混融ということが，日本人の宗教生活に波瀾と変化とゆたかさを与えてきていることは事実であろう。そして，この多様の宗教が，国家主義の枠からようやく解放されて，信教の自由をはたしてどう使いこなしていくか。これが，今後のわれわれ日本人の課題であろう。

（脇本平也）

# 主要文献目録

各章の執筆者から寄せられた文献を章別に著者名ＡＢＣ順に掲載した。紙面の都合により主要なものの一部しかあげることができなかったが、できるだけ日本において入手し易い文献を考慮して選択した。本文中にあげた文献は原則として省略している。

## 第一章　総　説

Allport, Gordon　Personality, A Psychological Interpretation, New York, 1937
〃　Becoming, New York, 1955
豊沢　昇訳　人間の形成　理想社　1959
Benedict, Ruth　Patterns of Culture, Boston, 1934
尾高京子訳　文化の諸様式　1954
Dewey, John　A Common Faith, New Haven, 1934
岸本英夫訳　誰れでもの信仰　春秋社　1951
Eliade, M. and Kitagawa, M. (ed.)　The History of Religions, Chicago, 1959
岸本英夫監訳　宗教学入門　東京大学出版会　1962
James, William　The Varieties of Religious Experience, New York, 1902
比屋根安定訳　宗教経験の諸相　誠信書房　1957
岸本英夫編　文化の心理，中山書店，1959
岸本英夫・増谷文雄編　人間と宗教，中山書店，1955
Malinowski, Bronislaw　The Scientific Theory of Culture, 1944
姫岡・上子訳　文化の科学的理論　岩波書店　1958
Max Müller, Friedrich　Introduction to the Science of Religion, London, 1873
比屋根安定訳　宗教学概論　誠信書房　1960
Murphy, Gardner　Personality: A Biosocial Approach to Origin and Structure, New York, 1947
小口偉一　宗教社会学，東京大学出版会，1955
Parsons, Talcott　Essays in Sociological Theory, Glencoe, 1954 rev.

Wach, Joachim　　The Comparative Study of Religions, New York, 1958

## 第二章　先史・未開社会の宗教

石田英一郎他編　　人間の社会（Ⅱ）　現代文化人類学第4巻，中山書店，1962
Durkheim, Emile　　Les formes élémentaires de la vie religieuse, Paris, 1912
古野清人訳　　宗教生活の原初形態　岩波文庫　1941
古野清人　　原始宗教，角川新書，1965
Goode, William　　Religion among the Primitives, Glencoe, 1951
Howells, William　　The Heathens: Primitive Man and his Religions, New York, 1948
Lowie, Robert　　Primitve Religion, 1924
Lessa, W. and Vogt E. ed.　　Reader in Comparative Religion, New York, 1958
棚瀬襄爾　　民族宗教の研究，畝傍書房，1941
宇野円空　　宗教民族学，八洲書房，1929

## 第三章　古代宗教

足利惇氏　　ペルシャ宗教思想，弘文堂教養文庫，1941
Coulange, Fustel de　　La cité antique, Paris, 1864
田辺貞之助訳　　古代都市　上下　白水社　1952
Eliade, Mircea　　Le mythe de l'éternel retour, Paris, 1949
堀一郎訳　　永遠回帰の神話　未来社　1963
Ferm, Verglius ed.　　Forgotten Religions, New York, 1950
Fowler, W. Warde　　The Religious Experience of the Roman People, London, 1910
フランクフォート，ヘンリー　三笠宮崇仁監修　曾田・森岡訳
　　　　古代オリエント文明の誕生，岩波書店，1962
Frankfort, H. and others　　Before Philosophy——The Intellectual Adventure of Ancient Man, Pelican Books, 1949
Harrison, Jane Ellen　　Ancient Art and Ritual, London, 1913
佐々木理訳　　古代芸術と祭式　創元社　1941

増田義郎　古代アステカ王国，中公新書，1962
Murray, Gilbert　Five Stages of Greek Religion, Oxford, 1925
藤田健治訳　ギリシヤ宗教発展の五段階　岩波文庫　1943
Vaillant, George C.　The Aztecs of Mexico, New York, 1941

## 第四章　ユダヤ人の宗教

Albright, W. F.　From the Stone Age to Christianity, 1940
浅野順一　イスラエル予言者の神学，創文社，1955
Finegan, Jack　Light from the Ancient Past, 1946
三笠宮崇仁　赤司道雄　中沢洽樹訳　古代文化の光　岩波書店　1955
　　　増補版 1961
Finkelstein, Louis ed.　The Jews, their History, Culture and Religion, New York, 1960
石橋智信　メシア思想を中心としたるイスラエル宗教文化史，博文館，1926
Noth, Martin　Geschichte Israels, Göttingen, 1950
大畠清　イエス時代史の研究，要書房，1950
Parrot, André　Deluge et Arche de Noah, Paris, 1955
波木居斎二　矢島文雄訳　聖書の考古学　みすず書房　1958
関根正雄　旧約聖書，創元社，1960 (10版)
　〃　　　イスラエル宗教文化史，岩波全書，1952
Weber, Max　Das antike Judentum (Ges. Aufsätze zur Religionssoziologie Bd III), 1923
内田芳朗訳　古代ユダヤ教　みすず書房　1960

## 第五章　キリスト教

Adam, Karl　Das Wesen des Katholizismus, 1924
霜山徳爾訳　カトリシズムの本質　吾妻書房　1949
有賀鉄太郎・魚木忠一　概説基督教思想史，教文館，1951
Benz, Ernst　Geist und Leben der Ostkirche, 1957
Bultmann, Rudolf　Das Urchristentum im Rahmen der antiken Religionen, 1949
米倉充訳　原始キリスト教　新教出版社　1961
波多野精一　原始キリスト教，岩波全書，1950

| | |
|---|---|
| von Harnack, Adolf | Das Wesen des Christentums, 1900 |
| 山谷省吾訳 | キリスト教の本質 岩波文庫 |
| Heiler, Friedrich | Der Katholizismus, seine Idee und seine Erscheinung, 1923 |
| 石原　謙 | 基督教史，岩波全書，1934，増訂版 1951 |
| 大塚久雄 | 宗教改革と近代社会，みすず書房，1961 (3版) |
| Troeltsch, Ernst | Soziallehren der christlichen Kirchen und Gruppen, 1912 |
| | Aufsätze zur Geistesgeschichte und Religionssoziologie, 1925 |
| 内田芳明訳 | ルネッサンスと宗教改革 岩波文庫 1959 |
| 山谷省吾 | パウロの神学，新教出版社，1950 (改版) |

## 第六章　回　教（イスラム）

| | |
|---|---|
| Andrae, Tor | Mohammed, the Man and His Faith, New York, 1936, Harper Torch Book, 1960 |
| 蒲生礼一 | イスラーム，岩波新書，1958 |
| Gibb, H. A. R. | Mohammedanism, New York, 1949 |
| 加賀谷寛訳 | イスラム文明，紀伊国屋書店，1967 |
| Gibb, H. A. R. | Studies on the Civilization of Islam, London, 1962 |
| 井筒俊彦訳 | コーラン（上　中　下），岩波文庫，1958 |
| Izutsu, Toshihiko | The Structure of the Ethical Terms in the Koran――A Study in Semantics, Keio University, 1959 |
| Macdonald, Duncan | Development of Muslim Theology, Jurisprudene and Constitutional Theory, New York, 1926 |
| 大久保幸次 | コーランの研究，刀江書院，1950 |
| Smith, W. Cantwell | Islam in Modern History, Princeton Univ., 1957 (Mentor, 1959) |
| 中村広治郎 訳 | 現代におけるイスラム，紀伊国屋書店，1974 |
| Watt, W. Montgomery | Muhammad at Mecca, Oxford, 1953 |
| 〃 | Muhammad at Medina, Oxford, 1956 |
| William, John Alolen | Islam, New York, 1961 |

## 第七章　インド人の宗教

| | |
|---|---|
| 井原徹山 | 印度教，大東出版社，1943 |
| Jagmanderlal, J. | Outlines of Jainism, 1940 |
| 岸本英夫 | 宗教神秘主義，大明堂，1958 |
| レヴィ，シルヴァン | 山口・佐々木訳　インド文化史，法蔵館，1958 |
| 中村元 | 哲学的思索のインド的展開，玄理社，1949 |
| 坂井尚夫 | インド人の宗教，山喜房書林，1956 |
| Sarma, D. S. | Studies in the Renaissance of Hinduism, Menales, 1944 |
| 東亜研究所 | 印度の宗教信仰，1943 |
| 辻直四郎編 | 印度，偕成社，1943 |
| 宇井伯寿 | 印度哲学史，岩波書店，1932 |
| Weber, Max | Hinduismus und Buddhismus |
| 杉浦訳 | ヒンヅー教と仏教　みすず書房　1955 |
| Jaehner, R. C. | Hindnism, 1962 |

## 第八章　仏教

| | |
|---|---|
| 舟橋一哉 | 原始仏教思想の研究，法蔵館，1952 |
| 古田紹欽他 | 現代仏教講座第2巻　思想篇，角川書店，1958 |
| 法蔵館編 | 近代仏教第2巻　第6巻　法蔵館，1961 |
| 川田熊太郎 | 仏教と哲学，平楽寺書店，1957 |
| 黒田亮 | 唯識心理学，小山書店，1944 |
| 増永霊鳳 | 根本仏教の研究，風間書房，1959 |
| 増谷文雄 | 仏教とキリスト教の比較研究，青山書院，1951 |
| 〃 | 東洋思想の形成，富山房，1964 |
| 水野弘元 | 原始仏教，平楽寺書店，1962 |
| 中村元 | 印度思想史，岩波全書，1956 |
| 〃 | ゴータマ・ブッダ，法蔵館，1958 |
| 〃編 | 自我と無我，平楽寺書店，1963 |
| シチェルバトスコイ | 金岡秀友訳　大乗仏教概論，理想社，1957 |
| 佐々木現順 | 仏教心理学の研究，学術振興会．1960 |
| Thomas, E. J. | History of Buddhist Thought, 1949 |
| 竜山章真 | 印度仏教史，法蔵館，1944 |

## 第九章　中国人の宗教

デ・ホロート　清水・荻野訳　　中国宗教史，大雅堂，1946
傅統光　井東訳　　支那回教史，岡倉書店，1942
グラネ　満鉄調査部訳　　支那人の宗教，河出書房，1933
橋本　光　宝　　蒙古のラマ教，仏教公論社，1942
Hoffmann, Helmut　　The Religion of Tibet, 1961
出　石　誠　彦　　支那神話伝説の研究，中央公論社，1933
窪　　徳　　忠　　道教と中国社会，平凡社，1948
久保田量遠　　支那儒仏道三教史論，東方書院，1931
王治心　富田訳　　支那宗教思想史，大東出版社，1940
佐　伯　好　郎　　支那基督教の研究，全3巻，春秋社，1943～44
酒　井　忠　夫　　近代支那における宗教結社の研究，東亜研究社，1944
常　盤　大　定　　支那仏教の研究，春秋社，1933
津田左右吉　　儒教の研究，3巻，岩波書店，1950～57
Weber, Max　　Gesammelte Aufsätze zur Religionssoziologie, Bd. I 1922
細　　谷　　訳　　儒教と道教　弘文堂

## 第十章　日本人の宗教 I

ベラー，ロバート N. 堀・池田訳　　日本近代化と宗教倫理，未来社，1962
堀　　一　　郎　　我が国民間信仰史の研究　全2巻，創元社，1953～55
〃　　日本宗教史研究（I 日本宗教の社会的役割　II 宗教習俗の生活規制），未来社，1962～63
宮　地　直　一　　神祇史大系，明治書院，1941
村　岡　典　嗣　　日本思想史研究　全4巻，岩波書店，1940～49
〃　　日本思想史研究（I 神道史　II 宣長と篤胤　III 日本思想史上の諸問題　IV 日本思想史概説　V 国民性の研究），創文社　1956～62
中　山　慶　一　　教派神道の発生過程，森山書店，1932
西角井正慶　　祭祀概論，神社新報社，1957

| 小野祖教 | 神道教学の輪廓，神社新報社，1958 |
| 〃 | 神社神道の基礎知識と基礎問題，神社新報社，1963 |
| 柳田国男 | 日本の祭，弘文堂，1942 |
| 〃 | 定本柳田国男集　全31巻，筑摩書房，1962～64 |

## 第十一章　日本人の宗教 II

| 海老沢亮 | 日本キリスト教百年史，日本基督教団出版部，1959 |
| 古川哲史編 | 日本思想史，角川全書，1954 |
| 古田紹欽 | 日本仏教思想史，角川全書，1960 |
| 比屋根安定 | 新版日本宗教史，日本基督教団出版部，1962 |
| 〃 | 日本基督教史，教文館，1949 |
| 家永・小口・川崎・佐木編 | 日本宗教史講座（全4巻），三一書房，1959 |
| 川崎庸之・笠原一男編 | 体系日本史　宗教史，山川出版社，1964 |
| 岸本英夫編 | 明治文化史宗教編，洋々社，1954 |
| 小池長之 | 日本の宗教史，学芸図書，1963 |
| 丸山真男 | 日本政治思想史研究，東京大学出版会，1952 |
| 村上重良 | 近代民衆宗教史の研究（増訂版），法蔵館，1963 |
| 三枝博音・鳥井博郎 | 日本宗教思想史，世界書院，1948 |
| 新宗連調査室編 | 戦後宗教回想録，PL出版社，1963 |
| 高木宏夫 | 日本の新興宗教，岩波新書，1959 |

以上のほか，村岡典嗣，津田左右吉，和辻哲郎，家永三郎などの日本思想史に関する諸著を参照

## 概　説　書

| Chantepie de la Saussaye | Lehrbuch der Religionsgeschichte, 2 Bde., Tübingen, 1926 |
| Heiler, Friedrich | Die Religionen der Menschheit in Vergangenheit und Gegenwart, Stuttgart, 1959 |
| Noss, J. B | Man's Religions, N.Y., 1948 |
| Smith, Huston | The Religions of Man, New York 1958 |

## 辞　　典

世界宗教辞典　　世界宗教辞典編纂所編　創元社　1953
日本宗教辞典　　日本宗教辞典編纂所編　創元社　1956
玉川百科辞典　　第12巻（哲学　宗教　道徳）　誠文堂新光社　1961
Encyclopaedia of Religions, ed. V. Ferm
Encyclopaedia of Religion and Ethics, 13 vols., ed. James Hastings 1908〜26
Religion in Geschichte und Gegenwart, 6 Bde., hrsg. A. Bertholet u. a. (2 A. 1927〜32, 3 A. 1957〜62)
Standard Dictionary of Folklore, Mythology and Legend, 2 vols. ed. M. Leach, N.Y., 1950
キリスト教大事典　　教文館　1963
カトリック大辞典　4巻　冨山房　1940〜54
聖書事典　　日本基督教団出版部　1962
Universal Jewish Encyclopaedia
Encyclopaedia of Islam, 4 vols., 1913〜34
　　　　　　New Edition　1960〜
仏教大辞典　全10巻　望月信亨編　世界聖典刊行協会　1933〜36
　　　　　　　　　　　　　　　　　3版　1960〜63
仏教学辞典　　多屋頼俊編　法蔵館　1955
新・仏教辞典　　中村元編　誠信書房　1962
仏教文献目録　　花山信勝編　北星堂書店　1961
神道大辞典　　全3巻　平凡社　1937〜40
神道論文総目録　　国学院大学日本文化研究所編
　　　　　　　　　　　　　　　明治神宮社務所　1963
日本社会民俗辞典　4巻日本民族学協会編　誠文堂　1952〜59
分類祭祀習俗語彙　　柳田国男編　角川書店　1963
民俗学辞典　　民俗学研究所編　東京堂　1951

# 人名索引 （太字は主要箇所 nは註を示す）

## ア 行

アウグスティヌス……31, 80, 84
アカキウス……80
アショーカ……128, 149, 150～51, 161, 165
アタナシウス……79n
阿直岐……239n
アティーシャ……195
アーナンダ……142, 150
アモス……43
アブー・ターリブ……100, 109
アリウス……79n
アレクサンダー……50
安世高……181n
アンティオコス4世……51
アントニウス……87
Andrae, Tor……105n
イエス……31, 53, 55, 64～70, 78, 84, 111
イザヤ……48
石島快隆……182n
石田英一郎……176n
石田梅巌……262
石原 謙……192n
石原道博……235n
一 休……256
一 遍……251
井筒俊彦……103n
稲富栄次郎……201n
井上哲次郎……261n
井上光貞……235n
イノケンティウス3世……84
井原徹山……129n
岩井大慧……194n
ウィクリフ……90
ウェスレー……96
ウェーバー, マックス……41, 93n, (Weber, Max) 105, 106n, 121n, 130n, 193n
内田智雄……199n
内村鑑三……261n
宇野円空……2n
ウパリ……150
卜部（吉田）兼倶……217
栄 西……253
叡 尊……255
慧 遠……185, 187
慧 可……187
慧 観……186
江上波夫……204n
エズラ……50
エゼキエル……48
エリア……47
エリシャ……47
エレミヤ……48, 111
王 重 陽……189
大塚久雄……193n
大畠 清……40n
オーロビンド……134
岡 正雄……202, 204n
荻生徂徠……261
オットー, ルドルフ……2n, 223
Allport, Gordon……3n

## カ 行

貝塚茂樹……176n, 177n
郭沫若……177n
笠間杲雄……106n
春日礼智……180n
荷田春満……222
葛 洪……182

蟹江義丸……………………261n
カニシカ………………………162
狩野直喜……………………178n
カビール………………………132
蒲生礼一…………………99n, 106n
賀茂真渕………………………222
カルヴィン………………………90
ガンジー………………………134
鑑　真…………………………247
岸本英夫……………2n, 3n, 4n, 6n, 7n, 99n, 104n, 122n, 140n, 201n
北畠親房……………………216n
木村英一………………………185
木村泰賢……………147n, 150n
Gibb………………………99n, 105n
キプリアヌス……………………83
行　基…………………………245
空　海…………………215, 247〜8
空　也…………………………250
窪　徳忠…………………182, 184n
熊沢蕃山………………………219
鳩摩羅什…………………165, 185
グラティアヌス…………………79
グレゴリウス1世………………84
クロス…………………………50
源　信…………………249, 250
玄　昉…………………………246
寇　謙之………………………182
孔　子………………177〜9, 185
高　弁…………………………255
ゴータマ……………127, 128, 137
（シャカ，仏陀をみよ）
胡　適…………………………198
小林信昭……………………179n
コルヴィーノ…………………192
コンスタンティヌス………34, 54〜5, 78, 81

### サ　行

サーディア・ベン・ヨゼフ…………57
最　澄……………215, 247, 248

サウル……………………………46
佐伯好郎……………………192n
酒井忠夫……………………183n
サビエル，フランシスコ…256, 258n
サムエル…………………………46
ジェイムズ，ウィリアム…………193
慈　遍……………………216, 217
島崎藤村………………………226
島地黙雷……………………264n
シャカ（釈迦）…………137〜148, （ゴータマ，仏陀をみよ）149〜50, 152, 164, 168, 181, 185, 215
シャーンティラクシタ…………194
朱　子…………………………189
俊　芿…………………………255
聖徳太子………………242〜4, 245
貞　慶…………………………255
支婁迦讖………………………181
親　鸞…………………………250
鈴木俊郎………………………261
スタンナー……………………23n
スミス，キャントウェル………99n
Swanson………………………18n
世　親…………………………159
ゼーダーブローム……………125n
ゼファニヤ………………………48
善　導……………………186, 187
楚王英…………………………180
荘　子…………………………181
ソクラテス………………………32
ソフォクレス……………………33
ゾロアスター……………………30
ソロモン…………………………49

### タ　行

タイラー…………………………19
第2イザヤ………………………48
高峯了州……………………185n
高柳伊三郎……………………64n
タキトゥス………………………35
武内義雄……………181n, 189n
武田祐吉……………………205n

タゴール……………………… 133
ダビデ ……………………46, 49
玉城康四郎 ………………134n, 160n
達 磨 …………………186, 187
智 顗 ……………………… 186
張 角 ……………………… 182
張 陵 ……………………… 182
陳 寿 ……………………… 205
陳独秀 ……………………… 198
ツォンカパ ………………… 196
津田左右吉 ………………… 177n
ティーレ …………………… 2n
テオドシウス ……………28, 79
デューイ …………………… 2n
デュルケム ………………… 18
テルトリアヌス …………… 83
道 安 ……………………… 185
道 鏡 ……………………… 246
道 元 …………………… 251〜2
道 宣 ……………………… 186
董仲舒 ……………………… 179
梅尾祥雲 …………………… 163n
トマス・アクィナス ……… 88
富永仲基 …………………… 262
ドレフュス ………………… 61
トレルチ …………………… 90n
トンミ・サンボータ ……… 194
曇鸞 ………………………… 185

## ナ 行

中江藤樹 ……………… 219, 261
中村 元 ……………… 121n, 136n,
173n, 174n, 187n, 188n
長広敏雄 …………………… 186n
ナーナク …………………… 132
ナフーム …………………… 48
日 蓮 …………………… 253〜4
ネストリウス ……………… 81n
ネヘミヤ …………………… 50

## ハ 行

ハイラー（Heiler, Fr.）……11, 85
パウロ ………72, 76, 83, 110, 111
パグパ ……………………… 195
パジェス, レオン ………… 258
パースンズ（Parsons, T.）… 1n, 3,
4n, 173
ハディージャ ……… 100, 105, 109
パドマサンバァ …………… 194
林道春 ……………………… 219
林羅山 ……………………… 260
バール・シェム・トブ …… 59
バル・コクバ ……………… 53
ハルナック ………………… 76
バルナバ …………………… 74
ハンムラビ ………………… 29
Bevan, E. ………………74n, 94n
ヴィヴェーカーナンダ …… 133
ピュタゴラス ……………… 33
百 丈 ……………………… 188
平田篤胤 …………………… 224
フィロン ……………… 50n, 76
フ ス ……………………… 90
藤原惺窩 ……………… 219, 260
藤本邦彦 …………………… 235
ブーバー, マルティン …… 59
プラトン …………………… 33
ブルトマン ………………… 95n
フレーザー ………………… 23
フロイド …………………… 160
ペテロ ……………71, 72, 78, 83
ベネディクト（Benedikt, R.）… 16〜9
ベネディクトゥス ………… 87
ベラ（Bellah, R. N.）…… 4n, 17n
ヘルツル, テオドール …… 61
法 蔵 ……………………… 186
法 然 …………………… 250, 253
ホセア ……………………… 48
法 顕 ……………………… 185
ボニファティウス8世 …… 84
ホメロス ……………… 31, 209

## マ 行

マイモニデス……………………… 57
増井経夫………………………191n
増谷文雄……………138n, 142n
増永霊鳳………………………… 188
Max Müller……………………124n
マハーヴィラ………………… 126
マハーカーシャパ……………… 150
マホメット………98, 99～102, 104～7,
　　　　110, 111, 115, 116, 117
マリア………………………………81
マリノウスキー………………… 23n
ミ　カ………………………………48
水野清一………………………186n
道端良秀………………………191n
無　著……………………………… 159
夢窓疎石………………………… 253
村岡典嗣………………… 210, 226n
馬　鳴……………………………… 160
メナンドロス…………………… 161
Mensching, G. ………………87n
メンデルスゾーン, モーゼス………60
モーセ………………42, 43～5,
　　　46, 52, 64, 68, 109, 110
本居宣長…………………206, 226
森　有礼………………………… 264

## ヤ 行

ヤコブ(主の兄弟)…………………72
八幡一郎………………………204n
矢吹慶輝………………………193n
山崎闇斉………………………… 220
結城令聞………………………160n
ユスティニアヌス…………………79
ユダ
　――マカベアの…………………51
　――ガリラヤの…………………65
ユリアヌス…………………………79
ユンク……………………………… 160
吉川惟足………………………… 219

吉田小五郎…………………… 253
ヨシュア王…………………………48
ヨハネ
　使　　徒…………………………76
　洗 礼 者…………………………66

## ラ 行

ラーイ…………………………133n
ラーダクリシュナン…………… 134
ラーマクリシュナ……………… 133
ラーマナンダ…………………… 132
蘭渓道隆………………………… 253
李　昌齢………………………190n
リッチ, マテオ………192, 222, 225n
竜　樹………………………158～9
Leuba, G. ……………………1n
良　忍……………………………… 250
リントン……………………………1n
ルター………………………58, 90～1
レオ1世……………………………84
レオ2世……………………………81
レッシング……………………… 59n
レヴィ・ブリュール…………… 23n
蓮　如…………………………… 256
老　子……………………181, 185
蠟山芳郎………………………134n
ロヨラ, イグナティウス…… 93, 258n

## ワ 行

和田　清………………………… 235
度会家行………………………… 216
　――常昌………………………… 216
　――行忠………………………… 216
　――延佳………………………… 221
和辻哲郎………………121n, 201n
渡辺照宏………………………… 151
ワット, モントゴメリー………106,
　(Watt, Montgomery)　112n, 113n
ワッハ……………………………87n
王　仁……………………………239n

# 事項索引

## ア　行

愛 …………… 48, 68, 70, 144, 234
悪 ……… 22, 30, 31, 58, 125, 225,
　　　251, 257
アシュタルテ ………………… 34, 47
　（イシュタルを見よ）
アッラー …… **102～3**, 107, 108, 112,
　　　114, 115
アニミズム …… 11, 14, **18～20**, 42,
　　　101, 130, 134, 175
アビダルマ ………………………… 154
アフラ・マツダ ……………………… 30
アヴェスタ …………………………… 30
アポロ型 ………………………… 17n
天照大神 …… 203, 211, 220, 223, 224
阿弥陀（弥陀を見よ）… 158, 191, 250
アートマン ……………………… 125
阿羅漢 …………………… 141, 153
アーラヤ識 ……………………… 160
アレクサンドリア哲学 …… 50n, 58
アンサール ………………… 111, 115
安息日 ……………………… 52, 68
イシス ……………………………… 28
イエズス会 …… 93, 198, 257, 258n
畏　敬 ……………………… 2, 206
イシュタル ………………………… 29
イスラエル ……… 39n, 41, 50, 61
イスラム … 10, 24, 30, 39, 40, 54,
　　　57, 81, **98～9**, **106～8**,
　　　120, 128, **131～2**, 164,
　　　175, 191, 193, 199
異　端 …… 31, 74, 79, 125, 127n
一　元 ……………………… 84, 216
一度生まれ型 …………………… 193
一貫道 ……………………………… 199
一神教（一神論、一神観）　11, 40,
　　　76, 78, 99, 105, 122,
　　　124n, 192
イマーム ………………………… 107
因果応報 ………………… 121, 259
印　契 …………………………… 163
インダス文明 ………………… 122
インド教 ………………… 10, 24
　（ヒンドゥー教を見よ）
氏　神 ………………… 207, 211
氏　子 ………………… 227n, 229
優婆塞・優婆夷 ………………… 148
ウパニシャッド ……… 124n, 125, 135
占　い ………………………… 183
盂蘭盆 ………………… 184, 256
ウンマ ……………………… **112～6**
運　命 ……………………… 28, 33
エクレシア ………………………… 74
廻　向 …………………………… 251
エッセネ派 …………… 53, 65, 66
エッダ ……………………………… 35
エビオン派 ………………………… 71
エリート ………………… 86, 88
縁　起 ……………………… **147～8**
延喜式 …………………………… 212
欧化主義 ………………… 226, 264
応身仏 ………………………… 152n
オシリス ………………… 28, 72n
オディン …………………………… 35
オリンポス ………………………… 32
オルフェウス ……………………… 33
陰陽五行説　（五行説を見よ）………
　　　……………… 179, 221

## カ　行

会衆派 ……………………………… 96
戒　律 …… 126, 148, 196, 255
科　学（呪術と――）……… 24, 179

革命‥‥‥‥‥‥‥‥‥ 177n, 240
カースト(四姓を見よ)‥‥‥120, 125
　　　　　　　　　　127, 129
カタリ派‥‥‥‥‥‥‥‥‥‥‥31
カーダン派‥‥‥‥‥‥‥‥‥195
割　礼‥‥‥‥‥‥‥‥ 41, 52n
カトリック‥‥‥31, 38, 58, 75, **82～8**, 167, 198, 264
カーバ神殿‥‥‥‥‥‥‥100, 105
カバラ‥‥‥‥‥‥‥‥‥‥‥‥58
かまえ‥‥‥‥‥‥‥‥‥ 5, 6, 8
神
　神観念‥‥‥ 2, 3, 11, 18, 19, 168
　　ユダヤ・キリスト教の――‥**40**, 44, 48, 57, 70, 258, 259
　　インド人の宗教の――‥ 122, 124, 163
　　神道の――‥‥‥**206**, 210, 220, 223, 224, 231, 245, 256
　観念――‥‥‥‥‥‥206, 207
　至上――‥‥‥‥‥‥‥‥‥176
　自然――‥‥‥30, 35, 44, 206, 207
　始(祖)――‥‥‥‥‥‥177, 207
　人格――‥‥‥ 40, 124, 176, 261
　守護――‥‥29, 32, 34, 176, 211, 215
　創造――‥‥‥ 23, 36, 103, 104, 121, 129, 168, 225n
　太陽――‥‥27, 29, 30, 36, 37, 123
　(地)母――‥‥‥‥‥‥ 34, 122
　人間――‥‥‥‥‥‥‥‥‥206
神の国‥‥‥‥‥‥‥‥‥‥**66～7**
神の保障契約‥‥‥‥‥‥‥‥115
神々の黄昏‥‥‥‥‥‥‥‥**35～6**
カライト派‥‥‥‥‥‥‥‥‥‥57
カリスマ的‥‥‥‥‥46, 75, 105, 117
カリフ‥‥‥‥‥‥‥‥‥‥**115～8**
カルヴィン主義‥‥‥‥‥‥‥‥92
観(世)音‥‥‥‥‥‥ 158, 185, 255
看話禅‥‥‥‥‥‥‥‥‥‥‥253
寛　容‥‥‥‥‥‥59, **93～4**, 95, 127, 133, 191, 269
官僚(中国の)‥‥‥‥‥‥‥‥173

義‥‥‥‥‥‥‥‥‥‥‥‥‥‥48
機‥‥‥‥‥‥‥‥‥‥‥ 141, 249
希求態‥‥‥‥‥‥‥‥‥‥‥‥7
奇　蹟‥‥‥‥‥‥‥‥‥‥‥‥7
擬人観(神の)‥‥‥‥‥‥‥‥‥57
犠牲(供犠)‥‥‥‥‥26, 123, 202
祈　禱‥‥‥‥‥‥‥‥‥‥‥248
きめ手‥‥‥ 6, 8, 13, 170, 183, 233
救済(救い)‥‥‥ 32, 72, 78, 131
95箇条(ルターの)‥‥‥‥‥‥‥90
旧約聖書‥‥‥ 29, 41, 42, 57, 64n
教　会‥‥‥‥‥‥18, 74, 77, 227n
　――国家主義‥‥‥‥‥‥‥‥84
　――合同運動‥‥‥‥‥‥‥‥97
教義(教理)‥‥‥‥‥18, 21, 74, 80
教皇(ローマ法王)‥‥‥‥ 80, 82, 85
　――無謬‥‥‥‥‥‥‥‥‥83n
共産主義‥‥‥‥‥‥‥‥‥‥‥31
教祖(開祖)‥‥‥17, 63, 98, 179, 228
教相判釈‥‥‥‥‥‥‥‥253, 256
教　団‥‥‥‥‥‥‥‥‥‥ 9, 18
教派主義‥‥‥‥‥‥‥‥‥‥‥96
巨石文化‥‥‥‥‥‥‥‥‥‥‥15
潔　め‥‥‥‥‥‥‥‥‥‥‥231
切支丹‥‥‥‥‥‥‥‥‥‥**256～9**
ギリシャ思想(文化)‥‥‥50n, 55, 71, (ヘレニズムを見よ) 75n, 77, 82n
キリスト‥‥‥‥ 51, 55, 63, 64, 70, 111n
　――仮現説‥‥‥‥‥‥‥‥‥76
　――論‥‥‥ 55, 64, 70, 75, 79n
キリスト教‥‥‥‥ 25, 33, 34, 35, 39, 40, 41, 51, 55, 57, 98, 133, 175, 191, 199, 225n, 233, 264, 265, 266, 267
　――神学‥‥‥‥‥‥‥‥50n, 88
儀　礼‥‥17, 20, **21～2**, 71, 85n, 173, 188, 206, **207～8**, 225, 231, 237, 248
　――先行論‥‥‥‥‥‥‥‥‥22
　稲作――‥‥‥‥‥‥‥‥‥203
　季節――‥‥‥‥‥‥‥‥‥‥21
　消極的――‥‥‥‥‥‥‥‥‥21

積極的――――――――21
　　通過(過渡の)――――― 21, 231
　　農耕――――――――207
ギルガメッシュ―――――29
禁　忌………… 21, 120, 179, 183
　　(タブーを見よ)
究極的……………… 3, 7, 8, 93
近代化
　　イスラムと――――――99
　　キリスト教と―――― 93～5
　　中国宗教と――― 191, 197～200
　　ヒンドゥー教と――― 133
近代主義――――――――95
勤王思想――――――221, 222
　　(尊王論を見よ)
禁欲(主義)……… 53, 66, 75n, 121,
　　　126, 140
苦…………………… 139, 144, 233
空………127, 158n, 159, 160, 181
クウェイカー(フレンド派)………96
偶像崇拝………81n, 105, 128, 192
倶　舎――――――187, 246
グノーシス――――― 75～6
クリスマス―――――34
景　教―――――81n, 191, 192n
　　(ネストリウス派を見よ)
敬虔主義――――――96
敬虔派――――――53
啓　示…… 57, 64n, 95, 102, 125
形而上学――――――55, 58
芸　術―――――15, 240～2
啓蒙思想……41, 59, 60, 89, 94, 96
穢(汚)れ――――――51n, 208
華　厳―――― 158, 186, 246
化生説―――――― 124
化　身―――――― 63, 130
解　脱…… 121～2, 127, 147, 214
血　縁…… 18, 100, 104, 105, 107,
　　　114, 115, 177, 206
結　集―――――― 150
決定論―――――― 136
ゲットー―――――56, 59, 60
ゲマラ―――――― 55n

原始宗教――――――16～8
憲法十七条――――― 243
講――――――――227n
業――――――121, 127
公　案―――――― 253
公会議――――― 79n, 93, 96
功過格―――――― 190
皇　室――――204, 211, 239, 243
皇帝崇拝――――――78
交代神観―――――― 124n
合理主義―――― 57, 62, 178
五　蘊―――――― 146
五　戒――――― 126, 148
古学派――――― 219, 261
古カトリック教会――75
護教家―――――― 76
五行説―――――― 221
国　教――― 30, 86, 94, 265
五山文学――――253, 259
五・四運動―――― 198
乞食団―――――― 88
居　士―――――― 190
個人主義――――― 91n, 156, 173
ゴースト・ダンス―――25
国家教会主義(制)… 79n, 84, 85, 92
国家主義――――――264, 265
五斗米道――――――182
古　墳――――――203～4
コーラン――――― 102～4, 108
権　現――――――214
金剛界――――――215
金剛乗――――――164
混　沌――――――216
根本主義――――――95

## サ　行

祭祀(儀)――――――48, 126
　　(まつりを見よ)
祭政一致――――― 79, 264
最後の審判――――― 103
鎖　国――――――257
サタン――――――41

ナッキャ派……………………… 195
サドカイ派(人)…52, 65, 68, 69, 71
僧　伽………………………… 149
三階教………………………… 187n
三教合一主義………………… 189
三自運動……………………… 199
三　宝…………………… 126, 148
三法印………………………… 145
三　昧………………………… 255
三位一体…………… 76, 91, 96
三民主義……………………… 198
三　論…………………… 187, 246
死………8, 19, 24, 28, 125, 129,
　　　　142, 144, 178, 220
シーア派……………………… 117
シヴァ………………………… 129
シオニズム……………… 51, 60〜1
自　我…………………………7, 125
死海文書………………………53
士　師…………………………46
司教主義………………………85
シク教………………………… 132
死　者……………… 14, 203, 209
死者の書………………………28
時　宗………………………… 251
四　姓………………… 121n, 124, 135
自然崇拝………………………18
地　蔵………………………… 255
氏族(制度)……………… 101, 206
四　諦………………… 140, 143〜5
使　徒…………… 75, 77, 80, 112
シナゴーグ……………… 65, 74
シビル…………………………34
慈　悲…………… 151, 158, 234
シャクティ…………………… 130
折　伏………………………… 254
シャマニズム(シャマン)… 24, 125n,
　　　　175, 176, 194, 195, 204,
　　　　205, 209
沙　門…………………… 139, 141
主………………………………72
修　行………16, 21, 121, 126, 139,
　　　　141n, 170, 252

宗　教
──起源説………………… 16, 18
──行動……………………… 4
──思想………………………18
──集団…………… 9, 74, 83, 106
──体…………… 5, 8, 10, 228
──体験……………………… 2
──的価値………………4〜5, 12
──的態度……………………6n
──的人間…………………… 5
──的文化材……………… 241
──の定義………………… 1〜3
──流派………………………10
自然──………………………10
創唱──………………………10
未開──……………………15〜8
宗教改革…………… 58, 85, 89〜94
宗教史学派…………………… 72n
習　合………25, 32, 129, 130, 179,
　　　　184, 190, 194, 195, 213,
　　　　217, 219, 245, 256, 261,
　　　　262
重層(信仰)………… 185, 256, 268〜9
修道院…………………… 86, 87
宗　派………………… 129, 186, 246
終末(観)………51, 66, 78, 103, 104
朱子学(宋学)…… 189, 219, 224, 259
　　　　260
呪　術……15, 16, 20, 23〜30, 126,
　　　　134, 138, 162, 163, 173, 179〜
　　　　80, 182, 187, 190, 194, 245
接触──………………………23
類感──………………………23
儒　教……25, 175, 177〜9, 192, 210,
　　　　219, 222, 239〜40, 243, 259,
　　　　261
十誡(モーセの)………………45
出　家……………… 126, 138, 148
呪物崇拝……………………… 134
上座部……… 153〜5, 165, 166, 168
小　乗……………… 155〜8, 165, 166
象　徴………………… 21, 47, 58
浄　土……… 186, 187, 188, 191, 213,

| | |
|---|---|
| | 234, 248〜9, 250, 252 |
| 贖　罪 | 70, 258 |
| 自　力 | 187, 188, 250, 252 |
| 心　学 | 262 |
| 神格化 | 63, 152 |
| 人格的 | 19, 40 |
| 清　規 | 188 |
| 仁　義 | 260 |
| 神祇制度 | 211〜2 |
| 信教の自由 | 91n, 94, 199, 264, 265, 266〜9 |
| 真　言 | 163, 247 |
| 真　宗 | 251 |
| 新宗教 | 268 |
| 神政々治 | 92, 115 |
| 神　体 | 15 |
| 神　託 | 176, 178 |
| 神　道 | 10, 11, 129, 256, |
| 　教派—— | 227, 228, 229, 265, 266 |
| 　古—— | 205〜12 |
| 　国家 | 265 |
| 　山王一実—— | 215 |
| 　儒家—— | 219〜22, 261 |
| 　神社—— | 227n, 228, 230, 231 |
| 　垂加—— | 220〜22 |
| 　平田—— | 224〜6 |
| 　仏教的—— | 214〜5 |
| 　復古—— | 210, 222, 226, 261, 264 |
| 　民俗—— | 228, 229, 230 |
| 　唯一—— | 217 |
| 　吉川—— | 219〜20 |
| 　吉田—— | 217〜9 |
| 　両部習合—— | 215 |
| 　度会—— | 216〜7 |
| 　——の人生観 | 209, 224, 225 |
| 　——の世界観 | 209, 225 |
| 神道指令 | 227, 266 |
| 神秘主義(的) | 11, 59, 82, 91, 122n, 132n, 170, 221 |
| 新約聖書 | 64 |
| 神　話 | 21, **22**, 33 |

| | |
|---|---|
| 　——先行論 | 22 |
| 　創造—— | 29, 41, 203 |
| 　洪水—— | 29, 203 |
| ジ　ン | 101 |
| 讖緯説 | 179 |
| 神聖性(感) | **2**, 3 |
| ストア | 34 |
| スーフィ教 | 132 |
| スンニー派 | 117 |
| 正一教 | 190 |
| 請願態(型) | 7, 85, 208, 215, 229, 244 |
| 政教分離 | 93〜4, 226, 227, 264, 266 |
| 聖　餐 | 71, 91 |
| 政　治 | 17, 115, 168n, 176, 177, 259, 260 |
| 生殖器崇拝 | 122, 129 |
| 清真教 | 193 |
| 成人式 | 22 |
| 聖像崇拝論争 | 81 |
| 聖　母 | 34, 8? |
| 西洋(文化) | 2, 39, 97, 170, 172n, 192, 268 |
| 精　霊 | 33, 175 |
| 世界観 | 20, 104, 105, 145, 169, 209, 225 |
| 世俗(的) | 84, 87, 91, 93, 97, 164 |
| ゼルヴァン教 | 31 |
| 善 | 30, 31, 32, 125, 190, 224, 225, 251 |
| 禅 | 186, 187, 234, 249, 251, 254 |
| 全真教 | 189 |
| 占星術 | 29 |
| 洗　礼 | 66, 71, 76, 91 |
| 創　造 | 29, 36, 41, 103, 104, 121, 124, 168 |
| 曹洞宗 | 253 |
| 僧尼令 | 246 |
| 尊王論 | 261 |
| 　(勤王思想を見よ) | |

祖先(霊)崇拝……176, 177, 192, 203, 204, 226
ゾロアスター教……27, 31, 54, 57, 191, 193

## タ　行

太　極…………………………219
諦住(沈潜)態………………8, 170n
大衆部……………………………153
大　乗………155〜8, 165, 166
太上感応篇……………………190
大乗非仏説論…………………262
胎蔵界……………………………215
大日（如来）…………158, 164, 215
太平天国………………………191
太平道…………………………182
題　目……………………………254
他界観……………………………24, 209
多神教（観）……85, 101, 105, 123, 124n, 176, 192
タブー………………………21, 33, 231
（禁忌を見よ）
魂（霊魂）……14, 19, 28, 32, 75n, 78, 126
ダラニ……………………………163
他　力………………………187, 250, 251
タルムード……54, 55, 57, 60, 67
単一神観……………………………124n
単性説………………………………81
タントラ教……………………195
タンムズ……………………………29, 72n
知恵文学……………………………50n
地上神国……………………………84
ジャイナ教………………126〜7, 136n
中観派………………………158〜9
中　道……………………127, 140, 143
超越（的）……………………40, 101
超自然的……………………………7, 20
超人間的……………………………19, 152
長老派………………………………96
罪………29, 70, 72, 131, 193, 208, 233

ディアスポラ…………41, 53, 72, 74
ディオニュソス型………………17n
哲　学………33, 40, 55, 134, 183, 189, 261, 265
天…………………176, 178, 259, 261
天　使………………………………41
天使道……………………………182
天主(教)………………175, 192, 258
天人相感説………………………179
天台宗………………………186, 247
天皇制………………………226, 266
道　観……………………………183
道　教………182〜5, 218, 240, 256
道　家………………182, 183, 185, 187
道　士……………………………183
道　蔵……………………………189
道　徳………17, 57, 101, 115, 173, （倫理を見よ）175, 176, 177, 178, 181, 210, 259, 260, 261, 262,
東方教会……………………81, 87
東洋(文化)………………2, 172n, 268
特殊主義………………52n, 62, 114
ドルイド……………………………35

## ナ　行

ナジル人……………………………48
ニカイア公会議………………76, 79n
肉　体………………………8, 75n, 146
二元(論)……30, 31, 75n, 189, 215, 224
日蓮宗……………………………249
二度生まれ型……………………193
如来蔵思想………………………160〜1
人間観………105, 169, 192, 193, 218, 225, 260
ヌミナ………………………………33
ネストリウス派………81, 192, 193
（景教を見よ）
熱心党…………………53, 65, 67, 69n
涅　槃………………127, 145, 147, 153
念　仏………………187, 250〜51, 254
農耕(文化)…………33, 40, 45, 172

## ハ 行

排他性…………………17, 45, 48
廃仏毀釈………………… 261, 262〜4
墓………………………………15
ハガダ…………………………54
迫　害…………… 61, 71, 78, 105
バクティ………………………… 129
パーシ……………………30, 134
ハシディズム……………………59
八正道…………………… 141, 143〜4
バビロニア捕囚………………39, 50, 66
バプティスト派…………………96
祓…………………………208, 233
ハラカ…………………………54
バラモン教………123n, 124〜6, 135,
　　　　　138, 149, 150, 153, 161,
　　　　　162, 163
パリサイ派(人)…… 52, 60, 65, 67,
　　　　　68
バール……………………………47
汎神教……………………11, 59, 124n
般　若………127, 145, 158, 252
反本地垂迹説………… 215, 216, 218
反ユダヤ主義……………………61
火………………………… 31, 124
彼　岸…………………… 51, 256
比丘・比丘尼………………… 148
ヴィシュヌ…………………… 129
非人格的…………………………20
秘　蹟………………………… 85n
白蓮教(社)…… 185, 187, 191, 197,
　　　　　199
ヒンドゥー教(主義)……122, 128〜31,
　（インド教を見よ）　161n, 162,
　　　　　164
ファスティ………………………33
福音のすすめ……………………87
父権(的)………………42, 203, 204
武士道……………………… 259〜60
巫　祝………………………176, 183
復　活………… 34, 52, 53, 60,
　　　　　68〜70, 111n
仏　教……………2, 10, 13, 21, 24,
　　　　　126, 127〜8, 131, 174,
　　　　　180〜1, 183, 236〜9, 243, 266
　格義————————181, 185
　秘密————————195
仏　像………………………… 158
仏　陀………………31, 137, 181
普遍主義………52n, 62, 67, 84, 133
ブラフマン……………124, 125, 127
フレンド派(クウェイカー)…………96
プレアニミズム………………………2n
プロテスタント……… 39n, 57, 83n,
　　　　　85n, 133n, 192
ヘジラ………… 107, 109〜11, 115
ヴェーダ…………123〜4, 127n, 129,
　　　　　135, 136, 163
ヘレニズム……………… 41, 50, 52,
　（ギリシャ文化を見よ）　65, 75,
　　　　　76, 85, 87, 120
法(ダルマ)………34, 124, 146, 148,
　　　　　151, 160
法　家………………………… 243
封建(制)… 176, 177, 257, 260, 262
方術士………………………… 180
法　身………………………153n
報身仏…………………………153n
法　相………………………187, 246
母権(的)………………202, 203, 204
菩　薩………………… 157〜8, 214
法華経………………………158, 254
ボン教………………………… 194
本地垂迹思想………………214, 217
本生譚………………………… 152
煩　悩…………139, 144, 164, 243

## マ 行

魔　術……………………………24
マヅデク教………………………31
末法思想………………187, 248〜50
まつり(祭)……16, 22, 68, 208, 212
　（祭祀を見よ）

マ　ナ…………………………18, **20**
マニ(摩尼)教……27, 31, 75n, 191, 193
マレビト信仰………………………203
ミシュナ……………………55n, 57
禊………………………………208, 233
密儀宗教…………27, 32, 34, 72n
密　教……162, **163〜4**, 195, 215
水戸学………………………………261n
ミトラ…………………………30, 34
弥　陀………………………187, 254
　（阿弥陀を見よ）
弥　勒……158, 185, 187, 191, 255
民間信仰………32, 129, 138, 162, 179, 184, 224, 240, 256
民主々義………………………61, 198
民衆道教……………………………184n
民族主義…………61, 99, 196, 199
無………………………………………181
ムエッジン…………………………107
無　我……127, 145, 146, 169, 260
無　常………………145, 169, 213
産霊(むすび)…………223, 224, 225, 228n, 232
ムハージルーン……111, 113, 115
迷　信………15, 16, 23, 138, 198, 199
メイデイ……………………………35
恵　み………………………19, 128
メシア………46n, 51, 53, 55, 67, 70, 71
メディナ憲章……………………**112〜4**
免罪符………………………………90
黙照禅………………………………253
モンタヌス派………………………76

遊牧(民)……42, 47, 100, 172, 173, 174, 175, 194, 195
幽　霊…………………………………19
ユダヤ教………10, 13, 39n, 64
　――改革派…………………………60
　――正統派…………………………60
　――中道派…………………………60
ユニテリアン主義…………………96
陽明学………………………………261
ヨーガ………………………………122
預言者……**47〜9**, 51, 65, 68, 77n, 104, 108
　――的宗教…………………11, 170

## ラ　行

来　世………24, 101, 103, 104, 108, 125, 173, 213, 225
ラ　ビ………………52, 54, 55, 57
ラマ教……165, 175, 190, **195〜7**, 199
律　宗………………………………186
律　法………41, 52, 57, 64n, 65, 67, 71, 72
臨済宗………………………………253
輪　廻………**121〜2**, 127, 136, 139, 153, 196, 214
倫　理……………21, 44, 182, 183
　（道徳を見よ）
レカブ人……………………………48n
老荘思想………………………181, 189
　（道家を見よ）
ロゴス……………………50n, 76

## ヤ　行

ヤハウェ………40, **43〜5**, 47, 51, 52, 66, 70, 110
唯識説……………………**159〜60**
融合態………7, 217, 218, 224
有神論(的)……2, 95, 97, 128, 169

## 執筆者略歴

（執筆順　2023年2月現在）

① 出生年　出生地
② 最終学歴
③ 現職
④ 重要　『著書』「論文」(共) 共著
　　　　（分）分担執筆

### 高木きよ子
① 1918　東京（2011没）
② 東京大学大学院博士課程
③ 元お茶の水女子大学教授
④ 『西行の宗教的世界』『西行』『文学にみられる生と死』

### 柳川啓一
① 1926　兵庫（1990没）
② 東京大学文学部宗教学科
③ 東京大学名誉教授
④ 『現代社会と宗教』(編)『言語としての儀礼』(監訳)『宗教』(監訳)

### 田丸德善
① 1931　東京（2014没）
② 東京大学文学部宗教学科
③ 東京大学名誉教授
④ 『アジアの宗教と精神文化』(共編)『宗教の哲学』(共編)『宗教学の歴史と課題』

### 松本　滋
① 1933　東京（2010没）

② 東京大学大学院博士課程
③ 聖心女子大学名誉教授
④ *Motoori Norinaga*(1730-1801)『宗教心理学』『本居宣長の思想と心理』『父性的宗教　母性的宗教』

### 松本皓一
① 1927　埼玉
② 東京大学大学院博士課程
③ 駒沢大学名誉教授
④ 『日本的宗教心の展開』(共)

### 平井直房
① 1922　神奈川（2013没）
② 国学院大学大学院（文博取得）
③ 国学院大学名誉教授
④ 「隠岐の講集団」『出雲国造火継ぎ神事の研究』『神道と神道教化』

### 脇本平也
① 1921　岡山（2008没）
② 東京大学文学部宗教学科
③ 東京大学名誉教授
④ 『死の比較宗教学』『宗教学入門』

## 著者略歴

岸本英夫（きしもと ひでお）

一九〇三年　生まる
一九二六年　文学士（東京大学）
一九三四年　MA（ハーバード大学）
一九四七年　文学博士（東京大学）
一九三一年―三四年　ハーバード大学講師
一九三四年　東京大学講師
一九四五年　東京大学助教授
一九四七年　東京大学教授（宗教学）
一九五三年―五四年　スタンフォード大学客員教授
一九五四年　シカゴ大学ハスケル講座講義
一九五八年　ユネスコ東西文化交流使節として欧米諸大学にて講義
一九五九年　ハワイ大学東西哲学者会議出席
一九六〇年　スタンフォード大学客員教授
一九六四年　東京大学在職中没

主な著作『宗教現象の諸相』（一九四九年）『誰でもの信仰』（デューイ、訳一九五一年）『明治文化史宗教編』（編著、一九五三年）『人間と宗教』（編著、一九五五年）『Japanese Religions in the Meiji Era』（編著、一九五六年）『文化の心理』（編著、一九五九年）『宗教神秘主義』（一九五九年）『宗教学』（一九六一年）

---

### 世界の宗教

●

2004年2月25日　発行
2023年3月31日　7刷

編者…………岸本英夫（きしもとひでお）
発行者…………成瀬雅人
発行所…………株式会社原書房
〒160-0022　東京都新宿区新宿1-25-13
電話・代表03(3354)0685
http://www.harashobo.co.jp
振替・00150-6-151594
印刷…………平文社
製本…………東京美術紙工協業組合

© Hideo Kishimoto 1965

ISBN978-4-562-09002-0, Printed in Japan